구약성서와 꾸란의 대화

기독교와 이슬람 간의
대화와 화해를 위한 경전 읽기

기독교와 이슬람 간의
대화와 화해를 위한 경전 읽기

구약성서와 꾸란의 대화

지은이: 김대옥
펴낸이: 원성삼
표지 및 본문 디자인: 김경석
펴낸곳: 예영커뮤니케이션
초판 1쇄 발행: 2017년 04월 01일
출판신고 1992년 3월 1일 제2-1349호
136-825 서울시 성북구 성북로6가길 31
Tel (02)766-8931 Fax (02)766-8934
ISBN 978-89-8350-965-9(03230)

정가 13,000원
www.jeyoung.com

이 도서의 국립중앙도서관 출판예정도서목록(CIP)은 서지정보유통지원시스템 홈페이지(http://seoji.nl.go.kr)와 국가자료공동목록시스템(http://www.nl.go.kr/kolisnet)에서 이용하실 수 있습니다.(CIP제어번호: CIP2017007347)

모든 인간은 하나님의 형상을 닮은 존엄한 존재입니다. 전 세계의 모든 사람들은 인종, 민족, 피부색, 문화, 언어에 관계없이 존귀합니다. 예영커뮤니케이션은 이러한 정신에 근거해 모든 인간이 존귀한 삶을 사는 데 필요한 지식과 문화를 예수 그리스도의 사랑으로 보금함으로써 우리가 속한 사회에 기여하고자 합니다.

기독교와 이슬람 간의 대화와 화해를 위한 경전 읽기

구약성서와 꾸란의

대화

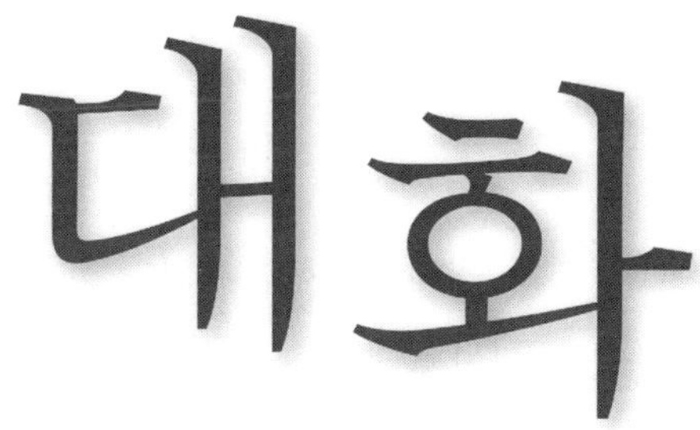

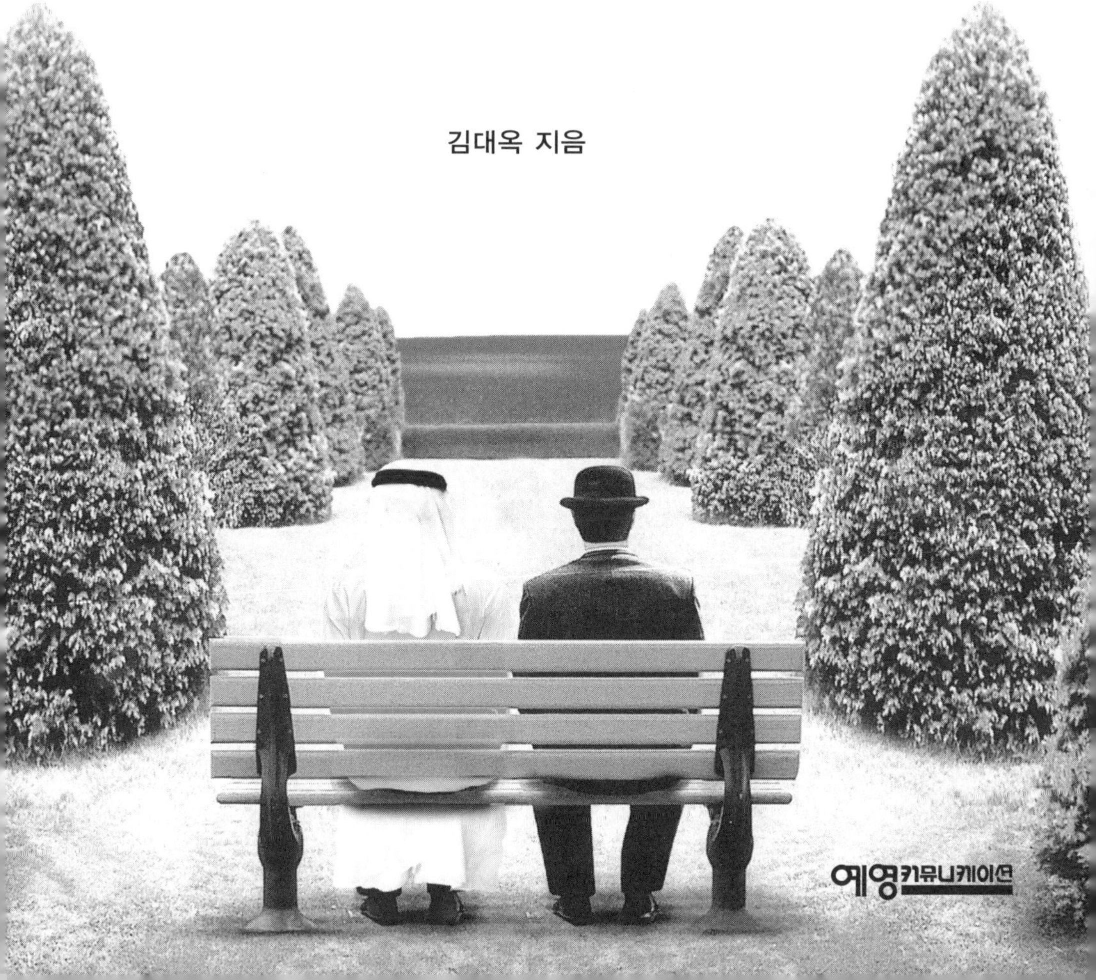

김대옥 지음

예영커뮤니케이션

"종교의 평화 없이는 세계의 평화도 없다.
또한 종교 간 대화 없이는 종교의 평화도 있을 수 없다."

– 한스 큉(Hans Küng)

"종교는 궁극적으로 문명통합의 기초가 되어야 한다고 나는 생각한다.
종교적 아이디어들은 서로 배우고 서로 빌려야 하며,
서로 이해하고 서로 사랑해야 한다. 종교는 증오로 남아서는 안 된다."

– 김용옥

추천사

김동문 목사(인터서브 사역자, 중동전문 연구가)

기독교인들은 이슬람에 대해 얼마나 솔직하게 알고 있는 것일까? 들은 것에 바탕을 두고 적대적인 주장들을 쉽게 외치고 있는지 모르겠다. 기독교 세계의 이슬람 혐오감 표출에는 가짜 뉴스와 그릇된 편견에 바탕을 둔 것이 상당하다. 꾸란을 언급하지만, 꾸란 자체를 직접 읽어본 적도 없는 선교신학자들도 상당하다. 이슬람권에서 사역한다는 선교사들도 예외가 아니다.

이슬람을 이해하고 무슬림을 섬기기 위해 아랍어 꾸란을 서구어로 번역해온 개혁주의 교회의 전통이 있다. 그러나 지금 기독교계에는 이런 진지함이나 사려 깊은 태도는 찾아보기 힘들다.

이런 가운데, 꾸란에 대한 연구와 이해를 통해, 그 간격을 메워야 함을 강조하는 김대옥 교수의 이 책을 마주한다. 다름을 틀림이라 쉽게 단정하는 이 시대를 향해 저자는 "서로 얼마나 닮아 있는지... 그리고 서로의 다름을 통해 배우고, 서로의 갈등상황에 대해 입장을 들어보고, 그것을 웃음으로 승화하고, 과거의 역사적 맥락들을 살피고 미래의 발전방향을 함께 고민하는 것이 얼마나 복된 일인지"를 알아가자고 제안한다.

이 책이 쉽지는 않다. 특별히 선교에 대한 열정만으로 가슴이 뜨거운 이들에게는 거북스러운 책일 수 있다. 그렇기에, 하나님나라 복음에 대한 확신을 갖고 또 다른 이들에게도 그 복음이 전해지기를 갈망하는 이들에게 이 책을 권하고 싶다. 뜨거운 가슴과 차분한 이성으로 무슬림 이웃에 대한 존중과 배려로, 만남과 대화를 열어가는 그리스도인들이 늘기를 소망한다.

차 례

4부 | 대화의 방법:
상호 대화를 위한 경전읽기의 패러다임

5부 | 모험 이어가기

약어표

ABD	*Anchor Bible Dictionary*
Arb.	Arabic(Language)
BA	*Biblical Archaeologist*
BHS	*Biblia Hebraica Stuttgartensia*
CLC	Christian Literature Crusade
Heb.	Hebrew(Language)
JNES	*Journal of Near Eastern Studies*
MARC	Missions Advanced Research and Communication Center
MCE	*Muslim-Christian Encounter*
MW	*Muslim World*
ODI	*The Oxford Dictionary of Islam*
OT	The Old Testament
Q	The Quran
WBC	*Word Biblical Commentary*

여는 글

1.

최근 전 세계적으로 이슬람과 직간접적으로 관련된 폭력사태들이 증가하면서 이슬람에 대한 공포감과 혐오감이 세계 곳곳으로 퍼지고 있다. 그에 따라 서구 기독교 사회는 물론 우리나라에서도 이슬람에 대한 오해와 편견, 그리고 적대감 등이 상당히 고조되고 있는 형편이다. 종종 여기에서 비롯된 이슬람에 관한 부정확하거나 악의적인 왜곡이 가미된 정보들이 풍문의 형태로 확대 재생산되어 유포되면서 그것들을 강화하기도 하는데, 실제로 이 중 다수의 주장들이 거짓이거나 과장, 또는 편견에 입각한 것들이었음이 '팩트 체크'를 통해 밝혀지고 있다.

특히 기독교 내부에서 나오는 이슬람에 대한 과도한 경계와 혐오성 발언과 태도들은 점차 다종교 사회를 살아가야 하는 우리 사회의 미래에 새로운 고민거리마저 안겨주고 있다. 예컨대, 극단적인 경우이긴 하지만, 이슬람

선교를 말하는 이들 중에 이슬람 경전인 꾸란을 폄하하고, 저주하거나 악마화하며, 그것을 읽는 것조차 거부하는 등 강한 혐오감을 드러내는 이들을 보게 된다. 심지어 꾸란을 읽어 본 적도 없으면서 그 책을 소유하는 것만으로도 사탄의 영향 하에 놓이는 것처럼 주장하며 동시에 자신의 그러한 행동이 마치 영적인 행위나 되는 양 민감한 반응을 보이는 이들도 만나본 적이 있다.

한편, 이와 동일한 반대행동이 극단적인 무슬림들에게서도 심심치 않게 발견된다. 종교적 편견으로 인해 그리스도인들을 박해하거나, 심지어 기독교권에 이주해 살면서도 기독교와 성서에 대한 강한 편견과 거부감을 공개적으로 표출하는 이들을 보게 된다. 위의 상황과 똑같이 성서를 읽어본 적도 없으면서 그 책이 변질되었으며, 심지어 성서 또는 그리스도인과 접촉하는 일 자체도 종교적 오염을 부르는 것처럼 여기는 이들이 있다.

기독교와 이슬람은 태생적으로 상극인 것일까? 양자가 평화로이 공존할 수는 없는 것일까? 기독교나 이슬람 둘 중 하나는 그릇되었고, 따라서 지구상에서 도태되어야 하는 것일까? 양 종교의 공존의 역사는 실로 오래며, 서로 경쟁하며 반목하고 전쟁에 휘몰린 적도 있었지만, 더 많은 경우 양자는 평화적 공존을 지속해 왔음을 우리는 역사를 통해 기억하고 있다. 하지만 현대사의 질곡에 의해 폭력과 갈등 상황으로 내몰린 양자는 마치 서로 충돌할 수밖에 없는 상극문명인 것처럼 왜곡되어 소개되었고, 그러한 편견이 모든 건강한 대안들을 삼켜버리고 있다. 하지만 결코 그렇지 않다. 양자는 과거와 같이 함께 사회와 국가를 이루고, 함께 동시대를 평화로이 살아낼 수 있다.

대개 무지는 편견을 낳게 한다. 그 편견이 만들어낸 다양한 정보들은 확인과정이 생략된 채 숱한 오해를 낳고 그 편견을 강화한다. 대개 상대를 접촉해 본 경험이 없거나, 접촉해 본 적이 있더라도 열린 마음으로 함께 시간을 보내본 적이 없는 경우, 그래서 자신의 에고(ego)와 종교, 문화, 세계관 등에 갇혀 있는 이들에게서 상대에 대한 불신과 배제, 적대적 행동이 나타난다. 특히 종교적 열심을 덧입게 될 때 그것은 한층 강화된 양상으로 표출된다. 하지만 자기만 바라보고 자기만 주장하고 자기가 속한 공동체가 들려준 절대성만을 주장하는 것은 '나'뿐만 아닌 '너'와 '그들'이 존재하는 세상에서 결코 바람직할 수 없다.

엘리자베스 존슨(Elizabeth A. Johnson)은 다음과 같이 지혜로운 조언을 던져준다.

> 시급한 신학적 질문은, 어떻게 다른 종교에 여지를 주면서도 나 자신의 믿음에 충실할 수 있느냐는 것이다. 그 하나의 대답은 근본주의자들의 것으로서, 다른 종교들을 단순히 잘못된 것이라고 주장하면서 자기 종교에 철옹성을 쌓는 것이다. 다른 대응은 상대주의적인 것으로, 모든 종교는 일반적인 정수를 변형시킨 것이기 때문에 어떤 종교를 택하든 문제될 것이 없다면서 차이를 무마시키는 것이다. 이와 같은 적대성과 상대주의를 피하기 위한 세 번째 대응은 대화적 해법이다. 이 해법에서 우리들은 비판적인 관점과 애정으로 상대방을 대하며 다른 종교의 상이한 지혜를 습득하고 각각의 전통에서 비롯된 지혜를 나눈다. 그 만남은 그

들이 발견한 것을 해명하려는 의지를 키워가는 가운데 자신의 믿음으로 돌아가는 결과를 낳을 것이다.[1]

본서는 존슨의 이 지혜에 공감하며 그 대화적 해법의 한 방안을 제시해 보고자하는 의도로 집필되었다.

2.

필자는 이슬람권에서 무슬림들과 함께 살아보면서 이슬람에 대하여 새롭게 이해할 수 있었다. 그들이 처한 현실 속에서 그들과 눈을 맞추고 대화하며 또 경청하고 배우면서, 그동안 알고 있었던 이슬람에 대한 이해 및 오해를 수정할 수 있었다. 나아가 필자가 속해 있는 기독교와 성서, 신앙 및 전통에 대해 이제껏 그 어떤 책이나 학위과정이 제공해 준 것들을 넘어서는 많은 배움을 얻을 수 있었다. 그들의 땅에서 그들이 베풀어준 호의 속에 머물며, 즉 그들의 집에 거하고, 그들이 제공해 주는 음식을 먹고, 그들이 가르쳐준 언어로 대화하고, 그들의 곤경 속에 들어가 함께 공감도 해보고, 혹은 그들의 희망과 기대를 마주하기도 하면서, 우리가 함께 살아가는 세계와 문명, 종교, 그리고 인간 삶의 실체도 더욱 깊이 이해할 수 있는 안목과 아

1 Elizabeth A. Johnson, 『신은 낙원에 머물지 않는다』, 박총, 안병률 역 (서울: 북인더갭, 2013), 215.

량을 배우게 되었다. 상대를 배우는 것은 곧 나를 배우는 것이었고, 그들을 배우기 위해 다가서는 것은 실제로는 나의 나됨과 나이 소속과 신앙과 견해들을 객관적인 시야로 바라볼 수 있는 기회를 얻게 했다.

물론 이슬람에 대해 배우는 과정은 수월하지 않았다. 언어의 장벽은 물론 특히 종교적 장벽은 생각보다 높았다. 평범하고 자상했던 이웃이 '종교'의 옷을 입고 나타나면 그전 사람은 온데간데없고 '종교인' 한 사람이 내 앞에 서 있곤 했다. 사람 냄새 훈훈하던 그들에게서 완고한 종교 냄새가 진동했고, 다시 그들이 이웃으로 돌아오기까지는 그 종교의 허물을 벗거나 아니면 무관심을 가장해야 하는 번거로운 과정이 요구되곤 했다. 그 반대의 경우도 마찬가지였다. 즉 그들 속에 살며 그들의 호의와 보호를 받는 친절한 이방인 이웃으로 여김을 받고 있던 필자 역시, 그들과의 종교적 토론에 들어서기만 하면 그들 앞에 '내 종교'의 갑옷을 입고, '내 이론과 교리'로 중무장을 하고, 내가 확신하는 '진리'의 칼을 거침없이 휘둘러대곤 했던 것이다. 서로 줄기차게 주장하고 반박하며 상대의 종교적 이론의 철옹성을 무너뜨리기 위해 집요하게 공격하기를 쉬지 않았다. 논박의 수위가 높아질수록 상대 역시 종교적 살기를 띠며 공격하고 방어하며 퇴각하다 다시 돌이켜 진격해오기를 반복하는, 실로 사상적 전투의 형편을 마주하는 것이 다반사였다.

한동안 그러한 과정은 언제나 평행선을 달리는 일만 같았지만, 머지않아 그 대화 속에는 희망이 있음을 발견했다. 대화를 이어갈수록 그들의 종교와 내 종교는 서로 같은 점이 너무도 많다는 사실이 분명해졌다. 전혀 다른 종교라는 인식이 무색하리만큼, 대화를 거듭하며 발견한 동일한 한 분의 신,

곧 하나님과 서로의 경전이 공통으로 제시하는 동일한 인물, 사건, 주제 등은 우리가 서로 '적'이 아니며, 언제든 가까이 만날 수 있는 '형제'임을 깨닫게 해 주었다. 간혹 특정 주제들 속에서, 결정적으로 그 세부내용들이 다를 경우 종종 당황하기도 했고 대화가 거칠어지기도 했지만, 그 대화의 끝에서는 늘 함께 우리 안에 있는 '기적'을 확인하곤 했다. 즉 중동 북아프리카의 무슬림들과 극동 아시아에서 온 그리스도인이 한 하늘 아래에서 만나, 함께 한 하나님과 그의 섭리와 진리에 관해 대화하는 것 자체가 바로 서로 공감할 수 있는 크나큰 기적이었다. 그러한 사실을 확인하자 날선 비판은 잦아들고 서로를 수용하며 격려하는 분위기가 이어지곤 했다. '우리는 한 하나님을 예배한다. 우리에게는 동일한 예언자들이 있다. 그분이 내려준 경전들이 있다. 그분이 사랑하라는 이웃이 있다. 함께 돌볼 세상이 있다. 우리는 사랑과 자비와 정의와 공평과 자유와 평등과 평화와 행복이 넘치는 세상을 건설하는 데 함께 하나님의 부름을 받은 형제들임에 틀림없다!'

3.

이 책은 본래 학위논문으로 작성했던 것인데, 기독교와 이슬람 간의 관계에 관심 있는 이들이 보다 수월하게 접할 수 있도록 하기 위해 조금 수정하여 책으로 출간하게 되었다. 이 책에서 다루는 내용이 어떤 이들에게는 사뭇 낯선 주제일 수도 있겠지만, 학문적으로나 실제적으로도 도움이 되기를 바라며 용기를 낸다.

필자는 이슬람권에서 사역한 이후 줄곧 이슬람을 연구하며 가르쳐 오면서 양자 간의 화해와 평화로운 공존을 모색해 보기 위해 무언가는 해야 한다는 부담이 있었다. 그리하여 먼저는 양자 간에 상존하는 오해불식이 먼저라고 보아 이슬람이 주장하는 성경변질론에 대한 수정을 기대하는 변증서를 출간한 적이 있다.[2] 이어 양자 간의 관계개선을 기대하는 노력의 일환으로 그간의 연구결과들을 정돈하여 이 책으로 엮어내게 되었다.

이 책을 통해 그리스도인과 무슬림이 함께 새로운 경전읽기의 지경을 개척해 볼 수 있는 기대가 움터오기를 바란다. 종교 간의 '대화' 자체를 '종교다원주의'의 행태로 이해하는 입장이라면 '대화', '공통점', '비평적 성서읽기' 등의 용어만으로도 불편할 수 있을 것이다. 하지만 이미 학계와 현장에 펼쳐진 엄연한 현실을 전통적인 이해에 국한하여 보아서는 안 될 것이다. 오히려 특정 사안에 대한 다른 관점과 대안들도 존재한다는 사실을 긍정하고, 나아가 이 사안에 대한 시급성과 함께 보다 현명한 대안을 함께 모색해 가야 한다는 과제에 공감할 수 있기를 기대해 본다. 이 책의 온건한 학문적 관심에도 불구하고, 사회 속에 편만해 있는 이슬람에 대한 적대적 관점들이 책을 읽어 가는 데 거침이 될까 염려도 된다. 하지만, 동시에 이 관점들이 서로를 더욱 알고자 하는 노력으로 이어지기를 기대한다.

이 책의 특징이라면 다음의 몇 가지를 들 수 있겠다. 첫째, 이 책은 현 세계질서 속의 힘의 양 축이 되는 기독교와 이슬람 간의 호혜적 공존에 관심

2 김대옥, 『이슬람의 성경변질론』 (서울: CLC, 2013).

을 두고 있다. 둘째, 이를 위해 양자 간의 '차이'가 아닌 '공통점'을 중심으로 대화 가능성을 살펴보고자 했다. 셋째, 두 경전의 '연속성'에 대한 근거를 제시하고자 했다. 넷째, 두 경전 사이에서 보이는 '불일치' 문제에 대한 대안적 이해를 제시해 보고자 했다. 다섯째, 양자 간 대화를 위한 경전읽기의 새 패러다임을 제시해 보고자 했다. 끝으로, 기독교 혹은 이슬람에 편향되지 않는 객관적이고 학문적인 접근을 유지하고자 한 것들이다.

따라서 이 책은 기독교 또는 이슬람에 전반적인 관심이 있는 모든 이들이 그 독자가 될 것이다. 특별히 타종교의 이해 또는 선교학, 비교종교학, 종교 간 대화 등에 관심이 있는 기독교-이슬람의 일반신도, 종교지도자, 대학생 및 연구자 등이 관심을 가지고 읽게 되기를 기대한다.

끝으로, 구약성서와 꾸란의 대화 가능성을 모색해 보는 이 책의 서론과 결론의 부분을 필자는 '모험'이라 정의하고 기술하였다. 모쪼록 본서가 안내하는 이 모험에 모두 동의할 수는 없을 터이지만 누군가에게는 그 모험을 딛고 서서 더 나은 방안을 제시하는 데 소용되는 작은 가이드가 되기를 바란다. 이를 통해 이슬람과 기독교 간의 보다 호혜적인 폭넓은 대화의 장을 마련하는 데 밑거름이 되고, 그래서 기독교와 이슬람이 서로의 차이에도 불구하고 서로 이웃이 되고 형제가 되어 함께 평화로운 공존의 삶을 살아가게 되길 기대한다.

구약성서 시편 기자는 다음과 같이 노래한다.

"보라 형제가 연합하여 동거함이 어찌 그리 선하고 아름다운고!"

(시 133:1)

이 노래가 온 세계에서, 아니 적어도 그리스도인과 무슬림이 살아가는 세계 속에서나마 현실이 되기를 바라마지 않는다.

졸고를 출간해 주신 예영커뮤니케이션 원성삼 대표님과 편집팀에 심심한 감사를 드린다.

저자 드림

1부

모험의 시작

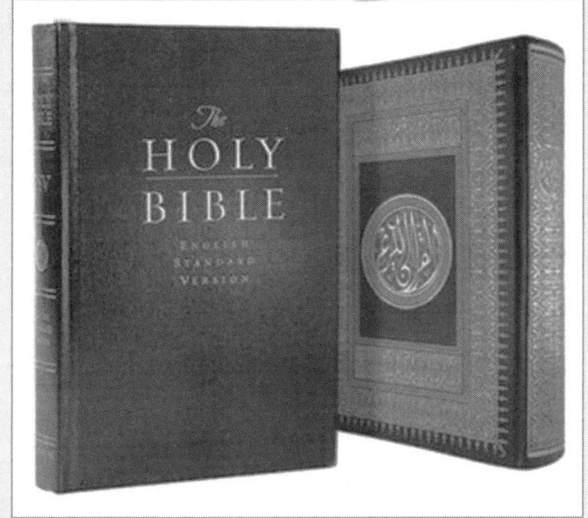

성서와 꾸란

1장

성서와 꾸란은 대화가 가능한가?

이 책의 목적은 기독교와 이슬람 양대 종교의 경전인 구약성서와 꾸란[3]이 공유하는 공통 인물 내러티브를 노아 이야기를 중심으로 집중 비교 탐구해 봄으로써 양 경전의 연속성의 문제를 탐색하고, 그 토대 위에서 양 경전 간의 대화를 위한 새로운 경전읽기 방안을 도출해 보는 데 있다.

1.

기독교와 이슬람교라는 양대 종교문명 사이의 첨예한 갈등과 오해는 어제 오늘의 일이 아니다. 7세기 이슬람이 태동한 이래 기독교세계는 끊임없

3 이슬람의 경전에 대한 아랍어의 정확한 표기는 '알 꾸르안'(*Al-Qur'an*)이다. 오랫동안 라틴어 계통의 영향으로 '코란'(Koran)으로 사용해 왔지만, 꾸르안, 쿠란 등 혼용이 있다. 최근에는 '꾸란'으로 발음하는 것이 일반적이어서 이 책에서는 이 용어로 통일해 사용한다. 종종 인용문에서는 원저자의 기록을 존중하여 '코란' 등으로 표기하기도 한다.

이 이슬람과 자웅을 겨루어 왔다. 이슬람은 여전히 경계의 대상이지만, 그럼에도 또 오랫동안 기독교는 긍정적으로든 부정적으로든 이슬람세계와 교류를 계속해왔던 것도 사실이다. 그러나 21세기에 들어서자마자 현대사를 뒤흔든 9.11 테러사건이 발생했고, 이후 세계는 헌팅턴(Samuel P. Huntington)의 '문명충돌론'에 경도되어 문명 간 갈등을 피할 수 없는 현실로 받아들이기도 했다. 거기에 이슬람세계에 대한 무지와 오해로 인해 당면 과제에 대한 해결책을 도출하기는커녕 심각한 혼돈상태에 직면해 있다. 그런데 서구 강대국을 중심으로 테러와의 전쟁을 명분으로 한 극단적인 정치적 해법들이 통용되면서 세계는 더 큰 혼돈으로 빠져들었다.

한국사회 또한 이라크 인질사태나 아프간 피랍사태와 같은 직접적인 이슬람교와의 갈등 국면을 겪으면서 심지어 '이슬람 공포증'(Islamophobia)이라는 신조어가 익숙할 정도에 이르렀다. 한국 기독교는 그동안 많은 선교사들을 내보내는 등 이슬람권에 대한 이해를 넓히며 그 사회에 대한 변화 가능성도 모색해 왔지만 큰 성과를 보지는 못했다. 대개는 기존의 서구적 관점과 개종주의적 입장에만 머물 뿐 더 나은 진전을 보지 못함으로써, 이슬람에 대한 새로운 이해와 종교 간 관계형성을 위한 대안 마련에 있어서는 취약한 상태를 면하지 못하고 있다. 그 와중에 무슬림 노동자들의 국내 유입은 이슬람의 기독교 정복전략의 일환으로 과도하게 소개되고, 이에 대한 방어적 대응을 촉구하는 강경한 주장들이 최근 들어 기독교계에서 더욱 고조되고 있다. 그 과정에서 이슬람에 관한 모든 내용들은 부정과 비방의 대상이 되었고, 급기야 혐오와 타도의 대상이 되고 있다. 기독교와 이슬람 간의 차이와 그 관계적 골은 더욱 깊어져만 간다.

이는 학문적인 접근에 있어서도 예외가 아니다. 예컨대, 가장 보수적인 입장을 보이는 몇몇 학자들의 입장은 차치하고라도, 한국 복음주의 진영의 선교신학자들의 관점에서도 이슬람에 대한 이해와 수용의 차원은 대중적인 입장에서 크게 벗어나지 않아 보인다.

예를 들어, 장훈태는 기독교와 이슬람의 갈등 문제를 다루는 그의 논문에서[4] 종교와 문화, 종족 간의 전쟁과 유혈폭동이 계속되고 있는 지구촌 환경 속에서, '과연 양 종교 사이에 평화로운 공존이 가능한가?' 하는 의미 있는 질문을 던진 바 있다. 그는 양자가 한 하나님을 믿는 아브라함의 종교임에도 각각이 가진 경전의 차이와 신학 및 실천의 차이가 결국 양자 간의 갈등을 유발하는 근본 동인이라고 파악했는데, 이는 적절하다고 본다. 하지만 그는 엘룰(Jacques Ellul)을 인용하여 '기독교가 이슬람을 거부하는 것은 (이슬람이 스스로) 아브라함의 종교'라고 말하는 데 있다면서 양 종교의 연속성을 부정했다.[5] 결국 그는 "기독교와 이슬람은 하나의 길로 갈 수 없다"고 보고, "양 종교의 경전, 교리, 신앙이 다른 가운데서 두 종교 간에 어떠한 대화와 화해의 노력이 있어야 하는가를 묻는다면 쉽게 답이 나오지 않는다"고 결론을 내렸다. 그가 보기에 "상호 간의 오해와 편견을 풀고 함께 사는 사회를 만들어야 하는 데는 이견이 없지만" 이슬람과의 의미 있는 대화는 불가능하

---

4 장훈태, "기독교와 이슬람의 갈등," 『선교와 신학』 27집 (2011), 143-177.

5 *Ibid.*, 156.

다는 것이다.[6] 이슬람 태동 이후 14세기 어간의 상호관계 속에서도 작금의 갈등상황을 목도하는 이들이 내릴 수 있는 불가피한 분석으로 보인다.

또한 김승호는 최근 한 논문에서 〈순진한 무슬림(Innocence of Muslims)〉이라는 영화[7]로 인해 발생한 무슬림들의 폭력사태를 다루면서, 이슬람을 기독교와의 관계에서 근본적으로 충돌할 수밖에 없는 대상으로 보았다.[8] 그는 이 폭력사태의 근본에 놓여있는 무슬림들의 무함마드에 대한 '숭배차원의 존경'에서 그 이유를 찾았다. 그는 이와 유사한 사건들을 더 소개하면서[9] 이슬람 신학과 무슬림들의 대중적 믿음 안에 있는 무함마드에 대한 존숭이 이러한 폭력을 부르는 핵심적인 이유라고 보았다. 나아가 그는 이러한 폭력적 실천을 불러오는 이슬람의 꾸란 계시는 성서와 충돌하고 모순된다면서 다음과 같이 주장했다.

> 무함마드가 알라로부터 받았다는 계시는 우리 기독교인들이 아는 하나님으로부터의 계시, 즉 성경과 충돌되고 모순된다. 무엇보다 하나님, 예

---

6 *Ibid.*, 169.

7 이 영화는 2012년에 이스라엘 출신의 유대계 미국인 감독이 만든 반(反)이슬람 영화로, 무함마드를 비하하는 내용으로 이슬람권의 큰 반발을 불렀고, 심지어 리비아주재 미국영사관이 공격당해 스티븐스 대사 등 네 명이 목숨을 잃기까지 했다.

8 김승호, "'순진한 무슬림(Innocence of Muslims)'에 대한 무슬림들의 폭력적 저항에 대한 고찰: 이슬람 신학에서의 무함마드, 성경신학적 평가 그리고 선교적 제언," 『성경과 신학』 66집 (2013), 325-346.

9 *Ibid.*, 326-327; 2005년 덴마크의 한 신문사는 무함마드를 소재로 한 풍자만화를 게재하여 중동지역의 유럽 공관들에 대한 공격이 이어졌다. 또한 2011년 미국 플로리다 주의 Cove World Outreach Center 교회 테리 존스(Terry Jones) 목사는 꾸란을 소각하여 전 세계 무슬림들의 반발을 일으키기도 했다.

> 수 그리스도, 죄와 구원과 같은 중요한 교리들에 심각한 충돌이 존재하는데 이런 점에서 무함마드가 받은 계시는 하나님으로부터 온 계시로서의 자격을 상실했다고 결론 내릴 수 있다. 따라서 성경적 기준으로 볼 때 무함마드는 거짓 선지자의 범주에 들어간다.[10]

물론, 김승호의 연구가 대중적 이슬람 신앙 양상을 경험적으로 살핀 후에 내린 분석이라 여겨지지만, 중요한 사실 하나를 간과했다는 점에서 아쉬움이 남는다. 즉 그런 폭력사태를 유발한 동인, 다시 말해 꾸란과 무함마드에게 가해진 모욕과 같은 동인에 대해서는 주목하지 않은 점이다. 실제로 이 영화가 무함마드를 '멍청한 사람'으로 희화하고, 극중 무함마드는 당나귀를 '최초의 무슬림 동물'로 부르며, 나아가 부인들에게 신발로 등짝을 맞는 무책임한 일부다처주의자요, 동성애자, 심지어 아동성도착증을 가진 자로까지 묘사되는데, 이로 인해 무슬림들의 공분을 사게 된 사실에 대해서는 언급하지 않았다. 결국, 이러한 일방향의 관점은 무슬림들의 폭력에 대한 편향적인 분석을 낳고, 이는 곧 이슬람에 대한 편향적 사고를 강화하는 결과에 이르게 된다는 사실을 지적하지 않을 수 없다.[11]

---

10 *Ibid.*, 336; 그는 이러한 평가를 통해, 현재 16억 명에 달하는 무슬림들이 "무함마드에 의해 전달된 사단의 계시에 속임을 당하고 있는 불쌍한 자들"이라 결론지으며 그들에 대한 선교의 필요를 제시했다.

11 *Ibid.*, 326; 이슬람 문화에서 '당나귀'는 매우 혐오스러운 단어이며, '신발'을 던지는 일은 매우 경멸적인 행동이다. 결국 미국 법원은 이 영화를 유튜브에서 삭제하도록 판결했다. "미국 법원 '구글 유튜브, 反무슬림 영화 삭제하라'" http://bizn.khan.co.kr/khan_art_view.html?artid=201402271802251&code =930100&med=khan, (2014년 10월 28일 검색).

물론 기독교 내부에서는 성서를 기준으로 꾸란과 무함마드에 대한 위의 글과 같은 판단이 대체로 용인된다. 하지만 외부 공론의 장에서는 그와 같은 호교론적이며 배타적인 논조가 매우 공격적으로 들릴 수밖에 없다.

어쨌든 이러한 평가와 주장들은 복음주의 진영에 속한 학자들이나 실천가들로부터 대동소이하게 듣는 논조라 할 수 있다. 이처럼 이슬람과의 차이를 강조하고 공통점을 부정하며, 대화와 이해 차원의 노력을 부정적으로 보는 논지들을 종합해 보면, '기독교와 이슬람은 경전, 신학, 교리, 실천 등에서 너무 다르다. 그렇기에 수용할 수 없으며, 따라서 그들과 함께 대화하기는 불가능하다. 하지만 평화적 공존을 위한 문화적인 이해는 가능하며, 선교라는 제한된 목적을 위해서만 대화를 말해야 한다'는 정도로 정리할 수 있다.[12] 결국 이런 주장들 속에서 이슬람과의 호혜적이고 평등한 공존의 여지를 찾아보기는 어렵다.

2.

이러한 현실에서 이슬람에 대한 보다 객관적이고 호혜적인 이해를 도모하는 목소리를 듣기는 쉽지 않다. 미디어가 전달하는 이슬람세계와 관련된 다양한 폭력적 현실들은 날이 갈수록 늘어만 가고, 그와 비례하여 이슬람에 대한 편견과 오해도 강화되어 가고 있다. 반면, 그 연장선상에서 무슬림들

---

12 장훈태, "기독교와 이슬람의 갈등," 170-171.

이 기독교 복음에 그토록 적대적인 이유가 무엇인지를 역사적 맥락과 기독교 내부적 입장에서도 헤아려야 할 필요성은 늘 간과되고 있다. 그 와중에 이슬람에 대한 서구 편향적인 해석이 일방적으로 수용되거나, 다소 과격하긴 해도 이슬람 내부에 국한된 언행들이나 경미한 개인 간 폭력사건들마저 쉽게 심각한 종교적 위협으로 간주되고 만다.

또한 최근 한국 교회의 이슬람 관련 논의과정에서 살필 수 있듯이, 이슬람에 대한 과도한 부정과 배제, 나아가 혐오를 당연시하는 경향이 지배적인 현실에까지 이르러 있다. 따라서 이슬람에 대한 객관적이고 긍정적인 평가는 환영받지 못하며, 혼합주의와 종교다원주의에 대한 위험성을 경계하는 의도가 강화된 나머지 이슬람과의 '호혜적 관계 형성과 대화'와 같은 주제를 꺼내는 것조차 쉽지 않은 상황에 놓여있다.

'이슬람을 알자'는 동기로 마련된 다양한 강좌와 소개 프로그램들에서는 이슬람에 대한 지엽적이고 부분적인 내용들을 일반화한 강의들이 주를 이루고, 부정적이고 때로는 악의적인 편견들이 혼합된 내용들이 거침없이 소개되고 있다. 이러한 주장들은 대체로 상대와의 차이를 강조하여 그것으로 상대를 부정하고 배제하는 동인으로 삼는다. 하지만 그렇게 되면 그들을 이해하겠다는 처음 동기와는 별개로 현존하는 양자 간의 갈등과 폭력을 막아내기는 불가능할 뿐 아니라, 서로에 대한 왜곡된 신학적 평가를 이어갈 수 밖에 없게 될 것이다.

하지만 과연 앞서 소개한 학자들의 주장처럼, 기독교가 이슬람의 주창자와 경전, 교리 등을 총체적으로 부정하면서 동시에 그들에 대한 선교를 위해 '신뢰와 우정'으로 접근하는 것이 가능할까? 혹시나 이런 판단에 오해가 있거나 재고의 여지는 없는 것일까? 인간사회 내 갈등과 반목의 이유는 오직 서로의 '다름' 때문인가? 서로가 다르면 무조건 갈등하는가? 상호 비교 속에서 상대가 어떤 점에서 나와 다르거나 상충하는 내용이 있으면 그것이 곧 그가 '거짓이요 비진리'에 속해 있는 증거인 것인가?

오히려 인간 실존은 '서로 다름'에 이끌리며, 그 다름을 동경하다 새로운 창의적 실체를 구성하기도 하지 않는가? 또한 서로가 동일 조상으로부터 온 후손이라면, 서로 가족이요 형제라는 유대감으로 인해 오히려 연합하고 더불어 살 동인을 제공하지 않는가? 갈등은 '서로 다름'이 빚어내는 단지 하나의 양상에 불과한 것이 아닌가?

사실에 입각해 살펴보면, 종교학자 안신이 지적한 바와 같이, "이슬람은 유대교와 기독교에 대한 지식 없이 이해할 수 없을 정도로 긴밀한 종교적 관계를 맺고 있다."[13] 하지만 그동안 기독교와 이슬람은 상호 간 차이에만 주목하면서 갈등과 반목의 관계를 지속해 왔다. 양 종교를 대상으로 한 대부분의 연구들이 양자 간의 신학적 차이를 확인하는 차원에서 진행되어 양자 간의 갈등을 영속화하는 데 일조한 책임이 있다.[14] 발켄베르그(Pim Valkenberg) 역시 역사 속에서 양 종교 간 만남이 갈등의 측면에서 부각되어 왔음을 지적하면서, 신학자들마저도 이슬람을 적대적인 시선으로 이해하는

---

13 안신, "이슬람과 기독교의 예수 이해에 대한 연구: 꾸란과 초기 고행문학을 중심으로,"『한국중동학회논총』30-1집 (2009), 144.

14 *Ibid*.

서구의 압도적인 분위기가 당혹스럽다고 비판했다.[15] 이처럼 그동안의 연구의 흐름들은 양 종교 간의 특성과 경전, 교리, 실천, 문화, 충돌의 역사 등을 대립적인 방식으로 탐색하면서 결국 종교 간의 '진위논쟁'에 기여해 온 셈이다. 하지만 그렇게 되면 양 종교의 차별성은 더욱 강조되고 그러한 신학이 초래하는 현실은 양자의 힘겨루기의 양상을 더욱 심화시키게 된다.

3.

최근에도 미디어가 전해주는 이슬람권에서 일어나는 숱한 폭력과 죽음의 소식으로 인해 이슬람은 대화 불가능한 대상이라는 이해가 강화되고 있다. 하지만 이슬람은 일반적으로 알려져 있는 바와는 달리, 근본적으로 폭력과 지하드의 종교가 아니다.[16] 그것은 근현대 역사의 소용돌이 속에서 내

---

15 Pim Valkenberg, *Sharing Lights on the Way to God : Muslim-Christian Dialogue and Theology in the Context of Abrahamic Partnership* (Amsterdam : Rodopi, 2006), xi; 특별히 그는 헌팅턴의 문명충돌론을 정당화하는 측면을 비판하면서 양 종교를 대립과 갈등의 관계로만 고착시키려는 모든 노력들을 거부한다고 선언했다.

16 최근 120명이 넘는 전 세계의 이슬람 학자들이 소위 극단적 폭력 이슬람주의자들인 IS(Islamic State)의 비(非)이슬람성을 꾸란에 근거하여 조목조목 비판했다. 이들은 아랍어로 발표한 공개편지를 통해 총 24개 항목으로 각주까지 달아가며 비판했는데, 거기에는 "이슬람에는 기독교인 또는 어떠한 '그 책의 백성들'을 어떤 방식으로든 해를 끼치거나 학대하는 것이 금지되어 있다"거나 "이슬람에는 무죄한 이를 죽이는 것이 금지되어 있다," "이슬람에서는 악한 행동을 하나님께 돌리는 것이 금지되어 있다," "누구든지 공개적으로 불신앙을 스스로 인정하지 않는 한, 그를 불신자로 선언해서는 안 된다"와 같은 내용이 포함되어 있다. "Muslim Scholars Release Open Letter To Islamic State Meticulously Blasting Its Ideology," http://www.huffingtonpost.com/2014/09/24/muslim-scholars-islamic-state_n_5878038.html (2014년 10월 8일 검색). 편지 전문은 "Open Letter," http://lettertobaghdadi.com/index.php 참조.

부적인 정치 현실과 서구세계와의 관계 속에서 형성된 일그러진 이미지의 일면일 뿐이다. 대부분의 무슬림들은 그리스도인들과 동일하게 평화와 안정을 바라는 세계시민들이요, 게다가 어느 종교인들보다도 그리스도인들과 많은 유사성을 가지고 있는 이들이다.[17]

무엇보다도 양 종교는 같은 뿌리를 가진 종교로서 경전의 근원을 공유하고 있다. 이슬람을 들여다보면 기독교와 많은 유사성을 가진 종교임을 쉽게 발견할 수 있다. 통상적인 명칭은 다르지만 두 종교는 동일한 하나님을 섬기며,[18] 많은 선지자(예언자)들과 경전의 내용들을 공유하는 특별한 관계에 있다. 그래서 학자들은 두 종교를 가리켜(물론 유대교를 포함하여) '친연종교'[19] 또는 '형제종교'라 부르기를 주저하지 않는다. 실제로 이슬람 경전인 꾸란을 펼쳐 보면 성서에서 발견되는 동일한 인물들과 사건들이 기록되어 있을 뿐

---

17 "암만 메시지"(The Amman Message) 참고(http://ammanmessage.com). 지난 2005년, 이슬람 세계 50개국에서 온 200명의 이슬람 고위 성직자들(Arb. 'Ulama)은 요르단의 암만에서 모여 이슬람에 속하는 구성원의 범주 규명과, 그에 따라 이슬람 내부에서 갈등의 토대가 되고 있는 배교선언 행위(Arb. Takfir)의 금지와 더불어, 이슬람의 이름으로 무지하고 불법적인 포고령(Arb. fatwa)에 대한 선행조건을 설정하는 등 역사적인 암만 메시지를 발표했다. 여기에는 이슬람의 이름으로 자행되는 테러리즘을 강력하게 비난하고 관용을 요청하는 이 메시지를 지지하는 참가자들의 서명이 포함되어 있다.

18 이 책에서 '하나님'은 '알라'와 동의어로 사용한다. 여러 이론(異論)들이 있지만 꾸란의 '알라'가 성서의 '하나님'과 동일한 분인가에 대한 논의는 이 책의 주제가 아니다. 다만 어원적 이해에 대한 일반적 이해를 따르며, 아랍어권 그리스도인들은 이슬람 태동 전부터 '하나님'을 부를 때 그 용어를 사용해 왔고, 현재의 이슬람권 그리스도인들 역시 사용하는 동일한 단어라는 사실 정도만 언급하기로 한다. 파샬은 "이슬람교는 하나님에 대해 완전하지 않은 부적합하고 불완전한 견해를 갖고 있다. 그러나 이슬람교의 하나님이 성경의 하나님과 전혀 다른 분이라고 주장하는 것은 부당하다"고 했다. Phil Parshall, 『십자가와 초승달』, 이숙희 역 (서울: 죠이선교회, 2003), 27 참조. 이 주제에 관한 보다 깊은 논의를 위해서는 다음 책을 참고할 수 있다. Miroslav Volf, 『알라 : 기독교와 이슬람의 신은 같은가』, 백지윤 역 (서울: IVP, 2016). 그는 인식론적으로는 상이하지만 존재론적으로는 동일한 하나님에 대해 논의한다.

19 정수일, 『이슬람 문명』(서울: 창작과비평사, 2003), 92.

아니라, 많은 기사들이 평행을 이루거나 유사한 경향을 띠고 있다. 즉 성서의 많은 인물들과 그들이 관련된 사건들, 이야기들이 꾸란 속에 가득 차 있는 것이다.

물론 그 내용들은 서로 미묘한 차이를 보인다. 꾸란을 자세히 읽어보면 많은 부분을 구약성서에 의존하고 있는 것으로 보이는데, 그럼에도 불구하고 그 세부내용에서 크고 작은 차이를 드러낸다. 꾸란은 근본적으로 구약성서와 연속성을 갖고 있는 것 같으면서도, 꾸란이 인용하고 있는 구약성서의 인물 내러티브는 상당한 차이들을 내포하고 있는 것이다.

이러한 사실은 양 경전에 관심을 갖는 이들에게 다음과 같은 많은 질문을 제기하게 만든다.

> 꾸란은 구약성서와 무엇이, 얼마나 같은가? 꾸란에 소개된 인물들 중 구약성서에 등장하는 동명의 인물들은 동일 인물들인가? 꾸란에 있는 구약성서와의 공통 기사들은 그것으로부터의 인용인가? 꾸란이 구약성서 외에 다른 전승 자료를 활용하고 있는가? 아니면 전승과정에서의 변형이나 의도적인 변경과정이 있었는가? 만일 무슬림들의 주장처럼 꾸란이 하나님의 직접적 계시라면, 결국 구약성서와의 불연속성의 문제는 어떻게 해결해야 하는가? 꾸란이 구약성서에 있는 동일한 사건들과 인물들을 다루면서도 그 내용에 있어서 서로 차이를 보인다면, 과연 구약성서와 꾸란은 모두 진실일 수 있는가? 기독교의 주장과 같이 꾸란이 거짓을 말하는 것인가? 아니면 이슬람의 주장과 같이 꾸란보다 앞선 구

> 약성서가 변질되었는가? 이러한 상황에 놓여 있는 구약성서와 꾸란은 과연 상대 추종자들에게 그 신빙성을 설득력 있게 제시할 수 있는가? 양 경전을 하나님의 말씀으로 신봉하는 사람들이 상대를 부정함으로써 갈등을 초래하지 않고 양 경전을 읽어 낼 수는 없는가?

이와 같은 문제인식과 그에 대한 질문이 이 책의 주된 관심이며, 각 장에서 그 질문들에 대해 하나둘씩 해답을 추적해 가 보고자 한다.

필자는 이 책을 통해 구약성서와 꾸란이 공유하는 공통점을 중심으로 하여 구약성서와 꾸란 간의 대화 가능성을 탐구해 보고자 한다. 양대 경전에 있는 '공통 인물 내러티브'를 통해, 두 경전의 '차이'보다는 '연속성'을 강조함으로써, '두 경전 간의 대화 방안'을 살펴보고자 한다. 두 경전이 편찬되어 나오기까지, 그리고 각 전통에서 오랜 동안 해석되어 오는 과정에서 다양한 경전적이고 신학적인 이유가 있었을 것이다. 그 이야기들이 함축하고 있는 동일한 '초점'은 무엇인지 살펴보고, 양자가 공감할 수 있는 공통점 중심의 해석 방안을 도출해 보고자 한다. 동일한 것 같으면서도 일치하지 않는 양 경전의 내러티브에 대한 분석을 통해 양자가 어떻게 상대의 경전을 이해하고 또 수용할 수 있는지, 그리고 어떻게 경전 간의 대화를 가능케 할 수 있는지에 대한 학문적 해답을 추적해 보고자 한다.

4.

이슬람 또는 기독교와의 평화적 공존은 기대하면서도, 교리와 신학, 경전 간의 차이를 강조하면서 연속성을 부정하며, 대화에 반대하고, 진리논쟁에 주안점을 두는 양 종교의 교조적 양상은 여전히 견고하다. 더욱이 양 종교 간의 오랜 갈등의 역사 속에서 형성된 배타적인 분위기가 학문의 영역에까지 영향을 미쳐, 다분히 호교적이며 상호 배타적인 비교 연구의 관행이 견고한 장벽을 형성하고 있다. 하지만 그럼에도 불구하고, 양 종교 간 화해와 평화적 공존과 협력은 현재와 미래의 인류문명사의 행불행을 가름하는 중요한 열쇠가 될 것이므로, 상호 관계에서 누적된 갈등을 해소하고 보다 나은 관계를 증진하기 위한 학문적 도전은 계속되어야만 한다.

오래 전 저명한 독일 신학자 판넨베르크(Wolfhart Pannenberg)는 한 언론 인터뷰를 통해 9.11 테러 참상의 충격에 휩싸여 있던 세계를 향해 다음과 같이 종교 간 대화를 강조했다.

> 종교 간의 대화는 우리 시대의 분명한 요청입니다. 역사적으로 선교와 개종 작업에 적극적이었던 기독교도 이제 종교 간의 대화를 선교의 새로운 형태로서 고려할 필요성을 절실히 느끼고 있습니다. 타종교와의 대화를 통해 우리는 자기 자신의 신앙을 새롭게 발견할 수 있습니다.[20]

20 Wolfhart Pannenberg, “세계적 신학 거장 판넨베르크 교수 인터뷰” (『조선일보』 2001년 11월 5일자).

특별히 그는 기독교와 이슬람 간의 대화를 위해 무엇보다 양 종교의 경전 간의 상호 이해를 주문하고, 이로부터 이해와 화해의 지평을 넓혀갈 것을 주문했다.

> 기독교인과 무슬림의 대화는 역시 성경과 코란에 대한 상호이해로부터 시작돼야 하지 않을까 생각합니다. 그동안 성서비평학자들의 업적에 힘입어 성경이 역사적으로 형성돼온 기록이라는 사실이 밝혀졌고, 극소수이지만 일부 이슬람 학자들도 코란이 역사의 산물임을 인정하고 있습니다. 서로의 경전에 대한 역사적 이해부터 시작, 화해의 지평을 점차 넓혀갈 수 있다고 생각합니다.[21]

이 책은 바로 이 점에서 새로운 접근을 시도해 보고자 한다. 양 종교 간의 관계에 대한 기존의 부정적인 확신들에 맞서, 양 종교의 공통점을 부각해 봄으로써 양자의 긍정적인 대화 가능성을 제시해 보고자 한다. 특히 양 종교가 그 신앙과 실천의 토대로 삼고 있는 경전 간의 공유 내러티브의 연속성에 역점을 둠으로써, '성서의 백성들'(유대인과 기독교인들을 지칭하는 꾸란의 용어)과 '꾸란의 백성들'(이슬람교도들)이 오랜 역사 속에서 강조되었던 양자 간의 차이를 넘어 서로의 경전 안에서 공유되고 있는 영적 유산들을 이해하고, 상호 대화의 장을 모색할 수 있기를 기대한다. 뿐만 아니라, 이를 통해 참된 진리를 함께 공유할 수 있는 계기를 만들어 가기를 희망한다. 그

---

21 *Ibid.*

럼으로써 양 종교가 물려받은 종교적 유산이 서로 연속선상에 있다는 사실을 확인하며, 서로가 가진 경전의 내러티브를 객관적이고도 비평적으로 이해함으로 보다 풍성한 내용을 받아 누릴 수 있으리라 확신한다. 그리하여 양자는 근본적으로 갈등하는 관계가 아니라 서로 상생하며 협력하며 살아갈 형제종교임을 인식하는 데 기여하고자 한다.

또한 이 책을 통해 그동안 기독교 내부에 보편화한 이슬람에 대한 커다란 부정적 일반화 오류를 불식시키는 데 기여하게 되기를 바란다. 나아가 이를 바탕으로 하여 양 종교 사이에서 보다 구체적인 학문적 노력을 요청하는 자극제가 될 수 있기를 바란다. 특히나 다원화된 세상 속에서 국가 간 종교 간 갈등상황에 대한 대안을 모색하며 양 종교 간의 평화와 화해, 공존과 협력을 모색하는 실천가들에게 그 학문적 토대를 제공하게 되기를 바란다. 아울러 필자의 작은 성서신학적 노력이 비교종교학 및 선교신학 사이의 학제 간 연구에 작게나마 기여하게 되기를 기대한다.

2장

연구동향[22]

비교 연구 차원에서 기독교와 이슬람을 살펴온 연구는 오랜 역사 속에서 많이 시도되었다. 하지만 상대적으로 이슬람과의 직접적인 교류가 없었던 한국 상황에서 이슬람에 대한 연구는 전반적으로 부족했다고 할 수밖에 없었다. 한국인들에게 이슬람은 타종교들에 비해 여전히 낯선 데다, 지리-문화적인 이격성으로 인해 그만큼 직접적인 종교적, 학문적 교류에 어려움이 많았다. 그에 더하여 최근 이슬람과 결부되어 등장하는 수많은 국제정치적 난맥상과 테러리즘에 얽힌 이미지들은 대중들로 하여금 이슬람을 객관적으로 이해할 수 있는 여지를 빼앗고, 미디어들이 제공하는 선동적인 이미지에 쉽게 영향을 받아 이슬람에 대한 혐오와 배척의 입장을 취하게도 만들었다.

그러한 상황에도 불구하고 기독교와 이슬람 사이의 관계문제를 다룬 연구는 정치, 사회, 문화, 역사, 언어 전반에 걸쳐 다각도로 진행되어 왔다. 전 영역에 걸쳐 세계관적 토대가 되는 종교로서의 이슬람에 대한 연구들도 뒤

---

22 이번 장은 이 책의 주제를 보다 깊이 읽고자 하는 연구자들을 위한 연구사(研究史)이다. 따라서 일반 독자의 경우 이 부분을 건너뛰어 2부로 곧장 들어가도 좋다.

를 이었다. 특히 국내에서는 김용선, 최영길, 김정위, 정수일, 이희수, 서정민, 황병하, 손주영과 같은 아랍-이슬람 전공 학자들을 중심으로 문학, 언어학, 지역학 등의 분야에서 비교적 활발한 연구가 진행되었다. 최근 이슬람에 대한 사회적 관심이 확장되면서 국제정치와 경제 등의 분야에서도 이슬람 연구가 진척될 뿐 아니라, 안신, 배철현, 김영경과 같은 종교학자들이 비교종교적 차원에서 기독교와 이슬람에 관한 연구에 활발히 임하고 있다.

특히 기독교 내부에서 이슬람권 선교에 대한 관심이 확대되면서 이슬람에 관한 자료들도 많이 등장했는데, 아쉬운 점은 그 연구들의 대부분이 기독교 선교를 위한 실천방안들에 주된 역점을 두고 있다는 사실이다. 특히 9.11 사태 이후 수많은 이슬람 관련 도서들이 쏟아져 나왔지만, 대부분의 자료들이 이슬람에 대한 개관을 다루는 내용을 중심으로 중복된 경우가 많았고, 그마저도 서양 자료들의 번역서들이 주를 이루어 왔다.

이 책에서 집중적으로 관심을 갖는 양 종교의 경전 간 비교 연구 분야도 미약하지만 연구는 지속되어 왔다. 사실 역사 속에서 성서와 꾸란을 비교 연구한 역사는 길다. 그러나 경전 간의 공통점을 중심으로 양 종교의 대화와 화해를 주제로 연구들은 많지 않았다. 상대에 대한 좀 더 개방적이고 수용적인 태도를 통해 이슬람교와 기독교 사이에 가교를 만들어 보고자 하는 연구는 여전히 지지부진한 형편이다. 특히 경전의 공통점을 근거로 해석적 동질감을 추구하는 연구는 드물었다. 아무래도 각 종교에 속한 전통적인 호교론적 해석에서 자유롭지 못한 것이 그 한 원인이라 볼 수 있겠다.

1. 기독교와 이슬람의 대화와 관계문제에 관한 연구

양 종교 간 관계의 역사는 무려 14세기에 걸쳐 변화를 거듭해 왔지만 지속적인 갈등으로 점철되어 있다. 오늘날 급격한 세계화 속에서도 양 종교 간의 갈등은 새로운 양상을 보이지 못한 채, 과거의 충돌 양상을 지속해 가고 있다. 특히 헌팅턴(Samuel P. Huntington)의 '문명충돌론'[23]과 하타미(Seyyed Mohammad Khatami)의 '문명대화론'[24]의 양립은 이 시대의 특히 기독교와 이슬람의 관계 이해와 종교 간 내화의 화두가 얼마나 중요했는지를 드러내 준다. 이런 상황을 반영하듯, 최근에도 가장 많이 연구되고 있는 주제가 바로 양 종교 간의 갈등과 대화 및 관계 문제라 할 수 있다. 따라서 이 책이 양 종교 간의 관계 향상에 목표를 두고 전개하는 기초 작업이므로 이 분야의 상황을 살펴두는 것은 의미가 있다.

우선 이 분야에서는 누구보다 큉(Hans Küng)을 주목하게 된다. 그는 종교 상호 간의 이해 및 대화와 상생을 위한 노력에 탁월한 길잡이 역할을 하고 있다. 그는 먼저 『세계윤리구상』(*Projekt Weltethos*)을 통해 전 지구적인 윤리적 이슈들에 공통으로 주목할 수 있는 이론적 토대를 제시한 후 종교 간의 일치와 평화를 위한 대화를 주문했다. 그는 "세계윤리 없이는 생존이 불가능하다. 종교의 평화 없이는 세계의 평화도 없다. 또 종교 간 대화 없이는

23 Samuel P. Huntington, 『문명의 충돌』, 이희재 역 (서울: 김영사, 1997).

24 Seyyed Mohammad Khatami, 『문명의 대화』, 이희수 역 (서울: 지식여행, 2002).

종교의 평화도 있을 수 없다"는 유명한 주장을 분명히 했다.[25] 그는 1991년 『그리스도교 : 본질과 역사』(*Das Christentum* : *Wesen und Geschichte*)를 출간하면서 2천년 기독교의 본질을 패러다임별로 구분하여 분석하고 비판하며 미래에 대한 대안들을 제시했다.[26] 1994년에 『유대교』를 출간한 후, 그는 또다시 『한스 큉의 이슬람: 역사, 현재, 미래』(*Der Islam* : *Geschiehte, Gegenwart, Zukunft*) 라는 제목으로 이슬람의 심층을 들여다 볼 수 있는 방대한 역작을 남기며 종교 간의 이해를 촉구했다.[27]

또한 종교학적 관점에서 기독교(유대교 포함)와 이슬람 사이의 역사적 발전과정을 다룬 암스트롱(Karen Armstrong)의 연구가 괄목할 만하다. 그녀는 『신의 역사』(*A History of God*) I, II권을 통해[28] 아브라함을 공통 조상으로 하는 세 종교의 4천년에 걸친 '신(神)' 개념의 변천 역사를 심층적으로 개관하고 수많은 역사 속의 사상가와 철학자 및 신학자들의 신(神) 이해를 살필 수 있게 함으로써, 세 종교가 공통기반에서 미래를 전망해 볼 수 있는 중요한 연구를 남겼다. 이어서 그녀는 『이슬람』(*Islam*)이란 책을 통해 이슬람의 역사를 가치중립적으로 개관해 주었다.[29]

기독교 진영에서는 이슬람에 대한 선교적 관심을 가지고 접근한 자료들이 대부분이다. 쉴로르프(Sam Schlorff)는 그의 역작 『무슬림 사역의 선교학

25 Hans Küng,『세계윤리구상』, 안명옥 역 (왜관: 분도출판사, 1992).
26 Hans Küng,『그리스도교 : 본질과 역사』, 이종한 역 (왜관: 분도출판사, 2002).
27 Hans Küng, 『한스 큉의 이슬람 : 역사, 현재, 미래』, 손성현 역 (서울: 시와 진실, 2012).
28 Karen Armstrong, 『신의 역사 I, II』, 배국원, 유지황 역 (서울: 동연, 2000).
29 Karen Armstrong, 『이슬람』, 장병옥 역 (서울: 을유문화사, 2006).

적 모델』(*Missiological Models in Ministry to Muslims*)을 통해[30] 기독교가 역사적으로 이슬람권에 어떤 이해와 방식으로 접근해 왔는지를 고찰하고, 그 접근방법론과 도구에서 꾸란을 어떻게 사용해 왔는지, 나아가 꾸란에 대한 해석학적 변화를 살피면서 앞으로 어떻게 상황화를 시도할 것인가를 다루었다.

전병희는 그의 책『로잔운동과 이슬람』에서 기독교 선교적 맥락에서 이슬람을 살폈다. 특히 "공통의 말씀"(A Common Word)[31]이라는 주제의 장을 통해 양 종교 간의 일련의 대화의 노력을 살피면서, 두 종교 간의 대화를 위한 기초로서의 공통기반이 되는 신학적 배경이 있음을 제시해 주었다.

보다 적극적으로 양 종교 간의 대화를 다룬 연구들도 있다.

씨디끼(Ataullah Siddiqui)는 그의 책 *Christian-Muslim Dialogue in the Twentieth Century* 에서 변화하는 세계에서 양 종교 간의 대화에 대한 도전과 그 대화를 향한 그리스도인과 무슬림들의 동향을 살피면서, 특히 20세기 이 분야에서 두각을 보인 6명의 무슬림 신학자들의 주장과 초점들을 비교적 세밀하게 다루어 주고 있다.[32]

발켄베르그는 *Sharing Lights on the Way to God*: *Muslim- Christian Dialogue* 라는 책을 통해,[33] 기독교와 이슬람 두 종교가 인류의 가치를 증진하고 하나님을 향한 동반자로서 서로를 인정하고 존중할 수 있기를 희망했다. 또

---

30 Sam Schlorff,『무슬림 사역의 선교학적 모델』, 김대옥, 전병희 역 (인천: 바울, 2012).

31 전병희,『로잔운동과 이슬람』(대전: 대장간, 2012), 127-153 참조.

32 Ataullah Siddiqui, *Christian-Muslim Dialogue in the Twentieth Century* (Basingstoke, England: Macmillan, 1997); 이 여섯 학자들은 Isma'il Raji al-Faruqi, Mahmoud Ayoub, Hasan Askari, Khursid Ahmad, Mohammed Talbi, Seyyed Hossein Nasr 이다.

33 Pim Valkenberg, *Sharing Lights On the Way to God*.

한, 종교 간 대화신학을 바탕으로 기독교와 이슬람의 관계를 성찰하고 미래를 진단했다.

나아가 라흐만(Jamal Rahman)을 필두로 각 종교전통에 속한 세 저자가 공동 집필한 *Out of Darkness into Light : Spiritual Guidance in the Quran with Reflections from Christian and Jewish Sources*는 그들이 서로의 차이에도 불구하고 각 종교의 경전과 전통을 서로 비교하면서 나눈 흥미로운 대화의 시도를 잘 보여준다.[34] 이러한 시도들은 공식적인 기구들을 통한 대화의 통로 외에도 얼마든지 학자와 일반 신자들이 함께 대화할 수 있는 가능성을 보여준 것으로 평가된다.

그밖에 눈에 띄는 연구논문을 살펴보면, 우선 서원모는 "역사적 관점에서 본 기독교와 이슬람 : 초기 압바스 시대 기독교인의 대응을 중심으로"라는 논문을 통해[35] 이슬람 초기 압바스 시대 이슬람 치하의 기독교가 이슬람과의 만남과 교류에서 종교적 대화와 논쟁은 물론 학문적인 협력을 활발히 전개했음을 역사적으로 밝히며, 양자 간의 협력과 공존의 역사의 일면을 소개했다. 동시에 그는 아랍화 된 기독교의 형편과 신학의 발전양상을 제시하며 이슬람과 기독교의 만남과 교류에 있어서의 역사적인 새로운 시각을 제공하고자 하였다.

---

34 Jamal Rahman, Kathleen Schmitt Elias, and Ann Holmes Redding, *Out of Darkness into Light : Spiritual Guidance in the Quran with Reflections from Christian and Jewish Sources*, (Harrisburg, Pa.: Morehouse Publishing, 2009).

35 서원모, "역사적 관점에서 본 기독교와 이슬람: 초기 압바스 시대 기독교인의 대응을 중심으로," *MCE* vol. 6-1집 (2014), 7-47.

배철현은 "이슬람 다시 읽기: 그리스도교-이슬람교는 같은 뿌리였다"에서[36] 종교로서의 이슬람의 역사적 배경을 살피면서 기독교와 이슬람교는 같은 뿌리였음을 강조했고, 정수일은 "이슬람 바로 알기에서 제기되는 몇 가지 문제"라는 논문을 통해[37] 그동안 회자하여온 이슬람에 대한 대중적 오해를 변호하고, 특히 이슬람문명과 기독교문명 간 '충돌'이라는 코드를 통해 갈등 상황이 당연시되는 현실을 비판하며 두 문명은 '상생문명'임을 강조했다.

한편, 기독교와 이슬람 양 종교 간의 대화와 다원주의적 대응을 탐색하는 연구도 이어졌다. 주목할 만한 연구를 들어보면, 먼저 김진은 "종교 간 대화와 상호 닮아감을 위해: 기독교 역사에 대한 카이로스적 분석을 중심으로"라는 논문에서[38] 작금의 종교 간 갈등으로 보이는 일련의 사태들이 과연 '종교 갈등'인가에 문제를 제기하고 그것은 종교 간 태생적 문제로부터가 아닌 정치-경제적 갈등에 대한 종교적 합리화임을 밝혔다. 그는 그 답변이 기독교 역사 속에서 형성된 모습이었음을 개관한 다음 종교 간의 공존과 교류, 대화와 닮아감의 길을 제안했다.

임태수는 "구약성서의 관점에서 본 종교다원주의와 토착화"라는 논문에서[39] 기독교의 정체성 상실과 혼합주의에 대한 두려움으로 인해 타종교에

---

36 배철현, "이슬람 다시 읽기: 그리스도교-이슬람교는 같은 뿌리였다," 『역사비평』 57집 (2001), 198-225.

37 정수일, "이슬람 바로 알기에서 제기되는 몇 가지 문제," 『인문언어』 10집 (2008), 11-29.

38 김진, "종교 간 대화와 상호 닮아감을 위해: 기독교 역사에 대한 카이로스적 분석을 중심으로," 『한국문화신학회논문집』 6집 (2003. 3), 65-88.

39 임태수, "구약성서의 관점에서 본 종교다원주의와 토착화 I," 『기독교사상』 465집 (1997), 117-125; 임태수, "구약성서의 관점에서 본 종교다원주의와 토착화 II," 『기독교사상』 466집 (1997), 73-80.

배타적인 기독교 현실을 비판하면서, 유대교도 역사적으로 '오직 야훼만'이란 입장을 통해 자신들의 종교정체성을 유지해 왔음에도 불구하고, 타종교와의 교류 속에서 토착화에 융통적이었다는 힌트를 주었다.

이상직은 "한국 교회의 정통주의와 종교다원주의 사이의 갈등요인의 분석과 종교 간의 대화에 대한 새로운 대안의 모색"에서[40] 복음주의와 다원주의 간의 갈등요인에 대한 분석과 함께 종교 간 대화의 필요성을 역설했다. 그는 종교다원주의가 내포하고 있는 문제점들을 비판하면서 그에 대한 복음주의적인 대안과 대화를 위한 실제적인 대안을 제시하였다.

2. 기독교와 이슬람의 종교 간 비교 연구

시야를 조금 더 좁혀 들어가 기독교와 이슬람의 종교 간 비교 연구에서 주목되는 저서들이 있다. 아랍 그리스도인으로서 오랫동안 기독교와 이슬람 간의 대화의 노력을 경주해 오고 있는 모우캐리(Chawkat Moucarry)는 『기독교와 이슬람의 대화 : 아랍 그리스도인이 본 이슬람』(*Faith to Faith-Christianity and Islam in dialogue*)이란 저서를 통해[41] 양 종교를 비교 관점에서 이해할 수 있도록 상당한 분량을 할애하여 다루고 있다. 특히 성서와 꾸란 및 하디스

---

40 이상직, "한국 교회의 정통주의와 종교다원주의 사이의 갈등요인의 분석과 종교 간의 대화에 대한 새로운 대안의 모색," 『신학사상』 101집 (1998 여름), 180-217.

41 Chawkat Moucarry, 『기독교와 이슬람의 대화』, 한국이슬람연구소 역 (서울: 예영커뮤니케이션, 2003).

에 관한 무슬림 주석가들의 해석을 심도 있게 연구한 바탕을 간추려 실어줌으로써 그리스도인은 물론 무슬림들도 그의 주장에 경청하도록 돕고 있다. 하지만, 그의 주된 관심사는 꾸란에 대한 성서의 진정성으로 기울어 있다.

파샬(Phil Parshall)은 그의 책 『십자가와 초승달』(*The Cross and the Crescent : Reflections on Christian-Muslim Spirituality*)에서[42] 책의 부제가 암시하는 것처럼 영성이라는 주제를 통해 양 종교를 비교종교적으로 살폈다. 특히 '경전'이라는 주제로 꾸란과 성서에 관하여 논하면서, 꾸란이 무슬림들에게 어떠한 책인가를 살핀 후 그럼에도 불구하고 꾸란이 가시고 있는 여러 문제점들을 소상히 지적해 보이고 있다.

무슬림 학자요 이맘이었다가 기독교로 개종한 가브리엘(Mark A. Gabriel)은 『끝나지 않은 2000년의 전쟁: 기독교 vs 이슬람』(*Islam and the Jews*)이라는 그의 책에서 오랜 역사 속에서의 양자 간의 관계를 조망해 주었다.[43] 특히 무슬림들의 성서에 대한 주장과 관점을 소개하고, 무함마드가 유대인과 그리스도인들에게 가졌던 처음의 우호적 태도를 바꿔 성서를 왜곡했다는 비난까지 곁들여 그들을 탄압하게 된 역사적 정황들을 소상히 다루고 있다. 그러면서 그는 이슬람에 대해 매우 비판적인 논조를 고수했다.

좀 더 온건한 시각으로 양 종교의 교리를 비교 분석한 쉬르마허(Christine Schirmacher)의 연구서들도 있다. 세계복음주의연맹(WEA)의 이슬람 자문이

---

42 Phil Parshall, 『십자가와 초승달』.

43 Mark A. Gabriel, 『끝나지 않은 2000년의 전쟁: 기독교 vs 이슬람』, 김명신 역 (서울: 도서출판 퉁크, 2006).

기도 한 그녀는 『이슬람과 기독교 교의』(*The Islamic View of Major Christian Teachings*)를 통해[44] 양 종교의 경전, 신, 구원, 죄와 용서 등의 교리적 비교는 물론 양 경전의 인물들, 특히 예수 그리스도에 대한 이슬람의 관점 등을 자상하게 소개했다. 하지만 그녀 역시 "유사점들만을 강조하는 것은 두 종교들의 피상적인 이해만을 반영"한다고 보며 양자 간의 차이에 주목했다.[45] 또 다른 저서 『이슬람과 사회』(*Islam and Society*)를 통해서는 무슬림 이주민, 다문화의 문제 등 실제 사회 속에서 양 종교인들의 만남의 현장을 살피면서 섬세하고도 온건한 입장에서 상호 이해를 위한 접근을 시도해 보여주었다.[46]

이슬람 신비주의에 관심이 많은 쉼멜(Annemarie Schimmel)은 『이슬람의 이해』(*Islam, An Introduction*)라는 책을 통해[47] 기독교와의 관계 속에서 이슬람을 개괄적으로 소개해 주었다. 그는 서론에서 간결한 이해의 역사를 제시하는 한편, 특별히 이슬람이 중세 유럽인들에 의해 얼마나 왜곡되고 비난 받아 왔는지에 관해 기존 동양학자들의 관점을 뒤엎는 중요한 초석을 놓았다.

국내 개신교 진영에서 이슬람에 관한 연구들 중에 가장 탁월한 저자는 단연 공일주이다. 그는 『코란의 의미를 찾아』[48], 『코란의 이해』[49]와 같은 책을 통해 이슬람에 대한 심층 이해에 기여했고, 『이슬람 문명의 이해』[50], 『중동의

---

44 Christine Schirmacher, 『이슬람과 기독교 교의』, 김대옥, 전병희 역 (인천: 바울, 2010).

45 *Ibid.*, 49.

46 Christine Schirmacher, 『이슬람과 사회』, 김대옥, 전병희 역 (인천: 바울, 2010).

47 Annemarie Schimmel, 『이슬람의 이해』, 김영경 역 (왜관: 분도출판사, 2006).

48 공일주, 『코란의 의미를 찾아』 (서울: 예영커뮤니케이션, 2009).

49 공일주, 『코란의 이해: 공식 이슬람과 민속 이슬람』 (서울: 한국외국어대학교출판부, 2008).

50 공일주, 『이슬람 문명의 이해: 고전 이슬람과 현대 이슬람의 만남』 (서울: 예영커뮤니케이션, 2006).

기독교와 이슬람』[51], 『무슬림과 의사소통을 위한 새 패러다임』[52]과 같은 책을 통해 기독교와 이슬람의 가교를 형성하는 다양한 시도를 보여 주었다.

또한 전호진은 『이슬람, 종교인가 이데올로기인가』[53], 『전환점에 선 중동과 이슬람』[54], 『이슬람 원리주의의 실체』[55] 등의 저서를 통해 종교를 넘어 이데올로기화되어 있는 작금의 이슬람의 현실과 실체를 들여다보고 원리주의를 비판했다. 동시에 이슬람과 결부되어 움직이는 중동의 정치, 사회, 문화 전반을 탐색하면서 균형감 있는 이해를 촉구하고 이슬람과의 평화적 공존과 대화를 주장했다.

반면, 이슬람에 대해 보다 비판적이며 강경한 입장을 보이는 연구들은 호교론적인 관점에 비중을 둠으로써 대화를 기대하는 연구로서는 다소 거리감이 있다.

대표적으로 엘륄(Jacques Ellul)은 그의 저서 『이슬람과 기독교』(*Islam et judeo-christianisme*)를 통해 종교적 측면에서 이슬람과 기독교의 관계를 분석하면서, '이슬람과 기독교 사이에 유사성을 입증하는 세 가지 원리 혹은 논증'을 통해 "아브라함의 자손, 유일신론, 책의 종교라는 세 가지 원리가 두 종교 사이에 존재하는 근본적 차이를 위장하는 기만적인 접근방법"임을 주장하며 이러한 접근에 대한 부정적인 입장을 제기했다.[56]

---

51 공일주, 『중동의 기독교와 이슬람』(서울: 예영커뮤니케이션, 2002).
52 공일주, 『무슬림과 의사소통을 위한 새 패러다임』(서울: CLC, 2009).
53 전호진, 『이슬람, 종교인가? 이데올로기인가?』(서울: SFC, 2002).
54 전호진, 『전환점에 선 중동과 이슬람』(서울: SFC, 2005).
55 전호진, 『이슬람 원리주의의 실체』(서울: 한반도국제대학원대학교, 2007).
56 Jacques Ellul, 『이슬람과 기독교』, 이상민 역 (대전: 대장간, 2009), 13.

또한 압둘 마시흐(Abd Al-Masih)는 『무슬림과의 대화』(*Dialogue with Muslim*)라는 책에서[57] 그리스도인들에게 무슬림들과 선교적 대화를 위한 지침을 마련해 주고, 꾸란과 성서의 논증을 통해 이슬람의 주장이 비논리적임을 드러내 주고 있다. 특히 한 장을 할애하여 성서에 관한 논증을 비교적 상세히 다루고 있지만 그는 '성서의 권위'에 대한 변증에 중점을 두어 두 경전에 대한 객관적인 비교 분석에 있어서는 많은 도움을 주지 못한다.

이동주는 "꾸란 속에 내재한 기독교 언어"를 통해[58] 꾸란에 등장하는 여섯 개의 기독교 용어(하나님, 예수, 성령, 심판, 성전, 일부다처)들을 선택하여 탐구하면서, 이슬람이 일면 기독교와 유사해 보이지만, 실제로는 기독교 교리를 왜곡하는 '기독교 이단'일 뿐이라고 주장함으로써 강경 입장을 천명했다.

소윤정은 『꾸란과 성령』을 통해 꾸란의 계시 문제와 기독교의 성령론을 비교 고찰해 보였고, 최근 "한국의 이슬람화에 대응하는 기독교 선교변증 설교의 필요성: 성경의 아브라함과 꾸란의 이브라힘을 중심으로"를 통해[59] 단편적이지만 양 경전에 등장하는 아브라함을 비교 분석하면서, 양자가 보이는 차이를 중점적으로 살핌으로써 성서의 우위성과 진정성을 옹호하고자 했다.

김영한은 "이슬람과 기독교, 교리적 차이"라는 논문에서[60] 기독교의 시각

---

57 Abd Al-Masih, 『무슬림과의 대화』, 이동주 역 (서울: CLC, 2001); 압둘 마시흐는 저자의 필명이다.

58 이동주, "꾸란 속에 내재한 기독교 언어," 『한국개혁신학』 12집 (2002), 65-95.

59 소윤정, "한국의 이슬람화에 대응하는 기독교 선교변증 설교의 필요성: 성경의 아브라함과 꾸란의 이브라힘을 중심으로," 『복음과 선교』 24집 (2013), 81-114.

60 김영한, "이슬람과 기독교, 교리적 차이," 『대학과 선교』 5집 (2003. 12), 55-81.

으로부터 이슬람의 교리와 정체성을 살폈다. 경전과 계시체험, 신론, 창조론, 그리스도의 신성, 성령론, 종말론, 십자가와 같은 핵심적인 교리를 간략하게 비교 분석하면서 기독교 윤리의 우월성을 강조하고자 했다.

한편 전재옥은 "회교"라는 논문을 통해[61] 이슬람의 다양한 신학적 주제를 다루었다. 이슬람에 대한 개관을 제시하고 그 이해를 위해 상존하는 적대감을 넘어 신뢰와 사랑에 입각한 선교적 입장을 강조했다.

이슬람 내부자의 관점이 강하게 드러나는 연구로는 최영길과 손주영 등이 눈에 띈다. 꾸란 한국어 번역본[62]으로 유명한 최영길은 "기독교와 이슬람 교리의 비교 연구"라는 논문을 통해[63] 양 종교 간에 논란이 되고 있는 유일신 사상, 예수와 십자가, 성서와 예언자, 원죄설과 원선설, 구원론과 같은 핵심교리의 차이를 이슬람의 입장에서 제시해 주었다. 양 종교가 유신론에 기반을 두고 있다는 점에서는 동질성을 인정할 수 있지만 신학이론은 크게 상충되고 있음을 지적하고 있다.

손주영 역시 양대 종교를 비교하는 연구를 했다. 그는 "이슬람 전통에서 말하는 같은 뿌리의 일신교 – 유대교, 그리스도교, 이슬람"이라는 논문을 통해[64] 이슬람의 입장에서 '성서의 백성들과 무슬림'을 비교 연구하였다. 세

---

61 전재옥, "회교," 『선교와 신학』 6집 (2000), 79–112.

62 최영길, 역, 『성 꾸란: 의미의 한국어 번역』 (사우디아라비아: 파하드 국왕 꾸란 출판청, 1996); 이 번역서에 담은 각주 해설을 모아 다음의 책으로 출간했다. 최영길, 역주, 『꾸란 주해』 (서울: 세창출판사, 2010).

63 최영길, "기독교와 이슬람 교리의 비교 연구," 『한국이슬람학회논총』 1집 (1990), 51–68.

64 손주영, "이슬람 전통에서 말하는 같은 뿌리의 일신교: 유대교, 그리스도교, 이슬람", 『한국이슬람학회논총』 17–1집 (2007), 1–34; 이는 후에 "이슬람에서 말하는 유대교와 기독교," 『종교학보』 3집 (2007), 5–54에 수정 게재되었다.

종교가 동일한 성서와 예언자 전통을 가지고 있음을 토대로 각각의 종교적 상이점을 살폈는데, 결국 '올바른 길'인 이슬람의 정통성을 강조하며 종교 간 대화의 여지를 제시했다. 특히 『이슬람: 교리, 사상, 역사』라는 방대한 연구서를 통해 이슬람 전반에 관한 깊이 있는 정보를 제공했다.[65]

3. 성서와 꾸란의 경전 간 비교 연구

이 책에서 집중하는 경전 간 비교 연구 분야에서 눈에 띄는 최근의 연구는 독일 신학자 그닐카(Joachim Gnilka)의 『성경과 코란: 무엇이 같으며 무엇이 다른가』(*Bibel und Koran : was sie verbindet, was sie trennt*)이다.[66] 그는 성서와 꾸란을 개괄적으로 비교하고, 이어서 하나님과 세계, 인간관, 종말관 등의 신학적인 주제를 비교 관점에서 다룬다. 이 책은 공통점과 차이점에 균형을 맞추려 애쓴 흔적이 많은 보기 드문 역작이라 생각한다. 필자는 이 책으로부터 객관적인 학문적 연구로서의 경전에 대한 접근이 어떠해야 하는지, 그리고 꾸란의 해석적 입장을 어떻게 이해하는지에 대한 도움을 얻었다.

앞서도 살펴 본 공일주는 『무슬림과 의사소통을 위한 새 패러다임』을 통해 무슬림과의 소통은 공통점을 접촉점으로 삼아야 함을 지적하며 성서와 꾸란으로 소통 가능함을 개괄적으로 밝히고 있다. 나아가 그는 소통을 위한

---

65 손주영, 『이슬람: 교리, 사상, 역사』 (서울: 일조각, 2007).
66 Joachim Gnilka, 『성경과 코란: 무엇이 같으며 무엇이 다른가』, 오희천 역 (서울: 중심, 2005).

다섯 가지의 모델과 패러다임을 제시해 주지만,[67] 심화한 내용이 아닌 간결한 가이드라인 정도에 그치고 있다.

박요한은『꾸란 쏙 성경, 성경 쏙 이슬람』이라는 저서를 통해 성서와 꾸란의 유사성과 차이를 살폈다.[68] 하지만 그의 초점은 기독교와 이슬람 간의 근본적인 차이를 규명하고자 하는 목적이었다. 두 종교에서 발견되는 차이점에 관심을 갖고 그 근간인 경전들을 비교해 봄으로써 해답을 찾고자 하였다.

특히 경전 간 비교 연구와 관련하여, 경전 문제를 다룬 연구는 이슬람권에서 제기한 '성경변질론'에 대한 변증을 위한 연구들을 주목해 볼 필요가 있다. 이 이론은 수세기 동안 기독교와 이슬람 간의 대화 현장에서 첨예한 이슈였고, 그래서 이슬람을 소개하는 대부분의 자료들에서는 이 이론에 관한 내용을 간략하게나마 소개해 주고 있다. 필자가 쓴『이슬람의 성경변질론』[69]은 양대 경전에 대한 비교 연구 차원에서, 특히 이슬람권의 기독교 성서에 대한 변질론에 대해 집중적인 변증을 시도한 국내의 첫 연구시도라 할 수 있다. 두 경전의 객관적 차이를 규명해 보고, 성서의 진정성을 변증하기 위해 꾸란의 성서에 대한 진술을 수집하는 등 다양한 관점에서 두 경전을 비교했고, 비교적 객관적인 시야를 확보하고 있다. 하지만 이 책에서 다루고자 하는 두 경전의 인물들에 대한 구체적인 비교 및 분석은 시도되지 않

67 공일주,『무슬림과 의사소통을 위한 새 패러다임』, 247-281 참조 ; 다섯 가지 모델로는 ① 상황화 모델, ② 대화-변증 모델, ③ 필요 중심의 모델, ④ 명예-수치 패러다임, ⑤ 성육신 모델이 있다.

68 박요한,『꾸란 쏙 성경, 성경 쏙 이슬람』(서울: 코람데오, 2011).

69 김대옥,『이슬람의 성경변질론』(서울: CLC, 2013).

았다.

또한 성서와 꾸란의 비교 연구는 특히 이슬람 변증가들에 대한 기독교 변증가들의 노력이 주목을 받는데, 그중에 티스달(W. St. Clair Tisdall)의 *The Original Sources of The Qur'ân*은 꾸란의 전승기원을 밝히고자 했다.[70]

그밖에 이 분야에서 돋보이는 현대 변증가는 남아프리카공화국의 길크리스트(John Gilchrist)이다. 그는 *A Comparative Study of the Quran and the Bible*[71]이라는 소책자를 통해 성서와 꾸란의 병행구절 및 불일치에 대한 의혹을 제기하고 성서에 대한 꾸란의 증거를 소개했다. 또한 길크리스트와 함께 <*Answering Islam*>이라는 웹사이트를 통해[72] 활발히 변증활동을 벌이고 있는 샤문(*Sam Shamoun*)의 다양한 글들과 판데르(*C. G. Pfander*)의 *Balance of Truth*[73]는 이 주제를 가늠해 보는 데 유익한 연구서들이다.

위의 <*Answering Islam*>에 대응하는 강력한 이슬람 변증을 하고 있는 웹사이트들 중에 <*Islamic Awareness*>라는 웹사이트가 있다.[74] 이곳은 기독교 선교사들과 동양학자들이 이슬람에 대해 제기하는 질문들에 대한 이슬람적 변증을 제공하고 있는데, 아흐메드(Mansur Ahmed)와 싸이풀라(Saifullah) 등은 꾸란의 기원에 대한 기독교의 성경차용이론(*The Bible borrowing theories of the*

---

70 W. St. Clair Tisdall, *The Original Sources of The Qur'ân* (London: Society for the Promotion of Christian Knowledge, 1905).

71 John Gilchrist, *A Comparative Study of the Quran and the Bible* (Benoni, Rep. of South Africa: Jesus to the Muslims, 1979).

72 http://www.answering-islam.org

73 C. G. Pfander, *Balance of Truth* (Villach, Austria: Light of Life, n.d.).

74 http://www.islamic-awareness.org

*Qur'an)*을 다각도로 반박하고 있다.[75]

특히 이슬람 변증가로서 이슬람권에 널리 알려진 디다트(Ahmed Deedat)가 주목을 받는다. 그는 *Is The Bible God's Word?*나 *Crucifixion or Cruci-Fiction?*과 같은 변증서들을 통해[76] 성서와 기독교를 강력하게 비판했다. 그는 성서와 꾸란 간에 보이는 차이는 곧 '성경의 오류'라는 기준으로 성서를 비평했다. 그는 인도 태생이지만 남아공에서 살면서 비교종교학자로 명성이 자자했는데, 특히 쇼로쉬(Anis A. Shorrosh)와 같은 저명한 기독교 변증가들과의 논쟁을 담은 자료들이 이슬람권에 널리 배포되어 그의 논리를 따르는 추종자들이 많이 생겨났다.

최근에 이르러서 보다 구체적으로 두 경전의 인물들의 비교를 다룬 몇몇 중요한 작업들이 이루어졌는데, 주목할 만한 연구들은 다음과 같다.

먼저 최영길은 『꾸란과 성서의 예언자들』이라는 책을 통해 꾸란에 나타난 25명의 예언자들을 소개했다.[77] 그는 그동안 꾸란에 소개된 인물들을 중심으로 소논문들을 써왔는데,[78] 이를 보완하여 한 권의 책으로 묶어 냈다. 언뜻 제목을 보면 두 경전 간의 비교가 예측되지만, 그는 꾸란과 이슬람 전통

---

75 Mansur Ahmed, M S M Saifullah and Muhammad Ghoniem, "On The Bible Borrowing Theories Of The Qur'ân: An Authoritative Refutation: Methodological Fallacy Of The Theory Of Religious Borrowing," http:// www.islamic-awareness.org/Quran/Sources/Bibindex.html (2014년 5월 13일 검색).

76 Ahmed Deedat, *The choice : Islam and Christianity* v.2 (Durban: EBI Lockhat, 1994).

77 최영길, 『꾸란과 성서의 예언자들』(서울: 살림, 2009).

78 최영길, "꾸란에 등장한 인물 연구: 예수를 중심으로," 『한국이슬람학회논총』 16-2집 (2006), 1-15; 최영길, "꾸란에 등장한 인물 연구: 노아를 중심으로," 『한국중동학회논총』 28-1집 (2007), 1-15 외 참조.

에 소개된 이야기들을 정돈하여 소개했음에도 비교 연구 차원의 기여에는 미흡하였고, 서론에서 명시한 "기독교와 이슬람교 사이의 뿌리와 갈등의 원인을 들여다볼 수 있는 기회"를 제공하는 데에도 역부족이었다. 어쨌든 그는 이 책의 서론에서 "15세기 동안 한국에서는 꾸란에 등장한 25명의 예언자들 전체에 관한 연구는 단 한 번도 없었다"면서 그동안 이에 관한 연구가 매우 미흡했다는 사실을 잘 지적했다.[79] 이 책이 비록 꾸란 중심의 서술이긴 하지만 성서와의 조화를 시도했다는 점에서 중요하다. 이 주제를 다양한 저자들이 자주 언급하고 관심해 주는 노력을 통해 결국 양자 간에 더 나은 이해를 가져올 것이기 때문이다.

또한 김성현의 박사논문이 눈에 띄는데, 그는 "성서와 꾸란의 공통 인물 비교 연구"를 통해 중요한 비교작업을 해냈다.[80] 그는 이 논문에서 꾸란과 성서에 나타나는 중요 인물들의 이야기를 비교해 보고 간략한 신학적 해석을 곁들여 양대 경전을 객관적으로 비교해 볼 수 있게 했다. 그는 양 경전에 나오는 공통 인물에 대한 비교 연구에서 꾸란이 성서의 인물들에 대해 축소와 확대, 변형, 유지를 선택했다고 보고, 각각의 경우를 구분하여 제시했다. 그가 공통 인물 비교에 있어서 드러나는 차이들을 이 네 가지 유형으로 분석한 것은 각 내러티브의 분량이라는 측면에서 의미가 있지만, 반면 양자의 단순한 차이에만 초점을 두었다는 한계를 지적할 수 있다. 무엇보다도 그가 제시한 무함마드의 의도를 증명하기엔 어려움이 따른다. 그는 당시에 무함

79 최영길, 『꾸란과 성서의 예언자들』, 11.
80 김성현, "성서와 꾸란의 공통 인물 비교 연구" (박사학위논문, 호서대학교, 2007).

마드가 처해 있었던 제한된 정보와 인식적 한계라는 변수를 간과하여 무함마드의 의도를 과대평가한 것으로 보인다. 또한 그는 인물들의 '차이'에 초점을 맞춤으로써 두 경전이 가지고 있는 불연속성에 대한 깊이 있는 분석을 제공하는 데는 미흡했다.

윤재남은 "꾸란과 성경의 선지자 비교를 통한 구원론 연구"[81]라는 논문을 통해 이슬람에서 가장 중요시 하는 여섯 선지자(아담, 노아, 아브라함, 모세, 예수, 무함마드)들을 성서와 꾸란에서 찾아 비교함으로써 기독교와 이슬람의 구원관을 소개했다. 그는 기독교와 이슬람의 가장 큰 차이점이 구원론에 있다고 보고, 그리스도의 예표로서 선지자들을 살피고 그 안에서 구원 메시지를 찾아보고자 하였다. 그리고는 그 이야기를 통한 복음 제시를 어떻게 할 것인가에 관하여 역점을 둠으로써, 종교 간 수평적 대화의 측면에서는 빗겨나 있다.

황병하는 "코란 속의 예수와 성서 속의 무함마드에 대한 비교 연구: 이슬람적 시각에 의한 분석"이라는 논문에서[82] 아브라함과 두 아들, 이스마엘과 이삭, 그리고 구약성서 속의 무함마드에 관한 예언과 꾸란 속에 나타난 예언자 예수에 관한 내용을 비교 연구했다. 하지만 황병하 역시 부제에 밝힌 바와 같이 이슬람의 시각으로 본 관점이어서 엄밀한 의미의 객관적 연구로 보는 데는 한계가 있다.

---

81 윤재남, "꾸란과 성경의 선지자 비교를 통한 구원론 연구," 『선교와 현장』 7집 (2002), 113-212.

82 황병하, "코란 속의 예수와 성서 속의 무함마드에 대한 비교 연구: 이슬람적 시각에 의한 분석," 『한국이슬람학회논총』 1집 (1990), 69-98.

손주영은 "이슬람 전통에서 보는 그리스도교: 꾸란 속의 예수를 중심으로"라는 논문에서[83] 기독교와 이슬람 사이에 있는 예수에 대한 상충된 이해를 꾸란을 중심으로 분석함으로써 이슬람의 교리적 입장을 대변해 주고 있다. 결국 양자 사이에서 발견되는 교리적 차이는 기독교의 왜곡과 개조의 결과이며 이슬람의 꾸란이 이를 순정케 한다는 논리로, 이슬람 내부자적 관점에 초점을 두고 있다.

특별히 공통점을 강조한 이들 중에는 안신이 있다. 그는 "이슬람과 기독교의 예수 이해에 대한 연구"에서[84] 기독교와 이슬람의 관점에서 본 예수를 외부자와 내부자의 관점으로 구분하여 살핀 다음 꾸란에 나타난 예수에 대해 종교현상학적으로 해석해 주었다. 그는 꾸란을 통해 이슬람과 기독교의 소통을 위한 접촉점이 가능하다 보았지만, 동시에 꾸란에서 보이는 분명한 차이는 서로 화해하기 어려운 것으로 보았다. 하지만 초기 이슬람의 고행문학에 나타나는 예수의 이미지 분석을 통해 양자의 차이를 넘어서는 공감적 이해가 가능할 것을 제안함으로써, 양 종교 간의 열린 대화의 초석을 제공해 주었다.

외국 논문의 경우, 특징적인 한 작은 논문이 눈에 띄는데, 바로 루이스(Jack P. Lewis)가 쓴 "Noah and the flood in Jewish, Christian, and Muslim

---

83 손주영, "이슬람 전통에서 보는 그리스도교: 꾸란 속의 예수를 중심으로,"『종교신학연구』6집 (1993), 9–36.

84 안신, "이슬람과 기독교의 예수 이해에 대한 연구,"『한국중동학회논총』30–1집 (2009), 141–168.

tradition"이다.[85] 그는 노아의 홍수 사건을 가지고 유대교와 기독교, 그리고 이슬람교의 전통 안에서의 해석을 비교 연구하면서, 그것이 후대에 가면서 어떻게 전승되고 확장되어 가는지를 보여주었다. 또한 미르(Mustansir Mir)가 쓴 "The Qur'anic story of Joseph : plot, themes, and characters"는 본서의 핵심 인물내러티브와 거리는 있지만, 꾸란에 담긴 인물 내러티브의 특징을 참고해 볼 수 있는 연구를 보여주고 있다.[86]

이 외에도 필자가 미처 살피지 못한 중요한 자료들이 많을 것이지만 여기에서는 이만큼의 소개에 그치고자 한다.

---

85 Jack P. Lewis, "Noah and the flood in Jewish, Christian, and Muslim tradition," BA 47 no 4 (D 1984), 224–239.

86 Mustansir Mir, "The Qur'anic story of Joseph : plot, themes, and characters," MW 76 no 1 (Ja 1986), 1–15.

3장

연구의 방법 및 개요

1.

이 책은 '구약성서와 꾸란의 대화'라는 큰 주제 아래 노아 내러티브를 중심으로 양 경전의 공통 인물 내러티브의 연속성을 증명하고, 그 토대 위에서 경전 간 대화를 위한 새로운 경전읽기 방안을 도출하는 데 그 목적을 가지고 있다.

이 책이 주목하는 공통 인물 내러티브에 대한 영역은 특히 앞서 연구사에서 밝힌 최영길, 김성현, 윤재남 등의 연구와 상당 부분 유사한 궤적으로 시작한다. 최영길이 이슬람의 내부관점에서 인물 내러티브의 단순 정돈에 치중한 것과는 달리, 김성현과 윤재남은 기독교의 내부관점에 입각하여 양 경전에 있는 공통 내러티브를 살피되, 거기에 존재하는 큰 차이와 모순이 곧 기독교의 우위성과 정통성을 규명해 준다고 결론지었다.

우선 최영길은 이슬람 전통 내에서 각 인물 내러티브들이 어떤 이야기로 기록되고 또 해석되었는지를 포괄적으로 살펴주어 내러티브 전체를 개괄해 보는 데 도움을 얻었다. 김성현은 공통 내러티브를 비교하면서 양 경전 간의 공통점과 차이점을 구분하고, 특히 그 차이점에 놓인 꾸란의 신학적 해석을 곁들여 줌으로써 공통 내러티브의 윤곽을 조금 더 분명히 하는 데 도움을 주었다. 거기에 윤재남은 특정 인물 내러티브들을 비교하면서 그 속에 담긴 특정 교리의 비교까지 시도해 줌으로써 양 경전의 공통 내러티브에 담긴 신학적 대화 가능성을 살펴볼 수 있도록 도움을 주었다.

하지만 필자가 이 책에서 양 경전의 공통 내러티브를 살피는 주요 목적은 그 공통점과 차이점 자체를 규명하거나, 그 내러티브에 대한 경전적 주해, 혹은 신학적 해석에 집중하는 것이 아니다. 물론 비교와 분석 및 해석을 통해, 공통 인물 내러티브 비교를 통해 양 경전이 상당히 많은 중요한 부분에서 공통점을 공유하고 있음을 강조하고자 한다. 그런데 그보다 더 중요한 것은, 앞선 연구자들이 밝힌 바와 같이, 거기에 크고 작은 불일치가 있음에도 불구하고 그것들이 그 내러티브에 손상을 주지 않으며, 오히려 동일한 줄거리와 동일한 신학적 목적이 존재하고 있음을 밝힘으로써 양 경전 간의 연속성을 증명하는 것이다. 특별히 앞선 연구자들이 내러티브 자체의 비교에 역점을 두었다면, 이 책은 꾸란 내러티브상에 발견되는 차이를 극복할 가능성을 정경비평적 관점에서 살펴봄으로써, 상대 전통의 경전 내러티브의 수용성에 다가서 보고자 한다.

그러는 과정에서 양 종교의 경전에 대한 축자적이고 근본주의적인 해석

경향들을 비판하고, 어떻게 양 종교전통의 신자들이 상생과 협력을 도모할 수 있는 방향으로 각자의 경전들을 읽어 낼 수 있는지에 대한 새로운 패러다임을 제시함으로써, 이전 연구를 넘어 새 지평을 마련하는 데까지 나아가 보고자 한다. 그렇게 함으로써, 양 종교가 한 하나님 신앙 안에서 동일한 예언자 전통들을 공유하며, 그 예언자 내러티브에 담긴 하나님의 뜻을 받들어 하나님의 구원하심을 모색하는 형제종교라는 사실을 새롭게 인식하는 데 기여하게 될 것이다. 나아가 양 종교인들이 서로 수용적인 자세로 만나고 대화하며, 세계의 주요한 현안문제 해결을 위해 상호 협력할 수 있도록 여러 가능성을 높이는 촉매가 될 수 있으리라 본다.

2.

이를 위하여, 먼저 1부 모험의 시작(서론)에서는 이 책의 목적과 논지를 밝히고, 그 주제에 대한 선행연구가 어떻게 진행되었는지를 살펴보았다.

2부에서는 이 책의 주제인 구약성서와 꾸란 간의 대화를 위한 토대를 마련하기 위해, 우선 구약성서와 꾸란에 대한 개관을 살펴볼 것이다. 경전 간 내러티브의 비교를 위해서는 먼저 각 경전의 역사적인 질문들을 다루는 것이 필수적이다. 두 경전에 대하여 기독교와 이슬람교는 각각 어떻게 이해하고 있고, 그 이해는 두 경전이 형성되어 온 과정과 어떤 연관이 있는지를 살펴봄으로써, 두 경전 간의 연속성과 불연속성의 문제를 추적해 볼 것이다.

3부에서는 대화의 가교(架橋)를 세우기 위해 본격적으로 두 경전이 공유하고 있는 공통 내러티브를 탐구해 볼 것이다. 구약성서와 꾸란에 나타난 인물 내러티브를 상호 비교해 보는 경전 간 대화의 첫 시도로써 '노아 내러티브'를 선택하여 그 내용상의 특징들을 살펴볼 것이다. 비교를 수월하게 하기 위해 노아 내러티브에 대한 구약성서와 꾸란의 유사점과 차이점들을 분석해 본 후에, 구약 내러티브의 특성들이 꾸란에서는 어떻게 반영되거나 재구성되고 있으며, 또 어떻게 활용되고 있는지 등을 살펴볼 것이다. 그 후 두 경전의 공통된 내러티브가 가지고 있는 불일지 문세를 김도하여 연속성을 가지면서도 동시에 불연속성이 드러나는 근본적 원인이 무엇인지 살펴보고, 그 불일치가 실제로 경전 간 통합적 대화를 위해 수용 가능한 것인지를 평가하여 소결론을 내릴 것이다.

4부에서는 대화의 방법으로, 앞서 연구한 결론을 가지고 두 경전이 가지고 있는 공통점과 연속성을 중심으로 양대 경전의 대화를 위한 경전읽기의 새 패러다임을 모색해 볼 것이다. 과거의 관행이나 해석의 관성을 탈피하고 새로운 지평을 열기 위해 근본적인 맥락에서의 경전 간 대화 가능성을 모색해 보고자 한다. 경전의 텍스트가 지닌 역사적인 함의들을 이해하는 동시에 양대 경전이 기술된 근본적인 목적에 초점을 맞춰 경전적이고 신학적인 상호 대화의 길을 모색해 보고자 한다.

끝으로 5부의 모험 이어가기(결론)에서는 이 연구의 전반을 요약하며 몇 가지 제언과 추후 과제를 언급하며 마감할 것이다.

3.

이를 위한 연구의 범위는 구약성서와 꾸란이 공유하는 방대한 내러티브들 가운데서 인물 내러티브, 그중에서도 노아 내러티브만을 선택하여 다룬다. 많은 공통 인물 내러티브 중에서 특별히 노아 내러티브 하나만을 선택하여 다루는 이유는, 무엇보다도 꾸란에 나오는 나머지 공통 인물 내러티브의 주요 구조와 꾸란 내에서의 역할 등이 꾸란의 '예언자 패턴'에 따라 대동소이하기 때문이다.[87] 공통 내러티브 전체를 다 다루지 못하는 한계는 있지만, 그럼에도 불구하고 노아 내러티브가 전체 인물 내러티브의 특성들을 고스란히 보여주고 있음을 제시하여 공통 인물 내러티브 연구의 핵심적 특징을 도출해 볼 것이다. 이 과정에서, 각 경전에 담긴 노아 내러티브의 언어학적 기원이나 내러티브가 전해주는 이야기의 역사적 사실 여부 및 본문의 주해 등은 이 책의 관심사가 아니므로 깊이 다루지 아니한다. 대신 양 종교전통이 하나님의 말씀으로 수용하고 있는 경전 내에 기술된 그대로의 내러티브를 서로 비교해 보고, 그것이 양 종교전통에서 어떻게 나타나고 있는지에 초점을 두고 살펴볼 것이다.

이 책에서는 양 경전에 대한 역사적-비평적 방법을 다소간 활용할 것이다. 그닐카(Joachim Gnilka)가 지적한 바와 같이, 그래야만 해석적 전통이 다른 양 경전 간 합리적이고 타당한 비교 연구가 가능하기 때문이다. 구약성서는 역사-비평적으로 다루고 꾸란은 그렇게 다루지 않는다거나, 그 반대

---

87 이에 대한 확장된 논의는 이 책의 8장을 참고할 수 있다.

역시 균형을 잃게 되기 때문이다.[88]

한편, 이 책은 기독교와 이슬람이라는 종교 간 비교 연구의 연장선상에 있지만 선교적 관점은 배제한다. 이슬람과 꾸란에 접근하면서 기독교와 이슬람의 경전 간의 대화에 초점을 가지고 연구를 하지만 '종교 간의 대화'에 관한 심층적 논의 역시 이 책의 범위를 넘어선다.

4.

이 책을 기술해 가는 데 있어 몇 가지 추가적인 한계를 언급해 두는 것이 좋겠다. 우선 비교 연구의 기본적인 자세로서, 종교 간 편견을 배제하기 위해 최대한 객관적인 입장으로 접근하려 하지만, 아무래도 이슬람의 경전을 기독교적 학문의 자리에서 다루어야 하는 한계는 종종 감안되어야 할 것이다. 그러다보니 우선 구약성서보다는 꾸란 이해를 위한 초점이 다소 강조될 것이다. 또한 경전 해석에 있어서 결국 그 내용에 관해 "동일한 사고방식을 가진 사람들의 경험 영역 속에 '내재적'이어야 한다"는 해석학적 순환(hermeneutic circle)을 존중해야 하겠지만,[89] 동시에 그 순환이 곧 진정한 경전 해석의 장애가 되어온 해석역사의 교훈에 따라 새로운 비평적 해석을 고려하고자 한다. 그것은 샌더스(James A. Sanders)가 말한 바와 같이 본문을 '정직하게'

---

88 Joachim Gnilka, 『성경과 코란』, 14.

89 *Ibid.*, 12–13.

읽음으로써 특정한 해석학적 순환을 넘어섬으로 특정 경전이 "건드릴 수 없는 우상이나 신성한 코드인 양" 경전을 우상시 하는 위험에서도 자유할 뿐 아니라,[90] 양대 종교가 경전 간 대화의 돌파구를 마련해 보고자 하는 시도에 길을 내어줄 것이라 믿기 때문이다. 그것은 심지어 꾸란이 기독교에 극진한 관심을 보이듯, 마땅히 꾸란도 제(諸) 분야의 학문적 연구에 길을 내어주어야 하기 때문이다.

물론 이 책이 기독교와 이슬람이라는 거대 종교들의 유구한 역사와 그 안에서 변화와 발전 과정을 통해 형성된 다양한 신학 및 신앙실천 등의 모든 면모를 고루 살필 수는 없다. 또한 '기독교'와 '이슬람'이라는 범주 안에도 종파와 지역, 그 신앙전통 등에 따라 너무도 다른 이해와 해석의 다양성을 포함하고 있기 때문에, 그 모든 영역에 통용될 수 있는 원리를 제공할 수 있다고 보기는 어렵다.

끝으로 양 경전의 텍스트로는 기본적으로 한글 번역본을 사용하되 필요한 경우 아랍어[91]와 히브리어 본문[92]을 참조하였다. 이 책의 초점이 본문 주해가 아닌 완성된 내러티브를 비교하는 연구이기에 수월성을 더하기 위해 번역본을 활용했다. 내러티브는 특정 단어 하나하나의 선택이나 형식보다 전체로서의 이야기를 살피며, 본래 히브리어로 기록된 이야기의 원형이 헬라어나 아랍어로 번역되어 전달되는 과정에서 생기는 내용상의 변화는 없

---

90 James A. Sanders, 『토라와 정경』, 박원일, 유연희 역 (경기: 한국기독교연구소, 2013), 175.

91 Abdullah Yusuf Ali, *The Holy Qur'an with Arabic Text* (New Delhi: Farid Book Depot Ltd, 2001).

92 P. Kahle, ed., *BHS* (Stuttgart: Deutsche Bibelgesellschaft, 1990).

다고 본다. 한글 성서로는 〈개역개정판〉을 주로 사용하되 비교를 위해 〈공동번역판〉과 〈표준새번역판〉을 사용했다. 한글 꾸란으로는 최영길이 번역한 『꾸란: 의미의 한국어 번역』[93]을 주로 사용하되, 필요에 따라 김용선이 번역한 『코란(꾸란)』[94]을 사용했다. 번역본 비교를 위해 다우드(N. J. Dawood)가 번역한 *The Koran*[95]을 함께 사용했다.

---

93 최영길, 역, 『성 꾸란: 의미의 한국어 번역』

94 김용선, 역, 『코란(꾸란)』(서울: 명문당, 2008).

95 N. J. Dawood, *The Koran* (London: Penguin Books, 1990).

2부

대화의 토대: 구약성서와 꾸란의 연속성과 불연속성

무슬림이 묘사한 노아와 방주. 16세기 무굴제국(Mughal dynasty) 궁정미술가였던 미스킨(Miskin)의 작품.

4장

구약성서와 꾸란의 형성

1. 구약성서 이해를 위한 개관

양식비평의 선구자인 궁켈(H. Gunkel)은 구약성서 연구의 새로운 접근과 진전을 언급하면서 비교종교적 연구가 구약성서 연구에 가치 있는 풍부한 자료를 제공하는 것으로 평가한 바 있다.[96] 과거부터 고대 근동 문헌에 대한 연구는 활발하게 진행되어 왔는데, 이집트와 아카드 본문에 이어 이슬람 자료들이 보완되어 왔다. 특히 벨하우젠(J. Wellhausen)은 "원시 히브리인들의 원래의 재능과 사상은 고대 아랍문화와의 비교에 의해 가장 쉽게 이해될 수 있다"고까지 했다.[97]

구약성서와 꾸란을 비교하고 대화를 시도하는 연구는 구약성서와 꾸란

---

96 John H. Hayes, 『구약학 입문』, 이영근 역 (서울: 크리스찬다이제스트, 2001), 114.
97 *Ibid.*, 115.

의 본문을 연구하는 기초학문의 분야는 아니다. 오히려 각 종교전통에서 각자의 경전에 대한 각 학문적 토대와 주석 작업을 기초로 양자를 비교 분석하고 통합하여 새로운 결론을 도출해 내고자 하는 응용학문의 영역이라 하겠다.

우선 구약성서와 꾸란이 어떻게 형성되어 왔는지를 살펴보기 위해 먼저 구약성서를 개관해 보고자 한다.

대부분의 종교는 각자의 '고유한' 경전들을 가지고 있다. 그러나 유대교와 기독교, 그리고 이슬람교는 '공통의 경전'에 토대를 두고 있다. 그것은 유대교에 뿌리를 두고 있는 구약성서이다.[98] 구약성서와 꾸란은 모두 양대 종교의 최종적이고 규범적인 권위의 근간으로서 각 신앙전통의 고유한 정체성의 근거가 된다.

구약성서[99]는 기원전 1,500년경부터 기원전 400년경까지 약 1,000여 년 동안 기록, 수집, 편집의 과정을 거쳐 형성된 유대교와 기독교의 경전이다. 이 오랜 기간 동안 다양한 본문들과 책들이 축적되어 왔는데, 공동체의 법률제정과 일상의 교훈, 예배 시 활용을 위해 사용된 자료들이 구전을 통해 전승되었다. 그 자료들이 처음으로 문서화되기 시작한 것은 기원전 8세기경으로 보는데, 선지자들의 선포가 문서로 만들어진 것도 북 왕국 이스라엘

---

98 Joachim Gnilka, 『성경과 코란』, 49.

99 *Ibid.*; 그닐카는 많은 학자들이 '구약'이란 개념 대신 '첫 계약'이란 개념을 선호한다면서도, '첫 계약'이란 개념이 '오래된 포도주가 더 낫다'(눅 5:39)는 표현에서 보듯 '옛'이란 개념이 가지고 있는 긍정적인 성격이 상실될 수도 있다고 지적했다.

이 멸망한 후, 바로 그 시기로 추정된다.[100]

구약성서는 히브리어로 토라(*Torah*. 모세오경), 네비임(*Nebiim*. 선지서), 케투빔(*Ketubiim*. 성문서)으로 구분되어 존재해 왔고, 이들의 앞 글자를 따서 타나크(*Tanakh*)라 불렸다. 이미 유대인들의 삶 속에 '하나님의 말씀'으로 인정되고 회당 예배에서 낭독되며 유대교의 규범적 권위로 자리매김해 온 이 책들은 나중에 후발 주자인 기독교에 의해 자연스럽게 정경으로 수용되었다.

총 39권으로[101] 구성된 구약성서는 약 30명의 저자들에 의해 기록되어 신자들에게 하나님의 말씀으로서 모든 교리와 실천, 신앙과 행위에 대한 최종적인 법정이며, 모든 가르침과 선포의 토대요 동시에 통제소가 된다.

먼저 유대 전통주의자들에게 구약성서는, 특히 토라의 모든 단어 및 낱낱의 글자는 시내산에서 하나님이 직접 모세를 통해 계시해 주신 것이라는 점에서 하나님이 곧 토라의 저자로 인정된다. 이 계시는 지적이고 도덕적인 절대적 진리를 보장해 준다고 믿는다.[102] 그들은 토라가 "창조 이전에 이미 하나님의 설계도로써 존재하였다는 '존재이전성'을 주장"하기도 한다.[103]

바로 이 이해부분에서, 토라는 종교적으로 유대인들을 하나로 결속시키는 강력한 유대가 되면서도 또 한편으로 그들을 가장 근본적인 불일치에 이

---

100 *Ibid*. 51.

101 유대교는 통상 24권으로 구분한다. 히브리어 성서를 정경으로 받아들이는 개신교는 39권을 주장한다. 이와 달리 가톨릭은 그리스어로 된 70인 역을 정경으로 받아들인 전통에 따라 제 2경전이라 부르는 7권의 책들을 추가로 정경으로 인정한다.

102 이성수, "중동 문화속에서의 3대종교-이슬람교, 유대교, 기독교- 비교 연구," 『지중해지역연구』 4-1집 (2002. 2), 19.

103 *Ibid*., 22; 『외경 집회서』 1:1-5; 34:8 참조.

르게 하는 이슈가 되기도 한다. "전통주의자들은 토라 전체가 하나님으로부터 계시된 것이기 때문에 그것은 절대적인 진리이며 철저한 선이라고 믿는 반면, 근대주의자는 진리와 선이 토라에서 발견될 수 있으며 그런 것이 존재하는 한에만 토라는 하나님에 의해 고취된 것이라고 주장한다."[104] 이와 같은 토라에 대한 유대 전통주의자들의 경외는 꾸란에 대한 무슬림들의 그것과 매우 유사해 보인다.

기독교에서 구약성서는 분량상 기독교 성서의 약 3/4을 차지하는 중요한 경전이다. 그들은 유대인과 동일한 본문을 읽으며 동일한 여호와 하나님을 예배하고 있다. 하지만 기독교 전통 안에서 구약성서는 중심적인 위치를 차지하지는 않는다.[105] 구약성서야말로 예수 그리스도와 최초의 신자들이 수용하고 있던 유일한 성서였음에도,[106] 또한 구약성서는 하나님의 영감으로 기록된 계시의 말씀이라는 입장을 취하고 있지만, 기독교는 그리스도 중심적인 해석을 통해 '약속과 성취'라는 해석 틀로 구약성서를 해석하면서 그것을 예수 그리스도 사건의 그림자로 이해해 왔다. 바로 이 해석지점에서 유대교와 기독교가 갈등을 빚는데, 양자는 동일한 성서를 전혀 다른 방식으로 읽고 있다는 사실이다.[107]

그렇다면 이슬람은 구약성서를 어떻게 보는가?

---

104 *Ibid.*

105 Paula Gooder, 『오경』, 강대흥 역 (서울: 미스바, 2002), 18.

106 Joachim Gnilka, 『성경과 코란』, 26.

107 *Ibid.*, 28.

기본적으로 이슬람은 구약성서를 '이전에 계시된 성서'로서 하나님[108]의 말씀임을 인정한다. 이슬람의 근본신조인 여섯 가지의 기본신앙(六信)[109]은 '하나님의 거룩한 책들'에 대한 신앙을 포함한다. 꾸란은 "하나님과 선지자 그리고 선지자에게 계시된 성서와 너희 이전에 계시된 성서를 믿어라"라고 신자들에게 명령한다(Q 4:136).[110] 이에 따라 무슬림들은 꾸란뿐 아니라 그에 앞서 선지자들을 통해 계시되었다고 하는 '거룩한 책들'을 믿는다. 이슬람 신앙에 따르면, 그것은 원래 104개였으나 그중 5개만 꾸란에 기록되어 있다. 이 가운데 비교적 짧은 100권은 아담, 셋, 에녹, 아브라함에게 내려졌지만 지금은 소실되었다고 믿으며,[111] 나머지 네 권, 즉 무사(모세)를 통해 내려주신 '토라트'(*Tawrat*), 다우드(다윗)를 통해 내려주신 '자부르'(*Zabur*), 이사(예수)를 통해 내려주신 '인질'(*Injil*), 그리고 마지막으로 무함마드를 통해 내려주셨다는 '꾸란'(*Qur'an*)만 현존하고 있다고 여긴다.[112] 그런데 이 모든 것은 원래 천상에 보존되어 있는 경전의 원본 서판과 똑같은 내용이고, 모든

---

108 최영길은 꾸란을 번역하면서 '알라' 대신 이미 개신교에서 확정하여 사용하고 있는 '하나님'이라는 칭호를 사용했다. 이 책에서는 '하나님'에 해당하는 아랍어 보통명사 '알라'를 '하나님'으로 통일하여 사용한다.

109 Anne Cooper, 『우리 형제 이스마엘』, 편집부 역 (서울: 두란노, 1985), 53-50; ① 하나님의 유일성, ② 하나님의 선지자들, ③ 하나님의 거룩한 책들, ④ 하나님의 천사들, ⑤ 최후의 심판과 내세, ⑥ 정명론(定命論)이 그것이다.

110 이하 꾸란의 인용 시에는 '수라'를 생략하고 "Q"자를 표기하도록 한다.

111 Norman Anderson, 『세계의 종교들』, 민태운 역 (서울: 생명의말씀사, 1994), 171; 선지자 이브라힘(아브라함) 문서를 수후프(Suhuf)라 부른다.

112 원용국, "구약과 이슬람의 연구," 『한국개혁신학』 12집 (2002), 43; 이렇게 계시된 104권을 보다 구체적으로 언급해 보면, 아담에게 10권, 셋에게 50권, 이드리스(에녹)에게 30권, 이브라힘에게 10권, 그리고, 무사에게 토라, 다우드에게 자부르(시편에 해당), 이사에게 인질(복음서에 해당), 무함마드에게 꾸란을 주었다고 한다.

경전은 동일한 내용의 메시지를 담고 있다고 간주된다(Q 4:163).[113] 모우캐리는 성서에 대한 꾸란 구절들의 증거를 다음과 같이 요약해 준다.

> '토라트'는 모세를 통해 계시된 것으로(Q 3:93, 6:154) '인간을 위한 빛과 복음'(Arb. *nur wa huda*)이다(6:91). '자부르'는 다윗을 통해 계시되었다(4:163, 17:55 21:105). '인질'은 예수를 통해 계시된 것으로, 이 또한 빛이요 복음이며 토라를 확증하는 것이다(5:46). '꾸란'은 무함마드를 통해 계시된 것으로 '복음과 자비'(Arb. *huda wa rahma*)이다(6:157).[114]

그러므로 무슬림은 구약성서가(그들의 이해에 따르면 토라트와 자부르가 이에 속한다) '하나님의 거룩한 계시의 말씀'이라는 사실을 믿는다. 따라서 무슬림들에게 구약성서는 유일하신 하나님이 7세기에 무함마드를 통해 내려준 꾸란에 '앞서 계시해 주신 하나님의 말씀'이다. 그 책들은 '거룩한 책들'이며, 하나님의 빛과 복음과 안내가 들어있는 하나님의 계시의 책들이다.[115]

그런데, 구약성서에 대한 꾸란의 진술은 이전 계시들을 개괄적으로만 묘사하는 데 그친다. 꾸란은 구약성서 안에 있는 수많은 역사서들과 지혜문서, 선지서들의 실체에는 침묵한다.

---

113 손주영, "이슬람 전통에서 말하는 같은 뿌리의 일신교," 7.

114 Chawkat Moucarry, 『기독교와 이슬람의 대화』, 31.

115 김대옥, 『이슬람의 성경변질론』, 47.

2. 꾸란 이해를 위한 개관

이슬람에서 꾸란은[116] 전지전능하신 하나님께서 천상에 특별히 보존된 '성서의 어머니'(Arb. *Ummu al-Kitab*)라고 부르는[117] 하늘 서판(Q 85:22)으로부터 23년에 걸쳐 예언자 무함마드에게 계시한 하나님의 '최종계시'라고 본다. 즉 일반적으로 무슬림들은 '영원한 꾸란 원본'이 하늘에 존재하고 있다는 꾸란의 '선재성'(pre-existence)을 믿는데,[118] 이슬람은 이것이 모든 계시의 출처라고 본다.

하지만 이러한 꾸란의 선재성, 또는 존재이전성 문제에 관해 무타질라(*Mu'tazilah*)파[119]에 속한 사람들은 꾸란의 영원성을 주장하는 것에 반대하고 꾸란이 '창조된'(created) 것이라 주장한다.[120] 꾸란이 영원한 것이라는 주장은 하나님의 통일성을 파괴하는 것으로써, 그것은 곧 꾸란 자체가 비난하는 다

---

116 정수일, 『이슬람 문명』, 87; 이슬람 경전의 이름이 꾸란'인 이유는 이 계시들의 첫마디가 "읽어라!"이기 때문이다. 즉 "꾸란은 아랍어 '까라아'(*Qaraa*, 읽다)의 동명사 '꾸란'(*Quran*, 읽기)에서 연유한 것으로, 이 동명사가 종교적으로 전의되어 송독하는 이슬람의 경전명으로 승화되었다"고 한다.

117 여기에서 '어머니'(Arb. *Umm*)는 '원본'의 의미를 갖는다.

118 손주영, "이슬람 전통에서 말하는 같은 뿌리의 일신교," 7.

119 Henry Corbin, 『이슬람 철학사: 태동기부터 아베로에스(1198년 死)까지』, 김정위 역 (서울: 서광사, 1997), 146 참조; 이슬람력으로 2세기 중반(8세기)에 등장한 가장 초기의 이슬람 신학자(Arb. *Mutakalimun*)들이다. 사변적 종교사상을 가장 중시하는 이들로서 전통적 이슬람의 거의 모든 측면을 의심하는 사상가들의 학파로 알려졌다. 무타질라("스스로 분리된 자")라고 불린 이들은 꾸란에 나오는 내용을 이성으로 밝혀야만 진리에 도달할 수 있다고 믿었다. 압바스 왕조에서 정통파 이슬람의 공식적 교의로 인정받았고, 무슬림의 문화적 엘리트의 대부분이 이 이름으로 불릴 정도였다고 한다.

120 David, S. Noss, *A History of the World's Religion*, 11th Edition (Upper Saddle River: Prentice Hall, 2002), 560.

신론적 발상이라 보았기 때문이었다.

꾸란의 계시는 "'권능의 밤'(Arb. *Laylat al-Qadr*, Q 97:1)에[121] 가장 낮은 하늘로 보내졌으며 상황에 따라 필요할 때마다 조금씩 예언자에게 계시되었다(Q 17:107; 25:34)."[122] 하지만 그것이 하나님의 계시라고 해서 하나님이 무함마드에게 직접적으로 계시한 것으로 이해되지는 않는다. 그것은 천사를 통해 전달되었고,[123] 후대에 그 천사는 '가브리엘'(Arb. *Jibriil*)로 이해되었다. 꾸란은 메카시대를 거쳐 메디나시대로 이어지면서 그때그때 필요에 의해 점진적으로 내려진 계시들에 토대하고 있다. 정수일에 따르면, 이러한 점진성은 예언자 무함마드의 지위 변화에도 동일하게 나타나는데, 초기에 그는 꾸란에서 '경고자'나 '희소식 전달자'로 불리다가 후기에는 '예언자'(선지자)나 '사도'로, 그리고는 '마지막 예언자'로까지 그 지위가 격상되어 갔다.[124]

이슬람에 따르면, 꾸란은 궁극적으로 이전에 계시된 것들과 동일한 내용의 계시로서, 먼저 온 예언자들과 예수에게 내려진 계시가 사람들 가운데서 희미해지자 다시 무함마드를 통해 계시된 말씀이다. 그러므로 꾸란은 항상

---

121 "The Night of Power." 라마단 금식월의 27일째 밤을 일컫는다.

122 Norman Anderson, 『세계의 종교들』, 145.

123 박현도, "대화와 소통의 관점에서 본 이슬람교- 전통 샤리아의 소통구조," 『종교교육학연구』 33집 (2010. 6), 3; 이슬람 신학에서 하나님이 인간에게 직접 말씀을 하는 것은 옳지 않다(Q 42:51). 하나님의 계시는 다음의 세 가지 방식으로 인간에게 전달된다. "1) 와히(이하 Arb. *wahy*), 즉 영감(inspiration)을 통하거나 2) 장막(帳幕. *hijab*) 뒤에서, 또는 3) 사도(使徒. *rasul*)를 통해서 계시하신다. 꾸란의 다른 구절은 무함마드에게 하나님의 말씀을 전한 중간 매개자를 '루흐 알-꾸드스(*Ruh al-qudus*)' 즉 '성스러운 영'(Q 17:102)"이라고 하는데, 이는 기독교의 성령이 아니라 가브리엘 천사로 해석된다. 루흐는 히브리어의 루아흐(Heb. *ruach*)와 같은 어원으로 '숨'이라는 의미이다.

124 정수일, 『이슬람 문명』, 91.

성서와의 대비 속에서 언급되는데, 손주영은 무슬림들의 꾸란에 대한 이해를 다음과 같이 설명한다.

> 그리스도교인들이 그들에게 내려진 신약성서의 계시가 그 이전에 내려진 구약성서의 계시를 확증하는 것이고 동시에 완벽하게 채워주는 것으로 보고 있듯이, 무슬림들은 앞서 내려진 경전들 속에 계시된 것들을 확증하고, 또 유대교와 그리스도교의 신앙 체계에서 후대인들이 인위적으로 첨삭했거나 왜곡한 것들을 순화시키고 때로는 그것을 보완하여 완벽한 것으로 바로잡기 위해서 꾸란이 내려왔다고 믿고 있다. 따라서 그들은 예언자 무함마드가 받은 꾸란은 구약성서와 신약성서의 종합판이라고 생각한다. 그러니까 무슬림은 이슬람이 새로운 계시, 새로운 경전을 가진 새로운 종교라고 생각하지 않으며, 태초부터 존재해 온 유일신 종교의 마지막 완성된 체계라고 생각한다.[125]

'꾸란은 이전 계시들을 순정케 한다'는 관점에서, 꾸란의 존재는 구약성서나 신약성서와 날을 세운다. 그것은 구약성서와 신약성서의 종합판이다. 거기에는 태초의 말씀이 한 자 한 획도 빠짐없이 그대로 복사된 것이기 때문에 태초의 진실이 하나도 빠짐없이 모두 들어 있는 완전한 책이다.[126] 손

---

125 손주영, "이슬람 전통에서 말하는 같은 뿌리의 일신교," 7-8.

126 이성수, "중동 문화속에서의 3대종교," 17; 그에 비해 구약성서와 신약성서에는 '절대신의 말씀이 부분적으로 들어있고, 또 후에 사람의 말도 들어가 뒤섞였으므로 그 분별이 매우 어렵다'고 본다.

주영은 이 특성을 다음과 같이 강조한다.

> 꾸란은 한 자의 첨삭도 없이 오늘날까지 보존되어 왔다. 이슬람 전통에서는 하나님께서 같은 뿌리의 일신교인 유대교, 그리스도교, 이슬람교의 신앙인들을 그들의 조상인 아브라함과 같이 진실된 믿음을 가진 순정의 일신교도(이를 하니프 hanif라고 부름)로 되돌려 놓기 위해 이 꾸란을 보내셨다고 믿는다. 꾸란이 불확실한 것들을 명확하게 해 주는 최후의 완벽한 성서라고 믿고 있는 것이다.[127]

그러므로 이슬람에서 꾸란은 모든 것을 판단하는 기준이 된다.[128] 일반적으로 말해서 꾸란의 권위를 부인하는 무슬림은 없다. 무슬림들에게 꾸란은 권위에 있어서 절대적이며 그들의 삶을 규명하는 '모든 것'이다.[129] 그러므로 무슬림의 총체적인 삶의 체계와 이슬람세계의 가치관의 원천이 꾸란임을 굳이 강조할 필요가 없다.[130]

꾸란의 특징을 간략히 살펴보면, 우선 꾸란은 메카에서 10년, 메디나에서 13년, 총 23년 동안에 걸쳐 계시된 114개의 장(章. Arb. *sura*)으로 구성되

---

127 손주영, "이슬람 전통에서 말하는 같은 뿌리의 일신교," 8.

128 John L. Esposito, *The Oxford Dictionary of Islam* (New York: Oxford University Press, 2003), 256.

129 이성수, "중동 문화속에서의 3대종교," 17; 꾸란을 대할 때는 몸과 마음을 깨끗이 가다듬어야 한다. 꾸란은 만지거나 소지하는 경우에는 몸을 정결케 하고 신체의 하부로 내려가게 해서는 안 된다.

130 김동문, 『이슬람 신화깨기, 무슬림 바로보기』(서울: 홍성사, 2007), 213.

어 있다. 따라서 그것은 내용상 메카 장과 메디나 장으로 구분할 수 있는데, 이에 대한 구분이 없이 수집되고 편집되어 표면상으로 각 구절들의 계시 순서와 배경을 정확히 알 수는 없다. 장(章)들의 배치에 있어서도 약간의 예외는 있지만 대체적으로 그 분량을 기준으로 배치되어 있고, 내용면에 있어서도 전체적인 일관성을 추적하기가 쉽지 않다. 그런 이유에서인지 꾸란에서는 같은 내용이 여러 번 반복되는 경우를 자주 볼 수 있다.[131]

이에 대해 기독교는 일반적으로 꾸란에 대해 신적 계시를 인정하지 않는 등 부정적인 반응을 보여 왔다. 꾸란은 단순히 7세기 아라비아 반도의 경건한 무함마드와 그의 추종자들에 의해 형성된 종교적 산물이라 여겨왔다. 그것은 전적으로 무함마드의 어록집이며, 무함마드가 첫 계시를 받았다는 40세부터 시작하여 죽을 때까지, 610~632년까지의 23년 동안에 행한 말들로 간주한다. 그의 말들은 종말론적 경고로부터 시작하여 신학적인 논의들과 법률 규범들, 그리고 설교에 이르기까지 다양한 본문 양식들을 포괄하고 있다고 본다.[132]

무함마드는 자신과 공동체에 주어진 상황에 대응하여 계시의 이름으로 메시지를 전했으며, 기회가 있을 때마다 그것을 수정하기도 했다. 그가 살아 있는 동안 계시는 늘 바뀌었는데, 특히 그가 메카에서 메디나로 이주한 후 계시의 내용이 두드러지게 변했다. 메카시대의 임박한 심판과 같은 종말론적인 내용이 사라지고, 메디나시대에는 공동체의 삶과 관련하여 법률적

---

131 나종근 편, 『꾸란』, 「삼발라총서」 11 (서울: 시공사, 2003), 38.
132 Joachim Gnilka, 『성경과 코란』, 54.

인 지시들이 전면에 부각된 것이다.[133]

성서에서 꾸란의 기원에 관한 힌트를 찾아보기는 어렵다. 무엇보다 꾸란은 구약성서 정경화 이후 600여년이 지나서야 등장한 책이다. 기독교는 그 초기 경전 형성의 역사에서부터 당시에 권위를 인정받던 특정 책들을 배제하려 한 마르시온(Marcion)과, 거기에 추가적인 책들을 더하려 한 몬타누스(Montanus)와 같은 이들을 경험해 왔다. 그렇기 때문에 기독교는 꾸란에 대한 하나님의 계시로서의 진정성 문제를 제기하며 그로 인한 이단 및 진리논쟁에 이어 대화마저 기피하는 경향을 보여 왔다.[134]

나아가 이슬람교와의 오랜 갈등의 역사 속에 있었던 그리스도인들에게 꾸란은 주요 대적의 경전이었다. 더구나 성서와 비교해 볼 때 많은 내용에서 차이가 있었고, 특히 구원자 예수 그리스도의 신성, 십자가와 부활, 대속의 죽음을 부정하는 한, 그것은 거짓증거에 다름 아니었다. 그리하여 어떤 이들은 꾸란을 가리켜 심지어 마귀의 계시라 일컫는 데 주저하지 않았다.[135]

그리스도인들이 보기에 꾸란에는 성서에 배치되거나 심지어 성서의 내용을 부정하는 등 수용할 수 없는 낯선 내용이 많으며, 부분적으로 잦은 반복과 함께 통일성과 일관성마저 결여하고 있다. 벨과 와트(Richard Bell and W. Montgomery Watt)는 꾸란의 이러한 특징을 다음과 같이 평가했다.

---

133 *Ibid.*, 54–55.

134 김대옥, 『이슬람의 성경변질론』, 176–180.

135 예컨대, 인도계 영국 소설가 살만 루시디가 그의 소설에서, 그 책의 제목과 같이, 꾸란을 "악마의 시"(*The Satanic Verses*)로 폄훼한 일화는 유명하다. Salman Rushdie, 『악마의 시』, 김진준 역 (서울: 문학세계사, 2009) 참조.

> (꾸란에는) 관련성 없는 주제가 불쑥 등장하여 동질성을 깨뜨리며, 바로 옆 구절에서 같은 주제에 대하여 다른 말을 하기도 하고, 단어와 절이 반복되는 경우가 종종 있으며, 문법적인 구조가 깨져서 주석에 어려움이 생기기도 하며…서로 다른 연대의 문장을 나란히 병행시키기도 하고, 먼저 쓰인 단락에 늦게 쓰인 구절이 끼어들어와 있기도 하다.[136]

하지만 최근 큉과 같이 종교 간 대화를 강조하는 학자들은 양 종교 간의 갈등은 이와 같은 근본적인 것들에 대한 상호 불인정과 비방에서 비롯된다고 보고, 꾸란을 새롭게 인정하기를 요청한다. 큉은 이슬람과의 건강한 대화를 위한 필요조건으로 세 가지를 제시하면서 다음과 같이 꾸란에 대한 입장을 밝혔다.

> 우리는 꾸란을 고대의 아랍-유대-기독교 개념에서 파생된 혼합물로 의심하지 않는다. 오히려 꾸란은 믿는 무슬림들에게 모든 것을 용서하시고 자비로우신 하나님의 효과적인 말씀이라는 올바른 빛 안에서 신실한 사람들을 위한 하나님의 말씀으로서 꾸란의 명백한 권능을 자리매김해야 한다.[137]

---

136 Richard Bell and W. Montgomery Watt, *Introduction to the Quran* (Edinburgh: Edinburgh University Press, 1970), 93, Phil Parshall, 『십자가와 초승달』, 64에서 재인용.

137 Hans Küng, "A Christian Scholar's Dialogue with Muslims," *The Christian Century*, 102 no 30 (1985), 893; 그 나머지 두 가지는 첫째, 그리스도인은 더 이상 이슬람을 지옥 가는 길이라 볼 수 없으며, 둘째, 우리는 더 이상 예언자 무함마드를 거짓 선지자로 폄하해서는 안 된다고 주장했다.

분명한 사실은, 꾸란이 무슬림들의 삶 속에 '무소부재'한 위치를 차지한다는 점이다. 따라서 이슬람과의 대화에 있어서 꾸란에 대한 이해와 활용은 피할 수도 없고, 다른 것으로 대신할 수도 없다.[138] '대화는 상대방이 가진 것에서 시작해야 하는데, 무슬림들이 가진 것은 바로 꾸란'이기 때문이다.[139]

3. 구약성서와 꾸란의 형성

1) 구약성서의 형성

유대인들은 그들이 '참 하나님 말씀'으로 믿는 24권의 책들을 '정경'으로 공식화했다.[140] 구약성서의 정경화는 주후 90년에 팔레스타인의 얌니아(Yamnia)에 모인 당시 권위 있는 랍비들의 회의에서 확정된 것으로 본다.[141] 하지만, 본문들은 이미 수백 년 동안 유대인 공동체에서 승인되어 사용해 오고 있었다.[142] 기독교는 유대인들의 정경 그대로를[143] '하나님 말씀'으로 인정하여 기독교의 구약성서 정경으로 확정하였다. 구약성서의 권위는 특히 예수 그리스도가 이를 분명하게 인정했다는 점에서(마 4:4; 막 14:27) 기독교

---

138 김대옥, "이슬람의 '성경변질론' 비판," 『신앙과 학문』 14-2집 (2009), 26.

139 김동문, 『이슬람 신화깨기, 무슬림 바로보기』, 215.

140 장두만, 『성경의 무오성과 권위』 (서울: 요단출판사, 1993), 137; '정경'의 어원인 '카논'(*Kanon*)은 '막대기, 표준, 기준, 규범, 잣대'를 뜻한다.

141 강사문, 강성열, 최인기, 허성군, 『구약성서개론』 (서울: 한국장로교출판사, 2003), 172; 이는 주후 100년경 이전에는 확정된 전체 히브리어 본문이 없었음을 의미한다.

142 장두만, 『성경의 무오성과 권위』, 154.

143 가톨릭은 70인 역의 전통에 따라 제 2경전을 포함한다.

에게도 중요했다. 교회에게 구약성서는 예수 그리스도의 오심에 대한 '준비'로써 중요하였다.[144] 구약성서는 무함마드가 도래하기 600여 년 전부터 이미 오늘날 유대교와 기독교가 소지하고 있는 것과 동일한 경전의 내용으로 확정되어 있었다.

듀 토잇(A. B. Du Toit)은 기독교의 정경화는 인위적 행동이 아니라 '하나님의 보존행동'에 대한 기독교의 수동적 수용이었다고 말하면서, 정경화 과정에서의 인간적 요소의 개입을 배제하려 했다.

> 정경 형성 과정에서 교회는 결코 어떠한 책도 정경적으로 '만들거나' '선언'한 적이 없다. 교회의 권위는 항상 성경의 권위에 종속하거나 복종해 왔다. 그리고 성경의 권위는 하나님의 계시라는 특성에 근거하고 있다. 이 책들은 자신의 속성에 따라 항상 규범적 특성을 소유하는 것이며, 교회는 그들에게 규범적 특성을 부여할 수도 없으며 빼앗을 수도 없다. 교회가 할 수 있는 최대의 것은 이 권위를 '인정'하든지 '무시'하든지 택일하는 것이다.[145]

구약성서는 일련의 정경화 작업 이후 오늘날까지 기독교에서 하나님의 계시의 말씀으로 기능하고 있다. 하지만 기독교는 현존하는 성서의 원본을

---

144 또한 '구약성서의 예언대로 이 땅에 오신 예수 그리스도'에게 초점이 맞추어진 '신약정경 27권'이 3차 카르타고 회의(397년)를 통해 최종적으로 신약정경으로 인정되었다.

145 A. B. Du Toit, 『신약정경론』, 권성수 역 (서울: 엠마오, 2004), 194.

가지고 있지 않음을 인정한다. 그러나 역사 속에서 다양한 필사작업을 통해 성서를 보존해 왔음을 중시한다. 오늘날 현존하는 구약성서는 이 사본들의 본문비평(textual criticism)을 통하여 나온 결과물이다. 많은 사본들이 소위 '유의미한' 필사과정의 오류를 거의 보이지 않고 있음은 이미 사본학의 권위자들을 통해 밝혀져 왔다.[146]

오늘날 일반적으로 사용하는 구약성서의 본문은 주후 10세기에 사본비평을 통해 완성된 마소라 본문(Masoretic Text. MT)이다.[147] 이는 곧 구약성서의 원본이 B.C. 400~200년경에 완결되었다 하더라도 그 원본과의 연대 자가 무려 1,200~1,400년이나 되어 본문 전승과정의 신빙성에 문제를 제기할 소지가 있음을 의미했다. 하지만, 1947년 사해사본 발굴과정에서 주전 2세기까지 거슬러 올라가는 사본들이 발견되면서 약 1,000여 년의 연대차를 뛰어넘게 했을 뿐 아니라, 그동안의 사본제작과 보존과정이 얼마나 정밀하고 주의 깊게 다루어져 왔는지를 입증해 주었다. 두 사본의 비교 결과 95% 이상이 완전히 일치하였고, 나머지는 필사과정에서 발생한 철자상의 미세한 실수로 야기된 것이라 평가된다.[148] 모우캐리는 구약성서 사해사본 발굴 이후로 더 구체화 된 성서 사본의 정확성에 대해 증거한다.

---

146 김대옥, 『이슬람의 성경변질론』, 181. 사본 간의 크고 작은 불일치가 존재하고 있지만, 성서가 주장하고자 하는 바에 결정적 영향을 미치는 것으로 이해하지 않는다는 의미다.

147 히브리어 구약성서 본문의 역사를 위해서는 다음 글에 제시된 도표를 참고할 수 있다. 강사문 외, 『구약성서개론』, 187.

148 장두만, 『성경의 무오성과 권위』, 72-73.

> 우리는 더 이상 성경 원본을 가지고 있지 않지만 우리가 가지고 있는 성경 필사본에 대한 연구는 성경의 권위를 확증해 준다. 특히 1947년에 사해 근처에 있는 쿰란 동굴에서 발견된 사본은 늦어도 주후 1세기로 거슬러 올라가는 것들이었다. 이 발견이 있기 전까지는 가장 오래된 구약 사본이 주후 10세기의 것이었다. 이제 이 사본의 발견으로 천 년이 넘는 기간 동안 이루어진 전승의 정확성을 검토해 볼 수 있는 예기치 못한 절호의 기회가 주어진 것이다.[149]

구약성서는 다양한 언어로 번역되어 보급되었다. 기독교는 하나님의 진리의 말씀은 계시된 특정 언어(히브리어)로 '신성하게' 보존하는 것이 아니라, 모든 나라 모든 족속의 언어로 번역하여 그들의 언어로 읽고 듣고 하나님의 구원의 대열에 참여할 수 있게 하는 데 그 목적이 있다고 보았다. 그리하여 기독교 선교의 확산과 더불어, 현재 한 권 이상 번역되어 있는 성서의 언어 수는 무려 2,800개가 넘는다.[150]

2) 꾸란의 형성

'꾸란은 영원한 하늘 서판으로부터 직접 구술되어 기록된 순간 결집되었다'

---

149 Chawkat Moucarry, 『기독교와 이슬람의 대화』, 52.

150 "전 세계 2,886개 언어 3천만부 이상 번역 반포," http://baptistnews. mediaon.co.kr/news/article.html?no=6174 (2016년 9월 5일 검색). 세계성서공회연합회(United Bible Societies)는 2014년 12월 말 기준으로 성서가 최소한 단편(쪽복음)이라도 번역된 언어의 수가 총 2,886개에 이르렀다고 발표했다. 또한 전 세계 72억의 사람들 사이에서 통용되는 6,901개의 언어 중 성경전서가 번역된 수는 542개, 신약은 1,324개, 단편은 1,020개라고 밝혔다.

는 것이 무슬림들의 믿음이다. 그것은 천사 가브리엘을 통해 하늘 서판으로부터의 '탄질'(Arb. *tanzil*, 내려온 것)이라는 절대적인 신뢰이다. 대부분의 무슬림들은 이처럼 꾸란의 신적 기원을 수용함으로써, 꾸란이 여느 경전과 같이 편집과정을 거쳤다는 사실을 간과하거나 부정한다. 하지만 역사적으로 살펴볼 때 꾸란은 대대적인 수집과 역사적인 편집과정을 통해 빚어진 결과물이다.[151]

무함마드 당시 무슬림들은 꾸란을 보존하는 데 있어서 암송이 주요 수단이었다. 그중 낭송된 일부분은 뼈나 낙타가죽과 같은 곳에 기록되기도 했는데, 꾸란을 수집하여 책으로 만들게 된 첫 계기는 꾸란을 암송하고 있는 사람들이 전투에서 죽어간 사실에 있었다. 그들의 죽음으로 인해 계시내용의 일부를 상실할 수도 있다는 두려움이 생겨났던 것이다.[152]

무함마드의 언행을 모은 이슬람 전통집인 하디스(*Hadith*)에 의하면 꾸란의 장들을 편집하기 위한 첫 시도는 무함마드 사후 첫 칼리프였던 아부 바크르(Abu Bakr, 632–634) 통치시기에 우마르('Umar, 그는 2대 칼리프가 되었다)의 제안으로 이루어졌다. 일찍이 무함마드 곁에서 계시들을 기록했던 해방노예 출신의 자이드(Zayd ibn Thabit)에게 그것들을 수집, 정리하도록 명했다.[153] 그는 "잎이 떨어진 대추야자 나무의 줄기에서, 가죽조각에서, 돌멩이에서, (꾸란을 외우고 있는 사람의) 가슴에서 꾸란을 모았다"고 전해진다.[154]

---

151 김대옥, 『이슬람의 성경변질론』, 184.

152 *Ibid*.

153 정수일,『이슬람 문명』, 88.

154 M. Muhsin Khan, trans, *Sahih Bukhari*, vol. 9, bk. 89, no. 301, (http:// d1.islamhouse.com/data/en/ih_books/single/en_Sahih_Al-Bukhari.pdf, 2014년 10월 28일 검색), 1603.

그때 수집한 것은 우마르의 딸이자 무함마드의 아내였던 하프사(Hafsa bint Umar)에게 맡겨 그녀로 하여금 메디나에 보관하게 했다.[155]

두 번째 시도는 제 3대 칼리프인 우트만(Utman. 또는 오스만) 통치시기(644-656)에 이루어졌는데, 자이드가 편집책임을 맡아 진행되었다.[156] 정수일은 그 과정을 보다 소상히 들려준다.

> 오마르시대는 대정복시대라서 손댈 겨를이 없었다가, 3대 칼리파인 오스만(재위 644-56)대에 이르러 광활한 정복지를 포함해 이슬람세계 각지에서 떠도는 경문(꾸란)들이 독법이 제멋대로인 데다가 해석까지 엇갈려서 종종 논쟁을 야기했다. 그러던 중 멀리 아르메니아와 아제르바이잔 정복지에 나가 있는 후자이파가 오스만에게 널려있는 경문의 실태를 보고하면서 이를 한데 묶은 공식적인 경문집을 만들 것을 제의했다. 오스만은 이 제의를 받아들여 자이드, 이븐 주바이르, 싸이드 이븐 아쉬 등 하피즈(경문 암송자)들과 경문 보관자들을 불러 아부 바크르의 남본에 준해 통일적인 경전을 편집하도록 하여 이슬람군 주둔지와 주요 도시들에 보내 공식적으로 사용하게 하는 동시에 각지에 널려 있는 초본들은 전부 폐기하도록 했다.[157]

155 김정위 편, 『이슬람 사전』 (서울: 학문사, 2002), 138 참조; 그녀는 꾸란 수집과정에 중요한 역할을 하였다. 즉 초기에 운문으로 쓰여진 꾸란의 안전한 보존을 위임받았는데, 그것은 무쓰하프(*mushaf*. '꾸란의 필사본')로 이미 아부 바크르 재위 시에도 존재했다고 한다.

156 김정위 편,『이슬람 입문』 (서울: 한국외국어대학교출판부, 2001), 45-49; 최영길, 『16억 이슬람인의 역사와 문화』 (서울: 송산출판사, 1996), 41-42.

157 정수일, 『이슬람 문명』, 88.

여기에서 보는 바와 같이 초기의 꾸란 편집본과 별도로, 쿠파(이라크)와 바쓰라(이라크), 다마스쿠스(시리아), 홈스(시리아)에서 네 가지 '다른' 꾸란 모음들이 회람되고 있었다.[158] 따라서 우트만은 서로 다른 꾸란본들을 통일할 필요를 느꼈다. 보존하거나 폐기할 장을 결정하고 각 장의 순서도 정하는 등, 권위 있는 꾸란의 온전성을 보장하기 위한 조처를 취해야 했던 것이다. 따라서 꾸란의 최종본을 결정하는 위원회가 결성되어 하프사가 보관하고 있던 편집본을 기본으로 하되 꾸란들 사이에 진위 여부를 가려서 예언자의 원래 계시내용에 합치되는 것을 결정했다.[159]

그렇게 해서 무함마드 사후 약 20년 후에 최초의 통일된 꾸란 편집본이 탄생했는데, 이를 이슬람사에서는 '이맘본' 혹은 '우트만본'이라고 하며 정본(定本)으로 여긴다.[160] 우트만은 그 편집본의 사본을 만들어 각 지방에 보내고, 그밖에 다른 꾸란본이나 자료들은 부분이든 전체로든 모두 불태웠다.[161] 우트만이 꾸란을 모으고 편집하려던 시점만 하더라도 지역에 따라 서로 다른 네 가지 꾸란본들이 활용되고 있었는데, 편집과정에서 선택된 것을 제외하고 나머지는 소각해버린 것이다. 이와 같은 결정적인 조처로 인해 꾸란 내의 상호 불일치하는 내용에 대한 비판적인 분석의 가능성이 사라져버렸다.[162] 꾸란의 '통일성'을 기했다는 점에서는 의미 있는 행보였다고 할지 모

---

158 김대옥, 『이슬람의 성경변질론』, 185.

159 Chawkat Moucarry, 『기독교와 이슬람의 대화』, 49.

160 정수일, 『이슬람 문명』, 89.

161 M. Muhsin Khan, trans, *Sahih Bukhari*, vol. 6, bk. 61, no. 510, 1113; Phil Parshall, 『십자가와 초승달』, 64; 공일주, 『중동의 기독교와 이슬람』, 122 참조.

162 김대옥, 『이슬람의 성경변질론』, 186.

르지만 결국 현존하는 꾸란을 가지고는 꾸란 구절들의 진위나 그 맥락을 논할 수 있는 비평작업에 지극히 어려움을 갖게 된 것이다.[163]

하지만 우트만의 이 같은 결정에 모든 무슬림들이 동의하지는 않았다. 꾸란 단일본이 배포된 이후에도 당시 무슬림들은 이를 단번에 수용하려 들지 않았으며, 특히 이 일로 인해 이후 이슬람의 두 주요 분파인 순니파와 쉬아파 사이에는 심각한 갈등상황이 야기되기까지 하였다.[164]

> 쉬아파 무슬림들은 특히 자신들의 가르침이 우트만의 공식 편집본보다 쿠파 모음에 더 잘 분명하게 들어맞는다고 믿었는데, 쿠파 모음은 예언자의 동료들 중 한 명인 이븐 마수드(Ibn Mas'ud)의 것이었다. 이것이 쉬아파 무슬림들의 우트만을 암살하는 매우 중요한 계기가 되었다.[165]

현존하는 꾸란은 그 후 우트만본에 모음 표시가 더해지거나 표준 판형이 결정되는 등의 변화를 거쳐 발전되어 온 것이다. 7세기 말, 한 이라크 총독에 의해 문자 구분 표시점과 모음 표시부호 등이 더해졌고 보다 완성된 형태로 발전했다. 이 꾸란은 전 이슬람권에서 권위를 인정받았고, 그 후 현재와 같은 모습으로 완성되어 전해진다. 김용선은 "그 후에도 여러 번의 작은

---

163 Phil Parshall, 『십자가와 초승달』, 64; 하지만 기독교 전통에서도 이와 유사한 '폐기'는 존재했다. 강사문 등에 따르면, 맛소라 학자들은 10세기에 맛소라 본문을 최종 확정한 후 "그때까지 있었던 다른 히브리어 본문에서 나온 거의 모든 사본들을 결함이 있는 것으로 판단하여 폐기" 했다. 강사문 외, 『구약성서개론』, 173 참조.

164 김대옥, 『이슬람의 성경변질론』, 187.

165 Chawkat Moucarry, 『기독교와 이슬람의 대화』, 50.

정정을 되풀이한 후, 700년대 초에 이르러 겨우 오늘날과 같은 코란의 형태가 되었다"고 적는다.[166] 1919년 카이로에서 이집트 왕실의 후원으로 꾸란이 출간되었으며, 이후에도 여러 판형을 거듭한 결과, 현재는 표준 이집트판이 공식적으로 통용되고 있다고 한다.[167]

성서와 마찬가지로 꾸란의 공식 편집본의 원본도 남아있지 않다. 현존하는 가장 초기의 꾸란 일부는 이슬람 2세기의 것이다.[168] 이 본문은 현재의 꾸란이 기초하고 있는 유일한 것이지만, 여러 가지 독본들을 포함하고 있기까지 하다. 이슬람력(AH) 322년(AD 923년)에 다양한 독본들이 공식적으로 일곱 개로 제한되었다.[169]

또한 꾸란은 아랍어로 기록된 것으로서 본래 그 번역이 허용되지 않았다. 하지만 지금은 현실적인 필요에 의해 비아랍권에서는 모두 번역된 꾸란을 사용하는데, 그것은 온전한 꾸란이 아닌 '꾸란 해설'로만 인정된다. 이는 번역하는 과정에서 필연적으로 따라오는 의미의 왜곡을 염두에 두고, 꾸란의 순수성을 보존하고자 하는 이슬람의 노력의 일환으로 이해할 수 있다.[170]

---

166 김용선 편, 『코란의 지혜와 신비』(서울: 명문당, 2002), 323.

167 나종근 편, 『꾸란』, 36.

168 현재까지 발견된 꾸란 사본 또는 단편들의 최고본은 무함마드 사후 약 150년 이후의 것들이다. 하지만 무슬림 변증가들은 우트만 편집본이 여전히 존재하고 있다고 종종 주장한다. 그러나 그것은 최종계시인 꾸란이 흠 없이 보존되었다는 이슬람의 교리에 의한 것이며, 실제 사실에 기초한 주장은 아니다. 보다 자세한 논의는 다음 사이트를 참조할 수 있다. "Does the Original Quran Survive," http://www.message4muslims.org.uk/the-quran/form- arrangement-of-the-koran/the-original-quran/ (2014년 5월 10일 검색).

169 Chawkat Moucarry, 『기독교와 이슬람의 대화』, 50.

170 김대옥, 『이슬람의 성경변질론』, 191; 꾸란이 편집자에 의해 개정되고 조정되었음을 보여주는 표지들에 대해서는 192-193을 보라.

5장

구약성서와 꾸란의 연속성

앞서도 살핀 바와 같이 꾸란은 그 이전 계시, 곧 기독교의 성서를 하나님의 말씀으로 인정한다. 이로부터 이슬람은 기본적으로 꾸란과 성서의 연속성을 주장하는 셈인데,[171] 꾸란은 무함마드에게 계시되는 종교가 아브라함과 모세와 예수에게 계시되었던 동일한 것임을 명시한다.

> 하나님께서는 노아에게 명하셨던 종교를 너희의 종교로 규정하셨나니, 그것은 바로 하나님께서 너(무함마드)에게 계시해 주신 것이고 또 그분께서 아브라함과 모세와 예수에게도 그 종교를 지키고 그 안에서 분열하지 말라고 명령하셨던 것이니라(Q 42:13).

나아가 꾸란은 무슬림들에게 성서를 믿으라고 촉구하고 있다(Q 3:84, 119; 4:136). 게다가 꾸란은 유대인들과 그리스도인들에게 하나님이 토라와 복음서에서 계시하신 것을 가지고 판단하라고 강권하고 있다(Q 5:45, 47).

---

171 문자적으로 꾸란이 성서의 영향을 받았다거나 자료의 공유 및 복제 등은 거부한다.

무슬림 변증가인 자키르 나이크(Zakir Naik)는 기독교와 이슬람과 같은 예언자 전통의 종교가 서로 유사한데, 그 이유는 하나님이라는 동일 출처와 예언자들의 동일 목표라고까지 주장하면서 다음과 같이 그 연속성을 인정한다.

> 꾸란은 예언자로서의 계시의 임무들이 전체를 통틀어서 서로 매우 유사하다는 점과 그 계시의 임무들에서 기본적인 가르침이 다르지 않다는 점을 보여줌으로써, 알라(하나님)의 각기 다른 예언자들이 모두 하나의 단일한 목표 아래에 속해있다는 것을 보여 준다. 이러한 연유로 각기 다른 예언자들에게 계시가 주어진 시점들 사이의 시간의 경과가 무시할 수 없을 만큼 크다 하더라도, 이와 같은 이유 때문에 주요 종교 사이의 기본 근저의 가르침은 서로 다를 수가 없는 것이다. 이러한 바는 이 계시들이 나온 곳이 모두 동일하기에, 다시 말해서 전지전능하신 하나님이란 단 한 분으로부터 나온 것이기에 가능한 것이다.[172]

그렇다면 과연 꾸란은 스스로가 주장하는 것처럼 "기독교의 성서에 이어 인류에게 계시된 하나님의 연속된 계시"인가? 꾸란과 이슬람은 "그렇다"고

---

172 Zakir Naik, "기독교인들이 이슬람에 대해 가장 흔하게 묻는 10가지 질문," 무함마드 아흐마드 역, http://cafe.daum.net/islamworld/R8ol/3?docid=1JhEx|R8ol|3|20100719142114&q=%B1%E2%B5%B6%B1%B3%C0%CE%B5%E9%C 0%CC%20%C0%CC%BD%BD%B6%F7%BF%A1%20%B4%EB%C7%D8%20%B0%A1%C0%E5%20%C8%E7%C7%CF%B0%D4%20%B9%AF%B4%C2%2010%B0%A1%C1%F6%20%C1%FA%B9%AE (2013년 3월 15일 검색).

대답한다. 꾸란은 기본적으로 하나님이 내려주신 각 경전 간의 연속성을 주장한다.

> 우리(하나님)는 마리아의 아들 예수로 하여금 토라에서 그(예수) 이전에 계시된 것을 확증하면서 그들(예언자들)의 발자취를 따르도록 했으며, 또한 그(예수) 이전에 토라에서 계시된 것을 확증하면서 인도와 광명이 담겨 있는 인질을 그에게 우리는 내려주었나니, 이는 하나님을 경외하는 자들을 위한 훈계요 인도서이니라(Q 5:46).

무슬림들에 따르면, 앞서 성서를 계시한 동일한 하나님이 예수의 인질(*Injil*)을 계시한 이후 500여 년의 침묵을 깨고 다시 아라비아 반도에 살던 무함마드를 선지자로 세우고 그를 통하여 아랍어로 꾸란을 계시하면서 이전에 계시된 성서를 '확증'하도록 하였다는 것이다.[173]

이에 반하여 기독교는 역사적으로 '그럴 수 없다'는 반응을 보여 왔다. 그리스도인들에 따르면, 하나님은 이제까지 수많은 선지자들을 통해 계시하셨지만, 마지막 때에 최종계시로서 예수 그리스도를 보내어 그 계시를 완성하셨고(히 1:1–2), 사도들을 통하여 그 최종계시인 예수 그리스도의 사건을 증거하심으로 하나님의 계시는 종결되었다고 본다. 따라서 전통적으로 기독교의 입장에서 볼 때 꾸란의 성서와의 연속성은 불필요하며 인정할 수도

---

173 물론 현대의 급진적인 반박론자들은 현존하는 성서는 꾸란이 언급하고 있는 성서와 다르다고 주장한다. 즉 처음에 계시된 그 책들이 일단의 과정을 거치는 동안 '변질'되었다는 것이다. 자세한 내용은 다음 단락에서 다룬다.

없었다. 계시는 그리스도와 함께 종결되었으며 가감해서는 안 되기 때문이다(계 22:18-19).

하지만 무슬림의 시각에서는 아담, 노아, 아브라함, 모세, 예수 모두 한 하나님의 예언자들이다. 그들이 전했던 메시지도 모두 동일했다고 본다.[174] 그럴 것이, 무함마드는 메카시절 예언활동을 하는 동안 자신이 믿는 하나님과 자신이 전파하는 메시지가 유일신을 믿는 유대교인이나 기독교인들과 동일한 것이라고 보았다. 차이가 있다면 다만 아랍인이라는 인종적 차이만 있을 뿐, 이슬람은 유대교와 기독교에 대해 형제관계요,[175] 자신은 위대한 선지자 예수를 뒤잇는 하나님의 예언자로 이해했던 것이다.

1. 구약성서에 대한 꾸란의 증거

구약성서에 대한 꾸란의 증거를 살펴보면 꾸란이 주장하는 성서와의 연속성의 의미가 두드러진다.

우선 꾸란이 성서에 대해 지시하는 대명사들은 극도의 찬사와 존경을 담은 표현들 일색이다. 가이슬러와 살리브(Norman Geisler and Abdul Saleeb)는 꾸란이 유대교와 기독교의 성서에 대하여 부여하는 칭호들을 다음과 같이

---

174 안신, "한국 이슬람과 기독교에 대한 종교현상학적 연구(1): 교차 문화적 포교와 한국 무슬림의 문서 선교를 중심으로,"『종교와 문화』18집 (2010), 95.

175 김영한, "기독교와 이슬람 : 문명의 공존,"『선교와 신학』16집 (2005. 12), 129.

일목요연하게 정돈해 주었다.

> '하나님의 책'(the Book of God), '하나님의 말씀'(the Word of God), '인간을 위한 빛과 인도'(a light and guidance to man), '모든 문제들에 대한 판결'(a decision for all matters), '안내와 자비'(a guidance and mercy), '명쾌한 책'(the lucid Book), '조명'(the illumination〈Arb. al-furqan〉), '이전 율법서를 확증하면서 안내와 빛을 주는 복음서'(the gospel with its guidance and light, confirming the preceding Law), 그리고 '하나님을 경외하는 자들에 대한 안내와 경고'(a guidance and warning to those who fear God).[176]

이러한 증거들이 얼마나 긍정적이며 아름다운지 김영한은 꾸란이 성서에 대한 '전도자'와 같다고 표현했다.[177] 꾸란이 증언하고 있는 성서에 대한 구체적인 증거들은 다음과 같다.[178]

① 꾸란은 성서의 신적 기원을 인정하며, 따라서 그것이 진리임을 확증한다. 꾸란은 스스로 그 '존재 목적'을 가리켜 '모세의 책들과 이전의 책들이 진리임을 확증한다'(confirm what had come before it. Arb. *musaddiqal-limmaa*

---

176 Norman Geisler and Abdul Saleeb, Answering Islam: *The Crescent in Light of the Cross* (Grand Rapids: Baker Books, 2007), 213.

177 김영한, "이슬람과 기독교, 교리적 차이," 60.

178 김대옥, "이슬람의 '성경변질론' 비판," 27–36 내용을 아래에 요약하여 기재한다.

bayna ya-dayhi)고 반복적으로 강조한다(Q 3:3; 5:46; 46:12; 35:31). 따라서 '하나님의 말씀'인 성서를 부정하는 행위는 그들이 성서의 백성들이라 할지라도 비난받아 마땅하다고 적시한다(Q 3:70).

② 꾸란은 성서 안에 복음과 진리, 판결과 빛, 안내와 교훈이 담겨 있음을 증거한다(Q 5:44, 46; 6:91). 또한 하나님은 성서를 통해 백성들에게 사랑과 자비(Arb. *Ra'fatan wa Rahmah*)와 은혜를 주고자 하셨다. 뿐만 아니라 그 책을 통해 사람들에게 모든 진리를 설명해 주고자 하셨고 그를 통해 믿는 자들로 하여금 주님을 영접하는 목적을 성취한다는 것이다(Q 57:27; 6:154). 그러므로 성서로 판결하지 않거나 그에 실패하는 자는 불신자요(Arb. *Kaafiruun*. 5:44), 행악자(wrong-doers. Arb. *Daalimuun*)이다(Q 5:45).

③ 꾸란은 성서가 진리의 척도임을 증거한다. 따라서 성서는 모든 진리에 대한 척도가 되며 판결을 위한 규범이 된다(Q 3:93). 유대인들의 주장에 대한 진위 여부를 판단해 보기 위해 '성서'를 요구하라고 권면한다(Q 5:43, 47). 나아가 성서는 무슬림들에게도 진리의 진위를 재어보는 척도이다(Q 10:94; 16:43; 21:7)

④ 꾸란은 하나님 자신의 이름을 걸고 무슬림들로 하여금 이전에 내려 보낸 성서를 믿으라고 명령한다(Q 2:41; 4:136; 6:90; 29:46). 따라서 '성서를 불신'하는 행위는 그들이 성서의 백성들(유대인과 그리스도인)이라 할지라도 꾸란은 비난하고 있다(Q 2:101).

⑤ 꾸란은 무슬림들이 '성서를 믿는 자'들임을 명시하며, 또한 당연시 한다(Q 2:136, 285; 3:84, 119). 무슬림들은 심지어 '성서의 백성들이 그들을 사

랑하지 않고 적대관계에 있다 해도 무슬림들은 성서를 믿는 자들'이다(Q 3:119). 꾸란은 무슬림들이 '우리는 성서를 믿습니다'라고 고백해야 한다고 명령한다. 그들은 그리스도인이든 무슬림이든 '선별치 아니하며' '오직 그분께만 순종할 따름'임을 밝혀야 한다.

⑥ 꾸란은 참 그리스도인들이 진리의 말씀을 읽고 묵상하면서 보존해 왔음을 증거한다(Q 3:113;[179] 5:66). 꾸란은 최소한 앞서 말씀을 맡은 이들 중에 참 신앙인들이 있었는데, 무함마드가 '참 신앙인'이라 인정했던 당시 하나님의 사람들은 '하나님의 말씀'에 헌신해 있었음을 칭송하고 있다.

⑦ 꾸란은 성서를 믿는 자들에게 하나님의 보상이 있음을 약속한다(Q 2:62). 꾸란은 오히려 성서를 꾸란과 같은 선상에 놓고 찬사를 보내고 있다. 유대인들과 그리스도인들, 그리고 심지어 사비인들[180]이 성서를 믿음으로 인해 하나님과 내세를 믿고 선행을 행하기 때문에 주님의 보상을 약속하고 있다. 그들에게는 두려움도 슬픔도 없는 의미상의 천국을 보장하고 있다(Q 5:69).

⑧ 꾸란은 성서를 부정하는 이들이 곧 불신자요, 따라서 방황과 심판이 있을 것을 경고한다(Q 29:49). 무슬림들에게 있어서 가장 혐오스러운 대명사는 '불신자'(Arb. *Kaafiruun*)이다. 꾸란은 다름 아닌 '성서를 믿지 않는 자'가

---

179 Abdullah Yusuf Ali, *The Holy Qur'an with 'Arabic Text*, 155; 알리(Yusuf Ali)는 이들을 '결국 이슬람 신앙을 받아들인 자들'이라는 자의적 해석을 한다.

180 최영길, 역, 『성 꾸란』, 20; "'사비인'은 유대교나 기독교를 같은 것으로 취급하면서 천사들을 믿는 신도들을 일컫는다. 최근 조사에 의하면 이라크 바스라 지역에 약 2,000명의 사비인 신도들이 잔존하고 있는 것으로 밝혀지고 있다"고 밝혔다.

바로 '불신자'임을 강조하고 있다(Q 5:44). 그 불신자에게 따르는 보응은 하나님의 진노와 심판뿐이다(Q 3:4;[181] 4:136; 6:157). 꾸란은 시종 성서에 대한 불경한 태도와 불순종 등의 시도들을 경고하고 있다.

⑨ 꾸란은 하나님의 말씀이 위조 또는 변질될 수 없음을 강조한다. 하나님은 자신의 말씀을 거룩하게 보존하심으로 자신의 하나님 되심을 분명히 하신다. 하나님의 말씀은 그것이 하나님의 말씀인 이상 위조할 수도, 위조될 수도 없다(Q 6:34; 15:9; 18:27).

⑩ 꾸란은 하나님의 말씀의 순전한 보존이야말로 하나님 자신의 승리와 직결된 문제임을 역설한다(Q 3:4; 10:63-64). 이 구절들은 하나님의 말씀을 변조할 수 없음과 하나님의 승리를 직결시켜 설명하고 있다.

> 이처럼 꾸란은 수많은 구절을 통해 성서는 하나님의 참된 계시이며 따라서 유대인과 그리스도인은 물론 무슬림도 성서를 믿어야 하며 성서의 권위를 의심해서는 안 된다고 선언하고 있다(Q 2:41-42, 136, 285; 3:3, 4, 70; 4:47, 136; 5:43-47, 68; 6:91; 10:94; 21:7; 29:46 등). 성서에 대한 꾸란의 입장이 이와 같다면, 이슬람의 성서에 대한 꾸란의 연속성 선언을 굳이 부정할 필요가 없다고 보인다. 이에 대해서는 성서도 분명히 하고 있기 때문이다(신 4:1-2; 사 8:20; 마 5:17f; 24:35; 계 22:18-20).[182]

---

181 Q 10:63f; 2:59 참조.
182 김대옥, "이슬람의 '성경변질론' 비판," 38.

2. 꾸란 해석의 기반인 구약성서

무슬림들의 꾸란에 대한 절대적 신뢰에도 불구하고 꾸란에는 불확실하거나 모호한 맥락과 함께 인물과 사건들 속에 비어 있는 간극 등이 많이 존재한다.[183] 그러므로 주석가들에게 있어서, 꾸란에 등장하는 인물과 사건들에 대한 해석에서 꾸란이 간직하고 있는 이러한 간격을 채울 가장 효과적인 방도는 구약성서의 기사에 의존하는 것이었다.

손주영은 "구약성서 없이 신약성서가 이해될 수 없듯이 꾸란은 구약성서와 신약성서와의 연관성 속에서 이해될 수 있다"고 보았다.[184] 앞서도 살펴보았지만, 꾸란은 스스로도 이전 계시들과의 연속성을 주장하고 있고, 학자들 역시 대체로 꾸란의 내용이 많은 부분 성서의 도움을 받고 있다는 사실에 동의하는 점에서 손주영의 진술은 과장이 아니다. 그닐카는 신약성서와 구약성서, 꾸란과 구약성서 간의 관계를 잘 비교해서 묘사해 준다.

> 기독교에 의해 신약성서가 새로이 기록되었다. 그러나 신약성서가 기록되기 위해서는 구약성서가 필요했다. 구약성서 없이는 신약성서가 이해될 수 없을 것이다. 신약성서의 모든 장에 구약성서가 직접 인용되거나 암시적으로 나타나고 있으며 구약성서의 사건들이 회상되어 있다. 코란

---

183 따라서 이슬람 율법(Arb. *Shari'a*)을 구축하는 데 있어서도 하디스의 보조가 필요했다.

184 손주영, "이슬람 전통에서 말하는 같은 뿌리의 일신교," 3; 그는 세 종교 모두의 기반이자 출발점이 유대교에 뿌리를 두고 있는 토라(구약성서)임을 인정하면서, "그리스도교는 여기에 인질(신약성서)을 첨가했고 이슬람교는 다시 꾸란을 더했다"고 이해했다.

> 도 언제나 구약성서와의 관련성 속에서만 이해될 수 있다. 보다 정확하게 말해 코란은 구약성서의 역사와 전승들을 자세히 제시하고, 그것들을 고려하고 적용하며, 그것들을 척도로 삼는다… 신약성서가 그렇듯이 구약성서 없이는 코란도 이해될 수 없다고 보아야 할 것이다.[185]

정수일은 이를 보다 세부적으로 설명해 준다.

> 이슬람교는 그 출현부터 교리를 정립하는 과정에서 친연(親緣)종교인 유대교나 기독교의 영향을 적지 않게 받았다. 꾸란에 실린 전설과 이야기의 4분의 1은 이 두 종교의 성경에 나오는 동류의 전설과 이야기라는 사실이 이를 증명한다. 성경에 나오는 아담, 노아, 아브라함, 모세, 예수 등 24명에 관한 이야기가 그대로 이슬람 경전에 전재되어 있다. 어떤 이야기는 거듭 반복되는데, 아담과 노아 관련 이야기는 각각 5회와 8회 반복되고, 모세 관련 이야기는 모두 450절의 경문 속에 담겨 있으며, 유일 전통의 맥을 강조하기 위해 아브라함의 이름은 무려 70여회나 거명된다. 심지어 12장은 태반이 유대교에 관한 이야기여서 이슬람의 한 분파인 카와리즈파는 이 장은 계시문이 아니라고 주장했다.[186]

그러므로 성서와의 평행기사에 비해 꾸란에 담긴 기사가 보여주는 여백

---

185 Joachim Gnilka, 『성경과 코란』, 49–50.
186 정수일, 『이슬람 문명』, 92–93.

에 대하여는 예로부터 성서의 도움을 많이 받아왔다. 심지어 성서의 토대가 없이 꾸란 단독으로 예언자들의 계보와 이전 역사를 일관되게 재구성하기란 어렵다. 이에 이슬람 학자들은 꾸란 해석에 있어서 성서에 의존하는 '이스라엘식 주석학(Arb. *tafsir*)'을 발전시켰는데, 정수일은 이것이 꾸란 해석에 있어서 불가피하다고 평했다.

> 주석학의 셋째 형태는 이른바 '이스라엘식 주석학'이다. 이것은 유대교나 기독교의 경전이나 전설에 근거해 주석을 가한 것이다. 근원적으로 이슬람교와 유대교, 기독교는 유일신적인 친연종교이기 때문에 꾸란에는 유대교나 기독교의 전설과 이야기들이 그대로 전재되었을 뿐 아니라, 교리도 상당한 근접성이 있다. 따라서 유대교나 기독교의 경전이나 전설에 근거해 꾸란의 일부 경문을 해석하는 것은 불가피하다.[187]

여기에 경전적 근거를 추가해 보자면, 사역 초기부터 무함마드는 메카 사람들로부터 심한 반대에 직면했다. 사람들은 그가 전하는 계시에 의심을 표하며 신뢰를 보이지 않았다. 이에 다음과 같은 계시들이 주어졌는데, 여기에는 무함마드 자신뿐 아니라 추종자들, 나아가 회의적인 청중들 역시 그 새로운 계시가 진정 하나님으로부터 온 것인지에 대한 판단 여부를 유대인들과 그리스도인들에게 묻도록 하고 있다.

---

187 *Ibid.*, 98. 나머지 둘은 '전승주석학'(무함마드의 언행을 근거. 가장 권위 있는 주석으로 간주)과 '의견주석학'(주석자 개인의 견해와 이해)이다.

> 하나님이 그대(무함마드)에게 계시한 것에 그대가 의심한다면 그대 이전에 성서를 읽은 자들에게 물어보라. 실로 주님으로부터 그대에게 진리가 이르렀나니 의심하지 말라(Q 10:94).
>
> 하나님이 그대 이전에도 선지자들을 보냈으되 그들은 하나님에게서 계시를 받은 인간이라 너희가 알지 못한다면 학자들에게 물어보라 하셨노라(Q 16:43).
>
> 하나님이 그대 이전에 계시를 내린 선지자들도 사람이었거늘 백성들이여 너희가 알지 못한다면 메시지를 아는 이들에게 물어보라(Q 21:7).

여기에서 성서는 꾸란 계시의 진위 여부를 판단하는 시금석으로 이해되고 있다. 꾸란은 의심이 되거나 잘 알지 못하는 것들에 관하여, 무함마드 이전에 성서를 읽은 자들(Q 10:94), 이전의 계시에 능한 학자들(Q 16:43), 그리고 이전에 내린 계시의 메시지를 아는 이들에게 자문을 구하라고 말한다(Q 21:7). 따라서 이슬람이 성서를 기반으로 꾸란을 해석하는 것은 피할 수 없다고 하겠다.

3. 꾸란과의 끈, '이스마엘 언약'

앞서 언급한 바와 같이, 기독교 전통은 꾸란을 성서를 뒤잇는 후발주자로 인정할 이유를 찾지 못했고 따라서 꾸란과의 연속성을 인정할 이유를 알지 못했다. 하지만 기독교는 7세기 이후 기독교세계의 절반을 정복하면서 강력한 세력으로 등장한 이슬람을 무시할 수 없었으며, 더욱이 이슬람 지배 하에서 살아야하는 그리스도인들은 경전 간의 대화에 주목하지 않을 수 없었다.

오늘날 양 종교 간의 관계를 규정하는 학자들은 아브라함을 공동 조상으로 하는 형제종교라는 사실에 대체적으로 동의한다. 적어도 아랍 무슬림들은 스스로의 혈연적 기원을 아브라함과 그의 아들 이스마엘에게 두고 있다. 최영길도 이스마엘이 아랍민족들의 시조가 되었음을 수용하고 있다.[188] 놀랍게도 구약성서에는 기독교가 그동안 주목하지 않은 이스마엘의 후손들에 대한 기록과 '언약'이 생생하게 남아 있다.[189] 우리는 무슬림들과의 관계개선과 수용적 대화를 위해 구약성서 속에 담긴 이 공유사실에 주목할 필요가 있다.[190]

흥미롭게도 이스마엘의 후예라 자처하는 무슬림의 경전인 꾸란에는 정

---

188 최영길, 역, 『성 꾸란』, 845. Q 37:112절 각주해설 참조.

189 필자는 '이스마엘 언약'이라는 주제로 무슬림들이 이스마엘의 후손이라는 전제 하에 그 언약이 어떻게 성취되었는지 성서와 역사를 통해 탐구했다. 김대옥, "'이스마엘 언약'과 그 성취 연구," 『복음과 선교』15-2집 (2011) 참조.

190 김대옥, "'이스마엘 언약'," 195; 국내외적으로 이슬람을 연구한 자료는 많이 있지만 성서 안에서 이슬람권에 속한 민족들의 민족적 기원을 추적해 보거나 성서적 관점에서 긍정적인 대안을 연구한 자료들은 찾기가 쉽지 않다. 참고로 이스마엘의 후손들에 대한 역사에 관하여는 일반 학자들 가운데서 연구활동이 활발하였다. 그중에서도 이스마엘 후손들에 대한 인종적인 변화를 역사를 통해 추적한 에팔(Israel Eph'al, "'Ishmael' and 'Arab(s)' : A Transformation of Ethnological Terms," JNES 35 (1976), 225-235, 그리고 Idem, *The Ancient Arabs: Nomads on the Border of the Fertile Crescent 9th-5th Centuries BC* (Jerusalem: Magnes Pr, 1982) 참조.) 같은 학자의 노력은 탁월해 보이는데, Freedman은 *ABD*에 이를 잘 담아내고 있다. David Noel Freedman, ed. *The Anchor Bible Dictionary* vol. 3 (New York: Doubleday Dell Publishing Group Inc., 1992), "Ishmaelite" 항목 참조.

작 이스마엘의 족보가 존재하지 않는다. 반면 예언자들의 계보는 구약성서에서와 같이 이삭의 계보를 따라 이어진다.[191] 그런데 구약성서에는 모세오경을 포함한 여러 책들에서 이스마엘의 계보는 물론 그들이 역사 속에서 어떻게 생존했고, 이스라엘과 주변국과 어떤 관계 속에서 살아왔는지에 대한 흔적을 살필 수 있다. 그것은 하나님이 이스마엘을 축복하셨고, 그에게 언약을 주셨고, 역사 속에서 그 약속들을 성취해 오신 기록들이다.[192]

그리스도인들이 스스로 아브라함의 영적 후손이라 칭하며 아브라함 언약의 계승자라 주장하는 맥락에서 본다면, 무슬림들은 이스마엘의 영적인 후손들이며[193] 그 언약의 계승자들이라 할 수 있다. 하나님은 언약을 통해 그들에게도 축복과 구원계획을 제공하셨다. 이스마엘 언약은 '아브라함 언약'에 포함되며, 아브라함 언약은 이스마엘 언약이 보완함으로써 완결된다.[194]

이스마엘 언약은 아브라함 내러티브 속에 견고하게 자리하고 있다. 특히 창세기 16장과 21장에 구체적으로 드러나 있는데, 그에 대한 배경을 살펴보면, 먼저 창세기 12장 1–3절에서 하나님은 75세 된 아브람을 불러내어 새 역사를 열어 가신다. 하나님은 그를 선택하여 큰 민족을 이루고 열방의 복의 근원이 되게 하겠다는 약속을 하신다. 이어 하나님은 헤브론으로 이주한 아브람에게 땅과 자손에 대한 약속을 재확인해 주시면서 그 자손으로

---

191 김대옥, "'이스마엘 언약'," 193.

192 *Ibid.*, 194.

193 *Ibid.*, 194ff.; 특히 아랍 무슬림들은 이스마엘의 혈연적 후손들이기도 하다.

194 *Ibid.*, 195; 칼뱅은 이 서사를 '이중예정론'의 전거로 삼는다. John Calvin, 『칼빈의 예정론 핵심 설교』, 임원주 역 (서울: 예루살렘, 2000), 30.

'땅의 티끌 같이' 많게 하겠다고 하신다(13:14-16). 그 후 하나님은 아브람에게 또 이상 중에 나타나 '하늘의 뭇별과 같이' 자손을 번성케 하겠다는 약속을 덧붙여 주신다(15:1-5). 뒤이어 하나님은 땅에 대한 언약을 세우시면서 그 후손들에게 '애굽 강에서부터 그 큰 강 유브라데까지' 주시겠다고 말씀하셨다(15:18).[195]

창세기 16장에서 시작하는 이스마엘의 기원과 그에 관한 서사 및 후손들에 대한 기사는 놀라울 만큼 매우 상세하다. 이는 성서가 이스마엘 사건과 그 후손에 대한 역사를 매우 중요하게 여기고 있음을 보여 준다.[196] 실제로 기독교는 종종 '이삭'에 대한 초점 때문에 창세기의 이스마엘에 대한 강조점을 놓치고 있다. 하나님의 사자는 하갈에게 축복의 약속을 전한다.

> 여호와의 사자가 그에게 이르되 네 여주인에게로 돌아가서 그 수하에 복종하라. 여호와의 사자가 또 그에게 이르되 내가 네 씨를 크게 번성하여 그 수가 많아 셀 수 없게 하리라. 여호와의 사자가 또 그에게 이르되 네가 임신하였은즉 아들을 낳으리니 그 이름을 이스마엘이라 하라. 이는 여호와께서 네 고통을 들으셨음이니라(창 16:9-11).

'씨의 번성'의 약속은 본질상 아브라함 언약 속의 그것과 다름이 없다. 특별히 아이에게 주어진 이스마엘(*i +Shmaa +El*)이란 이름은 이삭(*i +Tshaq*)의

---

195 김대옥, "'이스마엘 언약'," 196.
196 *Ibid.*, 197.

이름보다 더 흥미롭다. 즉, '이삭'은 하나님의 약속을 믿지 못하여 비웃었던 부모의 태도에서 비롯된 '웃음'이라는 의미를 갖는 반면, '이스마엘'이란 이름 안에는 '하나님께서 (그의 형편을) 들으셨다'(God had heard), '하나님께서 들으신다'(God hears), 또는 '하나님께서 들으실 것이다'(God may/shall hear)는 의미가 담겨있다.[197] 그것은 하나님께서 과거뿐 아니라, 현재와 미래에도 항상 그와 함께 하시겠다(임마누엘)는 약속과 의미상 차이가 없다. 그 이름 자체만으로 이스마엘과 그 후손들에 대한 축복의 암시는 충분해 보인다(창 16:11; 17:20; 21:17).[198] 17장에서 이스마엘에 대한 축복의 약속이 재확인된다.

> 이스마엘에 대하여는 내가 네 말을 들었나니 내가 그에게 복을 주어 그를 매우 크게 생육하고 번성하게 할지라. 그가 열두 두령을 낳으리니 내가 그를 큰 나라가 되게 하려니와(창 17:20).

중간에 삽입된 에피소드가 끝나면 21장에서 다시 이야기가 이어진다. 이삭이 태어나고(창 21:2-3) 이스마엘이 이삭을 희롱한 일로 이스마엘과 그의 모친 하갈이 잔칫날에 추방을 당하는데(21:14), 그 와중에서도 하나님은 이스마엘에 대한 축복의 약속을 재확인하신다.

---

197 *Ibid.*, 198.

198 Geoffery W. Bromiley, *The International Standard Bible Encyclopedia* vol. 2 (Grand Rapids, Michigan: William B. Eerdmans Publishing Company, 1990), 905.

> 그러나 여종의 아들도 네 씨니 내가 그로 한 민족을 이루게 하리라 하신지라(창 21:13).

방황하던 두 모자를 '감찰하시는' '하나님께서 역시 그 아이의 소리를 들으시고'('이스마엘'의 문자적 의미) 불행한 모자를 위로하시며 거듭거듭 그 언약을 상기하신다.

> 하나님이 그 어린 아이의 소리를 들으셨으므로 하나님의 사자가 하늘에서부터 하갈을 불러 이르시되 하갈아 무슨 일이냐 두려워하지 말라 하나님이 저기 있는 아이의 소리를 들으셨나니 일어나 아이를 일으켜 네 손으로 붙들라 그가 큰 민족을 이루게 하리라 하시니라(창 21:17-18).

이처럼 하나님께서 이스마엘의 '소리를 들으셨다'는 언급이 반복되어 강조된다.

25장에 이르자 아브라함이 서자들로 하여금 이삭을 떠나 동방(동국)으로 가서 살도록 재물을 주어 보내고 세상을 떠난다. 그리고 거기에 이스마엘의 아들들의 이름이 소상하게 제시된다.[199]

---

199 이스마엘에게는 딸들도 있었다. 나중에 에서가 '이스마엘의 딸'을 셋째 아내로 맞이한다(창 28:9; 36,3). 28장에는 '느바욧의 누이 마할랏'을, 36장에는 '느바욧의 누이 바스맛'을 아내로 취한다. 하지만 창세기 16:2, 3절과 함께 비교해 보면 아내들의 혈통과 이름이 모두 불일치를 보인다.

> 사라의 여종 애굽인 하갈이 아브라함에게 낳은 아들 이스마엘의 족보는 이러하고 이스마엘의 아들들의 이름은 그 이름과 그 세대대로 이와 같으니라. 이스마엘의 장자는 느바욧이요 그 다음은 게달과 앗브엘과 밉삼과 미스마와 두마와 맛사와 하닷과 데마와 여둘과 나비스와 게드마니 이들은 이스마엘의 아들들이요 그 촌과 부락대로 된 이름이며 그 족속대로는 열두 지도자들이었더라. 이스마엘은 향년이 백삼십칠 세에 기운이 다하여 죽어 자기 백성에게로 돌아갔고 그 자손들은 하윌라에서부터 앗수르로 통하는 애굽 앞 술까지 이르러 그 모든 형제의 맞은편에 거주하였더라(창 25:12-18).[200]

여기에 이스마엘과 그의 후손들의 이름을 상세히 나열해 줌으로써 17장에서 열두 방백을 낳을 것이라던 하나님의 약속이 구체적으로 성취되었음을 증거해 준다. "이들은 이스마엘의 아들들이요 그 촌과 부락대로 된 이름이며 그 족속대로는 열두 지도자들이었더라"(창 25:16).[201]

아브라함에게 나타나 그에게 복주시고 그로 하여금 큰 민족을 이루게 하시겠다는 언약과 같이, 하나님은 이스마엘을 복주시고 그 자손으로 번성케 하실 것에 관하여 그의 사자를 통하여 거듭거듭 언급하신다(창 16:10; 17:20;

---

200 Antonius H. J. Gunneweg, 『이스라엘 역사』, 문희석 역 (서울: 한국신학연구소, 1989), 25-27; 군네벡은 이러한 족보들은 허구성을 드러낸다면서 후기의 첨가라고 주장하지만, 한편으로는 족장설화들 속에서 후손에 대한 약속은 오히려 고대전승이라 함으로써 스스로 모순을 드러내고 있다.

201 역대상 1:28-33절은 이스마엘의 후예들의 상세한 이름들을 나열해 주고 있다. 흥미롭게도 이스마엘의 계보는 이삭의 계보에 앞서 등장한다.

21:13, 18). 아브라함과 사라가 이스마엘에게 보인 태도와는 달리, 하나님은 이스마엘과 그 후손을 '감찰'하시며 '들으시며' 축복에 대한 '약속'에 매우 관심을 기울이시며, 구체적으로 그 약속을 이행하신다.

이것이 '아브라함 언약'과 함께 실현되는 '이스마엘 언약' (Ishmaelic covenant)이다. 하나님은 이 언약에 신실하심으로써 이스마엘이 장성해 가는 동안 그와 함께 하셨다(21:20). 하나님께서 약속하신 한, 그리고 그의 '약속'이 또한 함부로 파기되지 않는 한,[202] 애굽에 있던 이스라엘의 고통을 '들으셨던' 것처럼 이스마엘의 이름이 의미하는 바와 같이 이스마엘을 들으셨고, 또 들으시며, 들으실 것이다(창 16:11; 17:20; 21:17).[203]

성서의 기사들을 조금 더 면밀히 살펴본다면 하나님께서는 계속해서 이스마엘과 그 후손들에 대한 자신의 언약을 지켜오셨음을 발견할 수 있다. 오랜 세월이 흘렀지만 하나님은 선지자 이사야를 통해 모든 만물을 그분의 찬양의 대열로 초청하면서, 특히 광야와 그 안에 있는 이스마엘의 성읍들로 하여금 그들의 목소리를 높일 것을 말씀하신다. 거기에 이스마엘의 후손인 게달 사람들과 셀라의 주민들이 초청된다.

항해하는 자들과 바다 가운데의 만물과 섬들과 거기에 사는 사람들아

---

202 김대옥, "'이스마엘 언약'," 204; 바울은 언약이 갖는 특성을 다음과 같이 강조한다. "형제들아 내가 사람의 예대로 말하노니 사람의 언약이라도 정한 후에는 아무도 폐하거나 더하거나 하지 못하느니라…내가 이것을 말하노니 하나님께서 미리 정하신 언약을 사백삼십년 후에 생긴 율법이 폐기하지 못하고 그 약속을 헛되게 하지 못하리라"(갈 3:15,17).

203 *Ibid*.

> 여호와께 새 노래로 노래하며 땅 끝에서부터 찬송하라 광야와 거기에 있는 성읍들과 게달[204] 사람이 사는 마을들은 소리를 높이라 셀라[205]의 주민들은 노래하며 산꼭대기에서 즐거이 부르라(사 42:10-11).

유대인의 관점에서 아브라함에게 주신 '언약백성'의 길에서는 멀어져 있었고 심지어 그 언약백성들과는 늘 적대관계 속에서 살았지만, 하나님은 지속적으로 그들의 역사 속에 거하시며, 들으시며, 초청하고 계셨다.

가장 흥미롭고 놀라운 메시지가 이사야 60장 1-7절에 나온다. 여기에서 하나님은 이스마엘의 후손들을 통해 당신의 제단에 올릴 '제물'을 받으실 것이라고 말씀하신다. 하나님은 그 언약에 따라 미래에도 틀림없이 이스마엘의 후손들을 온전히 회복시키실 것이다. 그것도 이스라엘과 함께 뒤섞여 하나님의 예배의 반열에서 섬기며 하나님을 영화롭게 할 것이다.[206]

> 일어나라 빛을 발하라. 이는 네 빛이 이르렀고 여호와의 영광이 네 위에 임하였음이니라…허다한 약대, 미디안과[207] 에바의 젊은 약대가 네 가운데 편만할 것이며, 스바의 사람들은 다 금과 유향을 가지고 와서 여호와의 찬송을 전파할 것이며, 게달의 양 무리는 다 네게로 모여지고, 느바

---

204 게달은 이스마엘의 차남이다(창 25:13).

205 *Ibid.*, 214; 셀라(Sela)는 나바테안의 거주지였던 지금의 페트라(Petra)를 일컫는다. 역시 이스마엘의 자손들이다.

206 *Ibid.*, 215.

207 그두라의 후손들 가운데 미디안과 스바(Sheba)가 있다(창 25:2ff).

욧[208]의 숫양은 네게 공급되고 내 단에 올라 기꺼이 받음이 되리니, 내가 내 영광의 집을 영화롭게 하리라(사 60:1–7).

회복의 메시지는 에스겔 47장에도 이어진다. 성전에서 발원하여 나오는 물이 강이 되어 흐르는 그림을 통해 그 물이 결국에는 동방, 곧 이스마엘 후손들의 거주지로 흘러 강물이 이르는 곳마다 번성하며 바닷물이 소성함을 입을 것이라는 예언의 메시지가 등장한다.

그가 내게 이르시되 이 물이 동방으로 향하여 흘러 아라바로 내려가서 바다에 이르리니 이 흘러내리는 물로 그 바다의 물이 소성함을 얻을지라. 이 강물이 이르는 곳마다 번성하는 모든 생물이 살고 또 고기가 심히 많으리니 이 물이 흘러 들어가므로 바닷물이 소성함을 얻겠고 이 강이 이르는 각처에 모든 것이 살 것이며(겔 47:8,9).

아라바(Arabah)는 요단에서 홍해를 잇는 넓은 광야지역으로 이스마엘 족속들의 땅과 공유되는 곳들이다. 성전에서 발원한 물이 이스라엘 땅을 통과하여 이스마엘 후손들의 땅으로 흘러들어갈 것이며 그 강물이 이르는 곳마다 '소성함'을 얻게 될 것이다.[209]

이처럼 아브라함 언약백성은 이스마엘 언약백성과 함께 하나님을 영화

---

208 느바욧은 이스마엘의 장남이다(창 25:13).
209 *Ibid.*, 216.

롭게 하고, 함께 번성함을 얻게 될 것이라는 것이 예언자들이 그리던 청사진이었다. 외견상 '이스마엘 언약'은 '아브라함 언약'의 번성의 약속과 내용상 차이가 없다. 구약성서는 하나님께서 역사를 통해 영적 이스라엘에 대한 언약을 기억해 오신 것처럼, 이스마엘과의 영적 언약도 기억해 오셨음을 분명히 보여 준다. 이로 보건데, 이스라엘의 예언자들에게 이스마엘의 후손들은 여전히 형제민족으로 인식되고 있었음에 틀림없다. 그들은 이스마엘 족속을 그들의 영적이고 역사적인 관심사로부터 배제하지 않았다는 증거이다. 현실적으로 그들은 이스라엘과 국경을 맞댄 이웃하는 민족들이었고 이스라엘의 흥망성쇠의 역사 속에서 함께 교류하며 공존해 왔다.[210]

이렇게 구약성서에 '언약'으로 축복의 반열에 있는 이스마엘이 역사상 새로운 맥락에서 새로운 모습으로 등장하는 것이 바로 7세기 꾸란에서이다.[211] 오늘날 그들은 전 세계에 걸쳐 약 15~18억명에 이른다. 이는 약 20여억 명에 이르는 아브라함 언약 하에 있는 백성들에 뒤이은 숫자이며,[212] 두 언약백성을 합하면 현재 지구상에 거하는 모든 거민의 절반을 넘는다.

---

210 역사의 변천과 더불어 관점도 변하기 마련이다. 신약성서에 오면 '이스마엘'은 더 이상 언급되지 않는다. 하지만 바울은 율법과 은혜를 설명하기 위한 비유를 드는 과정에서 '두 아들'과 이스마엘의 모친 '하갈'을 언급한다(갈 4:24-25). 여기에서 하갈은 자유자에 대비된 종의 신분으로 시내산 곧 '율법'으로 비유되며, 그의 아들 이스마엘은 '육체를 따라 난 자'로 언급된다. 이에 반해 이삭은 '약속으로 말미암은 자'요 '성령을 따라 난 자'로 대비되며, 그를 박해한 '육체를 따라 난 자'는 내어 쫓기며 유업을 받지 못하는 것으로 소개한다(28-30). 불행하게도 이 본문은 바울의 의도와 달리 '이스마엘'과 그 후예들에 대한 배제를 낳는 신학적 확대해석을 낳았다. 만일 그게 아니라면 이곳에서의 바울의 해석적 관점은 당대의 민족주의적인 문화적 한계에서 자유하지 못했다고 볼 수도 있다.

211 최인식, "예수 그리스도는 종교다원주의 시대의 걸림돌인가, 화목제물인가: 기독교, 유대교, 이슬람교를 넘어서,"『구약논단』20-1집 (2014. 3), 42.

212 김대옥, "'이스마엘 언약'," 219. 가톨릭, 정교회, 개신교를 모두 합한 개략적 숫자이다.

최인식도 하나의 뿌리에서 나온 아브라함의 종교들이 서로 나뉘어 적대시하고 있는 종교적인 현실을 극복하게 하는 통합적인 관점은 없는가를 질문하면서 창세기의 이스마엘의 하나님 이야기를 꺼냈다. 그는 종교 간의 대화 차원에서 이와 관련된 성서의 이야기, 예컨대 이스마엘과 이스라엘의 하나님, 이슬람교의 하나님과 유대교의 하나님이 어떻게 만날 수 있게 되는지를 통합적 관점에서 볼 수 있는 가능성을 살핀다.[213] 거기에서 그는 이사야 60장의 비전이 마태복음 2장에서 '동방으로부터' 온 박사(점성가)들이 마침내 아기 예수를 찾아 '경배하고' '황금과 유향과 몰약을 예물로' 드린 사건(마 2:11)에서 구체적으로 실현되었다고 해석한다.[214] 조금 무리는 있지만 성서에서 그 접촉점을 찾으려는 신학적 시도였다는 점에서 충분한 의미는 있다고 할 것이다.

'아브라함 언약'의 백성들에게 '이스마엘 언약'의 백성들에 대한 새로운 이해의 차원이 필요한 시대에 와 있다. '성서의 백성들'은 하나님의 이스마엘 언약을 기억하면서, 아브라함의 언약에 병행하여 축복의 반열에 속한 '우리 형제 이스마엘'[215]을 인정해야 할 것이다. 더 이상 그들을 '형제의 맞은편'(창 16:12), 즉 '적대감 속에'(in hostility. NIV)[216] 살아가게 해서는 안 된다. 서로들 사이에서 생겨난 역사 속의 오랜 '반목'의 올무를 걷어내고 화해와

---

213 최인식, 40.

214 *Ibid.*, 44.

215 Anne Cooper, Ishmael My Brother (Tunbridge Wells, Kent: MARC, 1993) 참조.

216 대부분의 번역본들은 이 구절 *al-paneh* (Heb)에 있는 전치사 'al'을 부정적 의미로 해석했다. '형제와 등지고'(공동), '형제와 대항해서'(개정) 등이다.

일치 그리고 상생[217]과 같은 아름다운 덕목들을 서로 격려하며 평화의 동반자적 관계를 이루어낼 수 있음을 확인해야 한다. 양자는 아브라함을 한 믿음의 조상으로 여기는 '형제'들이기 때문이다.[218] 구약성서의 하나님은 '아브라함과 이삭의 하나님'(창 28:13)인 동시에 '그의 소리를 들으시고 큰 민족을 이루게 하신' '이스마엘의 하나님'이시다(창 21:17-18).

---

217 왕대일, "창세기 16장 해석의 재고," 『신학사상』 75집 (1991년 겨울), 855-877; 왕대일은 이 논문에서 창세기 16장을 다루면서 '상생의 신학'을 주장하고 있다.

218 김대옥, "'이스마엘 언약'," 221.

6장

구약성서와 꾸란의 불연속성

1. 두 경전의 불일치 문제

앞에서 논한 두 경전 간의 연속성에도 불구하고, 꾸란에는 구약성서에 있는 역사서, 시문서, 예언서는 물론 외경과 위경 등 현존하는 경전의 존재에 관한 포괄적인 정보를 제공하지 않는다. 다만 그 안에 담긴 엘리야와 엘리사 등 몇몇 예언자들에 관한 부분적인 정보를 반복적으로 제공하는 데 그치고 있다.[219]

게다가 앞으로 더 살펴보겠지만, 양 경전 간에 동일하게 등장하는 인물과 사건에 대한 기술에서 다양한 불일치가 존재한다. 구약성서와 꾸란에 있는 평행기사들 속에서 보이는 놀라운 유사성에도 불구하고 양자 사이에는 분명한 차이가 발견된다. 그러므로 양 경전에서 동일한 인물과 사건을 다루

---

219 신약성서에 담긴 복음서와 서신서 등의 상세한 정보 역시 제공하지 않는다.

는 공통 내러티브가 존재한다고 해서 그것들이 반드시 전체적으로 동일한 내용을 전달하고 있다고 예단할 수는 없다. 평행기사들에도 불구하고 그 내용들은 서로 크거나 미묘한 차이를 보여주기 때문이다. 예컨대, 아담의 범죄 사실은 인정하지만 하나님께 용서를 받는다거나, 노아의 홍수 기사는 동일한데 노아의 아들 하나가 구원 받지 못한다거나, 아브라함에게 이스마엘과 이삭이라는 동명의 아들들이 있지만 그가 메카의 카아바(*Ka'bah*)를 건설한다거나, 특히 예수 그리스도의 동정녀 탄생과 기적과 같은 많은 평행에도 불구하고 그의 신성과 대속사건 등이 부인되는 지점에서 그 차이는 절정에 이른다.[220]

그런데 이슬람 신학은 종교의 완성을 이슬람에 두고 있기 때문에, 경전에 있어서도 신구약성서를 '완전한 성서에 대한 부분적인 구성요소'로만 보고 꾸란에 이르러서야 성서의 완전성이 성취된 것으로 본다. 꾸란에서 하나님이 무함마드에게 내린 계시는 새로운 계시가 아니라, 무함마드 이전의 예언자들인 아담, 노아, 아브라함, 모세 그리고 예수에게 계시했던 그의 말씀을 재확인하고 재진술하여 그것으로 성서를 완성하려 했다는 주장을 근거로 든다.[221]

그러나 김용선에 따르면, 정작 성서의 완성이요 최종계시라고 하는 꾸란의 내용이 그 주장과 일치하지 않는다고 한다. 즉 성서와 "기독교에 관한 무함마드의 지식이 반드시 언제나 정확했다고는 할 수 없다"면서 "그것은 모

---

220 김대옥, "성경과 꾸란의 공통 내러티브," 247.
221 최영길, "기독교와 이슬람 교리의 비교 연구,"『한국이슬람학회논총』1집 (1990), 10.

두 귀로 들은 학문에 의해 몸에 지닌 것이었기 때문이다"라고 분석한다.[222]

> 예컨대 꾸란 6:74에는 '아브라함이 그의 아버지 아자르에게 말했을 때'라고 되어 있으나, 구약성서에 의하면 아브라함의 아버지는 아자르가 아니라 데라이다. 또 꾸란 19:28에는 '아론의 누이여'라는 말이 나오는데, 이것은 그 전후의 문장으로 보아 예수의 어머니 마리아에 대한 부름의 말이란 것이 틀림없다. 그러나 이것은 마리아를 아랍어로는 마르얌이라고 발음하기 때문에 모세의 형인 아론의 누이 미리암과 혼동한 것으로 밖에 생각할 수 없다.[223]

이러한 불일치로 인한 양자의 대치는 양대 종교 사이에 오랜 반목과 갈등의 단초가 되어 왔다. 기독교는 꾸란의 진정성을 의심했고,[224] 이에 대해 이슬람은 성서의 왜곡과 함께 최종계시로서의 꾸란의 우위성을 주장해 왔다. 상호 간의 경전을 부정하는 이와 같은 태도는 양 경전의 차이만 강조하는 데서 시작하여, 결국 서로를 부정하며 종교 간의 반목과 갈등국면을 지속하는 기재가 되어 왔다.[225]

---

222 김용선 편, 『코란의 지혜와 신비』, 201.

223 *Ibid.*, 202.

224 하지만 이러한 불일치는 성서에도 종종 등장한다. 가령, 모세의 장인은 '이드로'(출 3:1; 4:18), '르우엘'(출 2:18; 민 10:29)이나 '호밥'(삿 4:11)으로도 나타난다.

225 김대옥, "성경과 꾸란의 공통 내러티브," 246.

2. '성경변질론'의 문제

이러한 불일치 문제에 대한 이슬람의 해결방안은 바로 '성경변질론'이었다.[226] 이는 이슬람에서 '타흐리프(tahrif)'라고 부르는데, 즉 유대인과 그리스도인이 그들에게 주어진 경전의 단어들에 부정확한 의미를 부여하거나 그 단어들을 변경하여 이 거룩한 문서들을 위조하였다는 주장이다.[227] 기독교 복음주의 학자인 쉬르마허는 이슬람 학자들의 세계에서 이해되는 그 이론의 실태를 다음과 같이 소개한다.

> 가령 19-20세기의 가장 영향력 있는 무슬림 학자인 무함마드 리다(Muhammad R. Rida)는 성경의 신빙성에 의문을 제기하면서 그것이 "알라의 메시지와 짜깁기 한 신화, 전설, 역사의 배합"이라 주장했고, 무함마드 아부 자흐라(Muhammad M. Abu Zahra) 역시 성경 본문의 왜곡으로 더 이상 이상적인 기독교는 성경에서 찾아 볼 수 없으며, 삼위일체는 초기 기독교의 가르침이 아니라 알렉산드리아에 있던 철학 학파의 결과물로 도입된 것이라 주장했다. 생존하는 아흐마드 샬라비(Ahmad Shalabi)는 기독교가 "바울이 기독교에 도입한 이교적 요소와 결합된 사

226 이 용어에 관해서 한글로 확정된 단어가 없었다. 필자는『이슬람의 성경변질론』에서 이를 '성경변질론'이라는 단어로 확정하여 사용했다. 영어로는 'scriptural falsification'이나 'distortion of the Bible'과 같은 용어들을 사용한다.

227 Norman Geisler and Abdul Saleeb, *Answering Islam*, 215.

> 도 바울의 개인적 의견의 혼합물"이라 폄훼했다.[228]

이슬람 학자인 싸이드(Abdullah Saeed)는 다음과 같이 '타흐리프'를 정의한다. 그것은 "본래적 의미가 수정된 어떤 문서의 변질로 정의된다. 그것은 다음과 같은 다양한 방식으로 발생한다. 기록된 본문의 직접적 수정, 본래 정확한 본문을 낭독하는 과정에서 생기는 임의적인 수정, 생략 또는 가필, 또는 본래 의미에 대한 잘못된 해석"이 그것이다.[229]

한국에도 소개된 바 있는 빌랄 필립(Abu Ammeenah Bilal Philips)은 자신의 저서를 통해 무슬림의 입장에서 성서가 변질되었다는 사실을 다음과 같이 구체적으로 주장한다.

> 그 후 추종자들 중 일부가 사탄과 공모하여 성서를 고쳐나갔다. 해답의 의미는 모호해지고 계시의 상당 부분이 상징적 언어 속에 감추어졌다. 하나님은 예수 그리스도를 유대인에게 보내셨다. … 예수는 선지자 모세의 법을 확증하고 그것을 다시 부활시키러 왔다. … 그러나 예수가 세상에서 모습을 보이지 않고 사라지자, 소위 예수의 추종자라고 주장하는 사람들이 예수의 복음을 왜곡하기 시작했다. 예수가 가져왔던 분명한 진실은 모호한 어조를 띄기 시작했다. 예수 이전의 사도들이 가져왔

---

228 Christine Schirmacher, 『이슬람과 사회』, 107–110.

229 Abdullah Saeed, "The charge of distortion of Jewish and Christian scriptures," *MW* 92 no. 3–4 (Fall 2002), 421.

> 던 모든 분명했던 복음도 시간이 지남에 따라 왜곡되었던 것과 마찬가지다.[230]

이는 모호하고도 미신적인 어휘들과 과도한 상상력을 동원하여 성서가 왜곡되었다는 점을 부각시킨 진술이지만, 이미 무슬림들 사이에서 보편화되어 있는 성경변질론의 한 단면을 여실히 보여주는 것이다.[231]

손주영 역시 이 성경변질론을 설명하면서, 이슬람 내부자의 관점을 대변하고 있다.

> 무슬림들은 모세오경, 복음서, 시편 등 앞선 경전들의 내용이 보완, 정정, 확증되어 완벽한 것으로 계시된 것이 꾸란이라고 믿고 있다(수라 5:16-17 참조). 종래 계시된 종교들 사이에서 발견되는 교리상 상충관계는 원래 하나님의 말씀에 인위적으로 개조된 요소가 첨삭되었기 때문이고 이것이 이슬람에 의해 비로소 순정케 되었다는 것이다.[232]

이전에 계시된 성서와 꾸란 사이에서 발견되는 불일치 및 '상충관계'는 이전 계시의 수용자들인 유대교와 기독교인의 '인위적 첨삭'에 의한 변질로 야기되었기에 결국 이슬람과 꾸란이 그것을 정정하며 순정케 한다는 것이다.

---

230 Abu Ameenah Billal Philips, 『창조의 목적』, 아미나 곽은미 역 (서울: 아담출판사, 2007), 10.
231 김대옥, 『이슬람의 성경변질론』, 53.
232 손주영, "이슬람 전통에서 보는 그리스도교," 10.

성서의 변질이 곧 꾸란의 계시를 가져오게 한 직접적인 동기가 되는 것이다. 꾸란을 한국어로 번역하여 소개한 최영길과 김용선의 설명을 참조해 보자.

> 그것은 무함마드 이전 예언자들에게 계시된 원성서들이 번역되면서 신의 말씀이 변질되었거나 개정되어 부패되었을 뿐만 아니라 예언자들이 사용한 언어로 계시되어 기록된 원성서들까지 상실되었기 때문이다. 그리하여 하나님은 무함마드를 통하여 이제 아랍어로 계시하면서 이전 예언자들에게 계시되었던 하나님의 말씀을 재확인함과 동시에 원성서의 상실을 예방하고 내용들이 원전에서 멀어지는 것을 막기 위하여 꾸란의 번역이 금기되고 있다고 보는 것이다.[233]

> 이슬람교는 알라의 거룩한 책들을 유대, 기독교도가 변조시켰다고 비난해 왔다. '구약성서'와 '신약성서'는 변조되었기 때문에 진리와 함께 오류도 섞여 있으므로 무슬림들은 '꾸란'과 기독교의 성서가 상충할 경우 '꾸란'의 내용을 따라야 한다고 주장한다. 곧 꾸란이야말로 그 이전의 가르침의 효력을 상실시킴으로써 원래 뜻을 바로잡은 마지막 계시라는 것이다.[234]

이 교리에 따라, 한국이슬람교중앙회에서 발간하여 이슬람으로 개종한 초신자들을 교육하거나 이슬람 선교(Arb. *Dawah*)를 위해 사용하고 있는 이

---

233 최영길, "기독교와 이슬람 교리의 비교 연구," 10.
234 김용선 편, 『코란의 지혜와 신비』, 35.

슬람 개요서는 기독교 성서에 대해 다음과 같이 설명하고 있다.

> 무함마드 이전의 예언자들에게 주신 성서들은 완전히 보존되어 있지 않으며, 일부는 사람들에 의해 없어졌고 예언자 '이브라힘'의 성서 또한 아예 찾아볼 길이 없습니다. 예언자 '다우드'(다윗), '무사'(모세), '이사'(예수)의 성서들은 내용이 바뀌었습니다. 또 어떤 부분은 없어졌거나 잊혀 버리기도 했습니다. 그들은 또한 성서 내용의 몇몇 부분을 마음대로 첨가했습니다. 이렇게 해서 하나님의 말씀이 인간의 생각과 뒤섞였던 것입니다. 그러므로 사람들이 본래의 계시 말씀대로 따를 수가 없었습니다.[235]

이처럼 무슬림들의 주요 신앙인 6신(信) 중 '거룩한 책들에 대한 신앙'의 실체는 그리스도인의 성서를 '하나님의 말씀'으로 믿는 것에서 '성서는 왜곡되었다'는 믿음으로 변화했다. 게다가 그 분실과 변질의 책임은 유대인과 그리스도인에게 있으며, 그러므로 그들은 하나님의 '노여움'을 받거나 '방황하는 자들'이 되어 있다.[236]

이와 같이 이슬람은 꾸란의 유일성과 탁월성, 온전성과 영원성을 강조하기 위해 성경변질론을 사용한다. 즉 성서와 꾸란의 불일치를 해결하기 위한 대안으로써, 동시에 꾸란의 진정성에 대한 토대를 구축하고자 하는 목적으

---

235 한국이슬람교중앙회 선교위원회, 『초보자를 위한 이슬람 바로알기』 (서울: 한국이슬람교중앙회, 2004), 18–19.

236 김대옥, 『이슬람의 성경변질론』, 54; 꾸란의 개경장(수라 1)은 이들의 길이 아닌 '바른 길'을 간구하고 있다.

로 성경변질론이 사용되고 있다.[237] 성서를 하나님의 말씀으로 믿어야 한다고 주장하는 바로 그 책인 꾸란의 우월성을 입증하기 위해, 정작 하나님의 책으로 믿어야 할 성서를 변질된 문서로 다룸으로써, 종교 간의 관계를 반목과 상극의 관계로 몰아가는 단초로 삼았다.

이 성경변질론의 증거들로는 많은 것들이 제시되는데, 그중 핵심적인 내용을 간략히 요약해 보면, 첫째, 꾸란이 성서가 변질되었음을 명시한다. 둘째, 꾸란에서 예수의 입을 통해 예언된 무함마드가 오리라는 언급이 정작 성서에는 없다. 셋째, 꾸란이 극도로 거부하는 예수 그리스도의 신성(神性) 문제가 신약성서에 기록되어 있다. 넷째, 아브라함의 거짓말이나 다윗의 범죄 등 성서가 기록하고 있는 예언자들의 부정적인 고발기사들은 '성서의 변질됨'의 직접적인 증거라는 것 등이다.[238] 성경변질론은 특히 기독교의 성서가 제시하는 예수 그리스도에 대한 내용이 꾸란의 그것과 상이하다는 점에서 절정에 이른다.

이와 같은 성서에 대한 변질론은 역사적으로 11세기(1064)에 이븐 하즘(Ibn Hazm)이 처음으로 제기한 것으로 보이는데,[239] 이를 수용한 후 성서에 대한 이슬람의 태도는 큰 변화를 띠게 되었다. 무슬림들은 하나님의 '이전 계시의 말씀'으로 존중했던 성서를 거부하기 시작했고, 꾸란의 해석방향은 성서로부터의 독립을 선언했다. 즉 꾸란의 해석은 독자적이고 배타적인 해

---

237 *Ibid.*, 56.
238 *Ibid.*, 57.
239 김대옥, "이슬람의 '성경변질론' 비판," 20.

석이 타당성을 확보하는 방향으로 진행되었다. 성서와 연속성을 갖는 내용들을 해석하는 과정에서도 성서는 편의적으로만 인용되기 일쑤였다. 꾸란 해석과정에서 현존하는 성서를 인용하고 그 기록을 바탕으로 인물과 사건을 재구성하면서도, 그 사안의 본래적 정황과 의미, 문맥을 떠나 인위적으로 채택되거나 배제되어 사용하기 시작한 것이다.[240] 또한 주목할 만한 일은, 일부 무슬림 변증가들이 '변질된 성서' 대신 『바나바 복음서』(*Gospel of Barnabas*)를 '진본 복음서'로 추대하기 시작했다. 이 문서는 예수의 일생을 다룬 위경 중의 하나로, 무슬림 학자들을 포함한 다수의 학자들은 이를 중세시대에 복음서들을 저급하게 모방하여 날조한 것으로 여긴다.[241]

한편 변질론 이후 기독교에 대한 무슬림들의 입장은, 이슬람 초기의 우호적인 태도와는 달리, 기독교에 대한 배척으로 선회했다. 시간이 흐를수록 신학적 간격은 더욱 벌어지고 양자 간의 갈등상황은 깊어져 갔다. 기나긴 중세 천 년의 세월을 지나오면서 양자는 오랜 반목의 역사를 지속해 왔으며, 현대에 이르러서도 성서에 대한 무슬림들의 입장은 크게 변화가 없다. 그들은 '변질된 성서를 여전히 하나님의 말씀이라 믿는' 전통적인 그리스도

---

240 김대옥, 『이슬람의 성경변질론』, 94.

241 김정위 편, 『이슬람 사전』, 327f; 현재 일부만 남아 있는 스페인어 본과 그것을 번역한 것으로 보이는 이탈리아어판 필사본(16c)이 현존하는데 그것은 당대의 무슬림들의 해석에 맞게 쓰인 것이다. 거기에는 중세시대를 추정할 수 있는 시대적 착오와 더불어, 무함마드를 메시아(Messiah)라고 부르는 등 이슬람 교리에 대한 왜곡된 이해도 나타난다. 이 복음서에서 예수는 십자가에 처형되지 않으며, 대신 기적적으로 예수의 형상을 띠게 된 가룟 유다가 처형된다. 바로 이 이야기가 꾸란에 묘사된 예수의 이야기와 상충되지 않고 심지어 꾸란의 진술에 부합하기 때문에, 이 문서는 오늘날 무슬림들 가운데서 '진본 복음서'로 널리 회자되는 실정이다. 다음의 글도 참고할 수 있다. "Gospel of Barnabas," http://en.wikipedia.org/wiki/Gospel_of_Barnabas (2013년 3월 5일 검색).

인들을 긍휼의 눈으로 바라본다.[242] 특히 성경변질론으로 무장한 이슬람 변증가들은 성서의 권위를 의심하는 자유주의신학적 경향에 동조하면서 기독교에 대한 이슬람 변증에 중요 자료로 활용하고 있다.[243]

하지만 이슬람의 성경변질론은 그 이론에 대한 객관적인 사실입증의 토대가 부족하다. 그 교리는 '성서에서 불확실한 것들은 무엇이며 또 그렇기에 꾸란에서 명확하게 해 주는 것은 무엇인가?'라는 질문 등에 실제적으로 답해주지 못한다. 그것은 다만 이슬람 공동체 전통 내부의 교리적 해법일 뿐이며, 그것이 주장하는 바에 대한 역사적 사실 자체를 증명하지 못한다.[244] 그것은 자신들의 경전의 진정성과 권위를 강조하기 위한 내부적 신앙고백으로서는 이해할 만하다. 하지만 그 고백이 이웃 종교의 경전을 향한 배타적이고 권위부정을 내포하는 선언이어서는 곤란하다. 그것이 상대를 배제하는 교리와 선포로 작용하게 될 때에는 갈등을 초래할 수밖에 없는 것이다.[245] 양 경전 간의 대화를 위해서라면 경전에 대한 보다 객관적이고 합리적인 접근을 시도해야만 한다.

---

242 김대옥, 『이슬람의 성경변질론』, 95.

243 Christine Schirmacher, 『이슬람과 기독교 교의』, 222-247; 쉬르마허는 19세기 이래 유럽의 고등비평이 어떻게 무슬림 변증학에 결정적인 영향을 주게 되었는지에 관하여 상세한 자료를 제공해 준다.

244 성경변질론에 대한 보다 자세한 논증은 필자의 『이슬람의 성경변질론』에 집중적으로 변증되어 있다.

245 예를 들어, 한 가정의 가장을 향해 "우리 아빠 최고야. 역시 우리 아빠 밖에 없어" 라는 아이들의 찬사는 가정 내부에서 사랑과 존경이 넘치는 고백이요 찬사임에 틀림없다. 하지만 그러한 고백과 주장이 곧 문자적으로 타인들의 부모의 존재를 부정하거나 그들이 더 열등하다고 폄훼하는 가치부정적 선언은 아니며 또 그래서는 안 되는 것과 같다.

3. '취소교리'의 문제

성경변질론(*tahrif*)과 함께 구약성서와 꾸란의 불연속성을 이해하기 위해 다루어야 할 또 하나의 이슈는 이슬람의 '취소교리'(또는 대체이론, 무효화이론. Doctrine of abrogation)이다. 이를 나스크(Arb. *naskh*)라 하는데, 꾸란 계시의 점진성에 대한 해석이론이다. 즉 나중에 내려온 계시가 먼저 내려온 계시를 무효로 만들 수 있다는 교리이다(Q 2:107; 13:40; 16:102).

> "우리가 이전에 계시한 계시를 취소하였거나 혹은 망각하게 했을 경우에, 그 이상 또는 그와 동등한 것을 주려하고 있다.…"(Q 2:106-107).

이것은 우선 수라들 사이에 있는 계시의 모순과 갈등을 해결하려는 시도로 보인다.[246] 꾸란 내의 서로 상충되는 계시에 대한 문제들을 해결하고자 무슬림 학자들은 전통적으로 앞선 계시가 뒤에 오는 계시에 의해 취소되어 대체되었다는 견해를 주장했다. 꾸란은 사건에 대한 전후맥락을 제시하지 않는 경우가 많기에 하디스가 그 역할을 대신하는데, 하디스는 종종 꾸란을 설명하기 위해 후대에 가필되었을 수도 있다는 점 때문에 신빙성 문제가 엄존한다.[247] 꾸란의 역사 재구성이 그만큼 어렵다는 것인데, 이는 곧 학자마

---

246 Norman Geisler and Abdul Saleeb, *Answering Islam*, 98-99.

247 Phil Parshall, 『무슬림의 생활 지침서 하디스를 읽다』, 김대옥, 전병희 역 (서울: 죠이선교회, 2014), 18; 파샬은 여기에서 다음과 같이 지적한다. "내가 보기에, 그 선집은(부카리의 하디스) 무오와는 상당히 거리가 있다. 반복이 너무 많고, 다수의 표현에서 모순과 생략과 첨가를 발

다 꾸란을 다르게 해석할 수 있는 가능성을 열어두기도 한다.[248]

꾸란의 계시는 무함마드가 죽기 전까지 23년 동안에 내려졌는데, 정수일은 그 사이에 엄청난 사회적 변화가 발생하여 어떤 계시는 "그 적응성을 상실"할 수밖에 없었다고 보았다. 그리하여 부득이하게 어떤 구절은 '다른 절로 대체'(Q 16:101)하게 되었는데, 결국 '정경' 문제를 놓고 주석가 사이에 해석이 갈리게 되었다. 학자들은 '경문이 정지'된(취소된) 절수를 적게는 5개에서 많게는 500개에 이른다고 보고 있다.[249] 김용선은 그 변화의 과정에 "무함마드 자신의 내부에도 여러 가지 변화나 성장이 있었던 것은 부정할 수 없다"고 보고, 그 때문에 앞서 제시된 계시와 모순되거나 혹은 그것을 부정하는 계시가 내려온 일도 있다고 평했다.[250]

그럼에도 무슬림들은 이 교리를 기반으로 꾸란의 내용에 내적인 모순이 있다는 사실을 극구 부인한다. 무슬림 변증가들은 성서의 권위에 대해 의혹을 제기하는 자유주의 신학자의 말을 인용하기 좋아하지만, 정작 꾸란이 보여주는 내적 불일치와 상충점에 대해서는 아주 작은 의심조차 용납하지 않는다.[251]

견할 수 있다. 어떤 하디스가 정통적인지 독자가 선택할 수 있게 도와주는 어떠한 안내도 찾을 수 없다."

248 박현도, "대화와 소통의 관점에서 본 이슬람교," 16; 박현도는 "물론 종교를 정치적으로 이용하는 지역에서는 전통과 다른 해석을 할 경우 목숨을 담보로 해야 한다"고 적시하면서, 전통적인 경직된 해석이 현실 정치에 이용될 때 어떤 일이 발생하는지에 대한 대표적인 예로 수단의 따하(Mahjud Muhammad Taha, 1909-1985)를 든다. 그는 메카와 메디나의 계시내용이 서로 다른 것은 역사적으로 청중이 달랐기 때문이었다고 주장했다가 처형당했다는 얘기를 들려준다. Reza Aslan, 『알라 외에 다른 신은 없도다』, 정규영 역 (서울: 이론과 실천, 2006), 272.

249 정수일, 『이슬람문명』, 97.

250 김용선 편, 『코란의 지혜와 신비』, 31.

251 Phil Parshall, 『십자가와 초승달』, 64.

나아가 대부분의 무슬림들은 이 교리를 적용하여 성서와 꾸란 간의 불일치 문제도 해결하고자 한다. 즉 이전 계시인 성서마저 꾸란에 의해 폐기되었다는 것이다. 하지만 정작 꾸란에는 그러한 의견을 지지하는 언급이 없다. '폐기'라는 의미에서 이 단어는 꾸란에 두 번 나오는데(Q 2:10; 22:51), 두 경우 모두 구약성서나 신약성서를 언급하는 데 사용되지 않는다.[252]

하지만 필 파샬은 꾸란 내의 이전 계시에 대한 '대체' 문제를 다루면서, 이슬람의 취소교리에도 불구하고, 꾸란은 근본적으로 그 자체의 모호성을 해결하지 못했고 그 편집과정에서 그 부분이 제기되거나 정돈되지 못한 것으로 보았다. 그는 꾸란이 이 취소되거나 '대체된' 모든 구절들을 여전히 함께 담고 있음으로 인해 야기되는 실제 적용상의 문제를 잘 지적한다.[253]

> 수라 2:106은 "어떤 말씀도 폐기하지 아니하며 망각케 하지 아니하되 보다 나은 혹은 그와 동등한 말씀으로 대체하시나니 하나님은 모든 일에 전지전능하심을 너희는 모르느뇨?"라고 말한다. 이 구절은 간음에 대한 형벌이 채찍으로 100대 때리는 것이라고 말하는 수라 24:3과 간음한 여인을 자기 집에 죽을 때까지 가두라고 다르게 말하는 수라 4:16에 대한 해명이 된다. 문제는 (이 둘 중에) '어떤 구절이 폐기되는 것이고, 어떤 구절이 오늘날도 유효한 것인가?'라는 것이다. 부수적인 질문으로 '하나님이 22년이라는 짧은 기간 동안 계시하신 말씀을 폐기해야 하는

---

252 Phil Parshall, 『무슬림전도의 새로운 방향』, 채슬기 역 (서울: 예루살렘, 2003), 168.
253 김대옥, 『이슬람의 성경변질론』, 189.

이유는 무엇인가?'라는 것이다.[254]

최영길은 수라 2:106을 해석하면서 이 구절이 계시된 맥락을 밝혀준다. 유대인들이 말하길, "무함마드의 명령이 마음에 드는가? 그의 추종자들에게 명령도 했다가 금지도 하고 또 그들에게 서로 다르게 명령하니, 오늘은 이 말을 하고 내일은 그 말을 취소하니 이것은 꾸란이 아니고 무함마드 자신의 얘기가 아닌가"라고 하자 이 구절이 계시된 것이라 풀이하고 있다.[255]

오늘날 이슬람법은 간음에 대한 형벌로 투석형을 명령한다. 그런데 이 돌로 침에 대한 꾸란 구절(Arb. *ayat al-rajm*)이 실제로는 꾸란이 아니라 하디스에 있음은 매우 주목할 만한 일이다. 즉 현재의 꾸란 본문은 각각의 간음자들에게 태형 100대를 명하거나(Q 24:3) 죽을 때까지 가두라(Q 4:16)고 명령한다. 그러나 하디스에는 이 처벌이 폐기되고 대신 돌로 침에 관한 구절이 계시되었다는 것이다. 모우캐리는 그 이유로 꾸란 계시 초반의 실수로 인해, 이 구절이 꾸란의 고대 사본에 남아 있지 않았다고 보았다.[256]

한편 카워드(Harold G. Coward)에 따르면, 중세기에 이슬람 학자들은 유대교에 반대하는 많은 논쟁적 문헌들을 저술했는데, 유대교를 비판하는 데 사용된 주요한 논지는 이 취소교리가 중심이었다고 한다.[257] 9세기 이후에 벌

---

254 Phil Parshall, 『십자가와 초승달』, 65.

255 최영길, 역, 『성 꾸란』, 31.

256 Chawkat Moucarry, 『기독교와 이슬람의 대화』, 96.

257 Harold G. Coward, 『종교다원주의와 세계종교』, 한국종교연구회 역 (서울: 서광사, 2007), 116.

어진 무슬림과 그리스도인의 논쟁은 철학적, 변증적인 성격과 더불어 성서적 논의의 형태를 동시에 띠게 되었는데, 이 과정에서 그리스도인들은 이 취소교리에 동조해야 함을 느끼게 되었다고 한다. "왜냐하면 그들 스스로도 구약성서가 신약성서에 의해 대체되었노라고 주장했기 때문이었다."[258]

구약성서는 유대인에게나 그리스도인에게 항상 신성한 하나님의 말씀 그 자체였다. 또한 모세의 책(오경) 이래 성서는 무려 1,000여 년의 세월 동안 하나님의 백성들의 생생한 실제 역사 속에서 계시되었고, 그들의 삶 속의 지표가 되어 왔고, 동시에 하나님께 이르는 길이 되어 왔다.

이러한 경전을 향하여 '변질'을 말하고 '취소' 또는 '대체'를 말하는 것은, 스스로 경전 간의 연속성을 말하는 자신들의 주장과도 일관되지 않는다. 게다가 1,000년이라는 성서의 계시기간과 달리, 23년이라는 짧은 계시기간에 형성된 꾸란에서 '취소와 대체'를 논하는 것은 꾸란을 가리켜 '영원한 말씀'이라 믿는 자신들의 신앙과도 모순된다. 설령 성서에 불일치가 존재하고 내용을 그대로 수용할 수 없는 부분이 존재한다 할지라도, 그것이 곧 변질 또는 변개된 증거는 아니다. 다시 말해 현존하는 성서가 내부적인 불일치나 내용상의 모순점을 가지고 있다 할지라도, 그것은 처음부터 그렇게 기록된 것이며 본문 전승과정에서 변조됨 없이 그대로 전승되어 온 점에서는 변함이 없다.

결론적으로 이슬람의 성경변질론이나 취소이론은 경전 간의 연속성이라는 객관적 사실에도 부합하지 않으며, 경전 간의 대화에 있어서도 도움이 되지 않는다.

---

258 *Ibid.*, 118.

3부

대화의 가교 : 구약성서와 꾸란의 공통 인물 내러티브

'국제엠네스티 사진 대회(Amnesty International photography competition)'에서 발표한 수상한 12편의 작품 중 '같은 태양 아래(Under the Same Sun)'라는 작품. 성서와 꾸란을 든 두 여인이 사이좋게 서로의 것을 들여다보고 있다.

7장

구약성서와 꾸란의 공통 내러티브

1. 공통 내러티브 개관

꾸란을 읽다 보면 성서의 역사와 인물, 내용들을 익숙하게 발견할 수 있다. 곳곳에서 성서 속의 인물들과 사건들에 대한 이야기들이 등장한다. 심지어 꾸란의 어떤 장들은 성서 인물들의 이름을 따서 명명되어 있다.[259]

이처럼 구약성서와 꾸란 사이에는 많은 공유부분이 존재하는데, 과연 둘은 얼마나 같으며 그 같음 속에는 어떤 내용이 들어 있을까? 동일한 인물들에 대한 기사는 어떤 점이 공통되며 또 일치하지 않는 부분들은 어떻게 이해해야 하는가? 이번 장에서는 양 경전 간의 공통된 인물 내러티브를 비교해 보면서 경전 간 대화의 가능성을 추적해 보고자 한다.

---

259 3장 이므란(이드로), 10장 유누스(요나), 12장 유수프(요셉), 14장 이브라힘(아브라함), 19장 마리암(마리아), 71장 누흐(노아)가 그것이다.

구약성서와 그 이후 수 세기를 뒤이어 등장한 꾸란이 공통으로 보유하는 경전자료는 실로 엄청나다. 독일 신학자 바이어하우스(Peter Beyerhaus)는 꾸란 내용 중 70%가 성서적 주제를 기록하고 있다고 본다.[260] 압둘 마시흐는 "꾸란의 60%가 모세오경의 율법 및 구약성서의 역사서에서 유래했고, 약 8%가 신약에서 나왔다"면서, 꾸란에 있는 "모든 단어의 18%가 아랍어 성서의 어형을 지니고 있으며, 그 3/4이 신약성경을 이용"하고 있다고 주장한다.[261] 한편 무슬림 출신 꾸란 학자인 마크 가브리엘은 성서 이야기가 언급된 구절을 중심으로 하여, 성서를 차용한 부분이 꾸란 전체 텍스트의 7%라고 보았다. 그는 꾸란 전체 6,346절 중에 876절에 성서 이야기가 언급된 것으로 보았다.[262] 학자들 간에 차이를 보이고는 있지만, 양 경전이 가진 공유 부분은 일반인들의 상상을 뛰어 넘는다.

우선 구약성서에는 아담으로부터 시작되는 많은 인물들이 등장한다. 구약성서는 원역사 시대의 긴 명단을 포함, 주요 족장들을 비롯하여 그들의 가계에 속한 인물들의 족보를 제시하고 있다. 나아가 제사장과 선지자, 왕들과 통치자들, 개인과 공동체의 삶에 관여하는 그야말로 수많은 인물들이 등장했다가 사라지기를 반복한다. 하지만 꾸란은 전달 메시지 중심으로 기록하는 특징 때문에 사건 속에 등장하는 인물들이 비교적 소수에 그치고 만다. 예언자에게 계시되는 메시지 속에서 그것이 다루는 사건과 연관된 인물

260 Peter Beyerhaus,『현대선교와 변증』, 이선민 역 (서울: CLC, 2004), 211.
261 Abd al-Masih,『무슬림과의 대화』, 170-171.
262 Mark A. Gabriel,『끝나지 않은 2000년의 전쟁』, 114.

들이 등장하기는 하나, 전체적으로 예언자들로 인정되는 소수의 인물들의 이야기가 반복되어 언급된다.

구약성서와 꾸란이 공유하는 자료들 중, 특히 꾸란에 등장하는 25명의 예언자(선지자)들 중에 무려 21명이 성서에 있는 인물들이다.[263] 다시금 이 지점에서, 두 경전은 서로 공유하는 부분이 각별하다고 하겠다. 이슬람 전통에서는 하나님이 각 세대에 따라 사도들과 예언자들을 보내어 당신의 뜻을 전하셨다고 믿는데, 총 124,000명을 보냈다고 믿으나 꾸란은 25명의 이름만을 기록하고 있다.[264] 특히 마지막 예언자인 무함마드는 구약성서에 나오는 노아와 아브라함, 모세, 다윗과 같은 인물을 포함, 신약성서에 나오는 세례 요한과 예수 그리스도까지 구약성서의 예언자 전통을 계승하고 있음을 주장한다.[265]

아래의 도표는 꾸란에 나오는 전체 25명의 예언자와 사도들의 일람이다.[266] 여기에는 그들에게 부여되어 있는 호칭 및 역할,[267] 그들이 전했다고 하는 경전, 그리고 사역대상과 성서와의 공통인물 여부를 표기했다.

이들 중 21명이 구약성서와 신약성서에서 언급되는 동명의 인물들이

---

263 최영길, 『꾸란과 성서의 예언자들』, 11; 최영길은 꾸란을 중심으로 이를 개관했다.

264 김대옥, 『이슬람의 성경변질론』, 41.

265 Christine Schirmacher, 『이슬람과 기독교 교의』, 34; 무슬림의 신앙원리인 6신에는 유일신 알라, 그가 보낸 예언자들, 그들에게 주신 거룩한 책들, 천사들, 최후의 심판과 부활, 정명신앙이 포함되어 있다.

266 "Prophets in Islam," http://en.wikipedia.org/wiki/Prophets_of_Islam (20 13년 8월 10일 검색); 성서의 인명과 꾸란의 인명을 병기했다. 아랍어명은 독자의 이해를 위해 비교적 아랍어에 가깝도록 한국어로 발음을 표기해 두었다.

267 꾸란에서 이들에게 부여된 호칭과 역할은 예언자(prophet, Arb. 나비 *nabi*), 사도(messenger, 라쑬 *rasul*), 지도자(leader, 이맘 *imam*) 그리고 메시아(Christ, 마시흐 *Masih*)이다.

다.[268] 성서에 등장하지 않는 아랍의 후드, 쌀리흐와 같은 이들이 들어 있는 반면,[269] 이사야나 예레미야와 같은 구약성서의 굵직한 선지자들과 나머지 주요 인물들의 이름이나, 바울과 베드로와 같은 신약의 주요 사도들의 이름은 보이지 않는다. 또한 꾸란은 구약성서에 예언자의 등장 이전에 살았던 고대의 족장들을 예언자로 인식하고 있거나, 왕들을 포함 구약성서에서 예언자로 간주되지 않는 이들은 물론 심지어 미디안의 제사장으로 알려진 이드로와 같은 인물들도 동일한 예언자 반열에 올려두고 있다.

이는 이슬람이 가진 하나님의 인도하심에 대한 포괄적인 이해에서 비롯되는 것으로 보이는데, 이슬람에서는 하나님께서 세대마다 다른 예언자들을 파송하시고(Q 23:31, 42), 모든 민족과 모든 공동체에 파견하셨다고 말한다. 예를 들면, 노아는 자기 백성에게(Q 7:59) 보냄을 받았고, 모세는 이스라엘 백성과 이집트의 파라오에게 파송되어(Q26:16; 20:50) 하나님이 창조자이시고 유일하신 분임을 선포하게 했다고 믿는다(Q 7:85).[270] 꾸란은 다음과 같이 설명하고 있다.

> 우리(하나님)는 이미 이전에 그대(무함마드)에게 그들에 대해 이야기 했던 사자들을 보내었고, 또 우리가 그대에게 그들에 대해 이야기하지 않았던 사자들도 보내었느니라...(Q 4:164).

---

268 학자들에 따라 23명이라고 보는 이들도 있다. 이드로와 에스겔 같은 이들에 대해서는 견해차가 있다.

269 손주영, "이슬람 전통에서 말하는 같은 뿌리의 일신교," 6.

270 *Ibid*. 6; 특히 후드는 아드(Ad) 백성에게(Q 7:65), 쌀리흐는 사무드(Thamud) 백성에게(Q 7:73), 슈아이브는 마드얀(Madyan) 백성에게 파견되었다고 한다.

이름		호칭 및 역할				경전	사역대상	공통 여부
성서	꾸란	예언자	사도	이맘	메시아			
아담 (Adam)	아담 (Adam)	○						○
에녹 (Enochs)	이드리스 (Idris)	○						○
노아 (Noah)	누흐 (Nuh)	○	○				노아의 백성	○
후드 (Ebe)	후드 (Hud)		○				아드(Ād) 백성	
살리흐 (Salih)	살리흐 (Saleh)		○				사무드 (Thamud)	
아브라함 (Abraham)	이브라힘 (Ibrahim)	○	○	○		아브라함의 책 (Scrolls of Abraham –*Suhuf Ibrahim*)	아브라함의 백성	○
롯 (Lot)	루트 (Lut)	○	○				소돔 백성	○
이스마엘 (Ishmael)	이스마일 (Isma'il)	○	○					○
이삭 (Isaac)	이스하끄 (Is'haq)	○		○				○
야곱 (Jacob)	야으꿉 (Yaqub)	○		○				○
요셉 (Joseph)	유수프 (Yusuf)	○						○
욥 (Job)	아이유브 (Ayyub)	○						○
이드로 (Jethro)	슈아이브 (Shu'ayb)		○				미디안 백성	?
모세 (Moses)	무사 (Musa)	○	○			토라 (Torah–*Taurat*)	바로와 그의 신하	○
아론 (Aaron)	하룬 (Harun)	○						○
다윗 (David)	다우드 (Dawud)	○				시편 (Psalms–*Zabur*)		○
솔로몬 (Solomon)	술래이만 (Sulayman)	○						○
엘리야 (Elijah)	일리야스 (Ilyas)	○	○				엘리야의 백성	○
엘리사 (Elisha)	알야사 (Al–Yasa)	○						○

이름		호칭 및 역할				경전	사역대상	공통 여부
성서	꾸란	예언자	사도	이맘	메시아			
요나 (Jonah)	유누스 (Yunus)	○	○				요나의 백성	○
에스겔 (Ezekiel)	둘키플 (Dhul-Kifl)	○						?
스가랴 (Zechariah)	자카리야 (Zakariyya)	○						○
세례 요한 (John the Baptist)	야흐야 (Yahya)	○						○
예수 (Jesus)	이사 ('Isa)	○	○		○	복음서 (Gospel-*Injil*)	이스라엘 백성	○
무함마드 (Muhammad)	무함마드 (Muhammad)	○	○	○		꾸란 (Qur'an)	전 인류	

* '?' 표기는 꾸란의 내용이 불분명하여 학자 간에 이견이 있음을 말한다.

2. 공통 예언자 내러티브 비교

전술한 바와 같이 양 경전의 공통인물 내러티브에는 공통점과 차이점이 동시에 존재한다. 다음은 이를 간략히 정돈해 본 것으로써, 내러티브에 대한 해석은 다루지 않고 양 경전이 말하는 부분만 간단히 살폈다.

이와 같이 구약성서와 꾸란의 공통인물 내러티브는 전체적인 줄거리를 함께 공유하고 있는 것을 살펴볼 수 있다. 이 외에도 신약성서에 나오는 사가랴와 세례 요한, 예수에 대한 공통 내러티브가 이와 유사한 유사성과 차이점을 가지고 존재한다.

공통 예언자 내러티브 비교

이름	공통점	꾸란의 차이점
아담(آدم) (Arb.)	• 최초의 인간. 흙으로 창조(Q 3:59)[271] • 하나님이 생기(영혼)를 불어 넣다 • 모든 생물의 이름을 부여(2:31) • 나무에 접근 말라는 명령(2:35; 7:19) • 아담의 유혹(20:120) • 아담과 하와가 열매를 먹다(7:22) • 입을 옷을 주어 몸을 가리게 함(7:22) • 낙원으로부터의 추방(2:36) • 두 자녀를 두다(5:30)	• 검고 묽은 진흙으로 창조(15:26) • 그분의 영혼을 불어 넣음(32:9; 38:9) • 천사들로 아담에게 경의를 표하라 명령(2:34) • 하나님이 가르치심 따라 이름 부여(2:31) • 아담의 '자손들에게' 옷을 주시다(7:26) • '사탄이' 유혹하다(20:120). • 주님의 용서(2:37) • 고의적 거역이 아닌 약속을 잊은 실수(20:115) • 아내와 두 아들 이름 제시되지 않음(5:27)
에녹: 이드리스 (ادريس)	• 양자 모두 '승천'한 것으로 해석한다.	• 이름만 두 장에 언급됨(19:56; 21:85) • 그를 높은 위치(지위)에 두었다 함(19:57)[272]
노아:누흐 (نوح)	• 이 책 내에서 다룸	• 이 책 내에서 다룸

---

271 이 표에서 별도의 언급이 없는 한 참고구절은 모두 꾸란의 구절들이다.

272 최영길, 역, 『성 꾸란』, 558; 이슬람에서도 이를 '승천'으로 해석한다.

273 최영길, 『꾸란과 성서의 예언자들』, 71; 최영길은 "대다수 이슬람학 계보학자들은 아브라함의 아버지의 본명을 유대교 및 기독교인들이 말하는 데라로, 그리고 아자르는 별명으로 보고 있다"며 주석가들의 해석방식을 설명한다.

274 *Ibid.*, 115f; 이슬람 전통은 번제로 드린 아들이 이삭이 아니라 '장자'인 이스마엘(이스마일)이라 본다. 창세기는 '독자 이삭'(창 22:2)이라 언급하나, 성서의 '독자'라는 말에 근거하여 이슬람 전통은 이 계시가 있던 때의 독자는 이스마엘이었음을 주장한다.

이름	공통점	꾸란의 차이점
아브라함: 이브라힘 (ابراهيم)	• 부친이 우상을 섬기다(6:74) • 천사의 방문과 접대(7:69ff) • 구운 송아지로 접대(11:69) • 아들 약속(37:100f) • 나이 많아 임신 불가능하다는 아내의 웃음(11:71) • 아들을 번제물로 바치라는 시험(37:106f) • 이스마엘을 광야에 거주케 함(14:37)	• 부친이 데라(창 11:31)아닌 아자르(Q 6:74)[273] • 부친에게 우상 섬기지 말라 설득하며 유일신 설파(6:74–83) • 무슬림이었다(2:140; 3:67) • 그가 어렸을 때 안내서를 내렸다(21:51) • 우상을 부순 일로 화형의 위험(21:57ff) • 이스마엘과 메카 방문과 카으바 재건(2:125) • 번제드릴 아들에게 번제의사를 물음(37:102) • 애굽 이주, 롯 구출, 할례, 개명 등 부재
롯:루트(لوط)	• 아브라함과 함께 동행(29:26) • 천사들이 방문 • 동성애 관행 언급(27:55) • 백성들이 롯의 집을 침입(26:167) • 딸들 내어줄 것 제안(15:71) • 천사들이 눈을 멀게 함(11:81) • 도시에 대한 심판(15:74; 26:173; 27:58) • 뒤를 돌아보지 말 것을 명함(11:81; 15:65) • 롯의 처가 구원받지 못함(7:83)	• 롯의 사역, 동성애 비난(26:168; 27:55) • 진흙과 돌덩이로 심판(11:82, 51:31ff) • 롯의 처가 소금기둥이 되었다는 언급 부재 • 소돔과 고모라 지명 부재
이스마엘: 이스마일 (اسماعيل)	• 아브라함의 서자, 첩의 아들. • 하나님의 은혜를 입다(6:86) • 번제 아들 대신 어린양이 희생되다.[274]	• 아브라함이 모자를 데리고 메카로 오다 • 아브라함과 카으바 신전 주춧돌 놓음(2:127) • 선택받은 충실한 예언자(19:54; 38:48) • 모친 '하갈' 이름 부재
이삭: 이스하끄 (اسحاق)	• 아브라함의 적자, 이스마엘과 이복형제 • 방문한 천사들을 송아지로 접대(51:26) • 불임 중 탄생소식에 부모가 놀람(11:71f) • 하나님의 축복(12:6; 37:113)	• 예언자(19:49; 29:27) • 모친 이름 '사라' 부재 • 접대한 천사들이 음식 사양(51:26f) • 이삭과 야곱의 탄생소식에 기뻐 웃음(11:71) • 이삭 주심에 감사의 찬양과 기도(14:39) • 번제장소 언급 부재[275]
야곱: 야으끕 (يعقوب)	• '아브라함과 이삭과 야곱의 하나님' 반복(2:133; 3:84; 12:38; 38:45)	• 이삭의 탄생예고에서 함께 예언됨(11:71) • 예언자로 선택(19:49; 29:27) • 임종시 유일신 경배를 유언(2:132f) • 성서에 나오는 내러티브 부재

이름	공통점	꾸란의 차이점
요셉: 유수프 (يوسف)	• 요셉이 꿈을 꾸고 형제들의 시기(12:8) • 형제들의 음모, 우물 속에 빠뜨림(12:9ff) • 형들이 부친께 거짓말 함(12:17) • 대상에게 팔아넘김(12:19-20) • 애굽 고관에게 팔림(12:21) • 고관의 부인이 유혹(12:23) • 신앙심으로 승리(12:24) • 그 일로 투옥되다(12:35) • 왕의 꿈 해몽(12:43-54) • 두 죄수와 함께 함(12:45) • 애굽의 총리가 됨(12:54f) • 형제들을 상봉(12:58ff) • 친동생 베냐민을 특별하게 만남(12:63ff) • 형제들 용서(12:92) • 아버지를 애굽에 모심(12:99ff)	• '가장 아름다운 이야기'로 언급(12:3) • 고관의 이름은 보디발이 아닌 아지즈 (12:30) • 부인이 유혹할 때 그도 마음에 끌림 (12:24) • 부인이 쫓으며 요셉의 옷을 찢음(12:25) • 남편의 판결-여자들 초청(12:30ff) • 요셉이 국가 창고를 맡겨 달라 요청 (12:55) • 요셉의 옷으로 야곱이 시력 회복(12:96)
욥: 아이유브 (أيوب)	• 재앙으로 괴로움을 당함(21:83; 38:41) • 후에 가족이 번성하여 수를 배가(38:43)	• 발로 때리라(38:42), 풀 다발로 때리라 (38:44)와 같은 언급[276] • 교훈만 언급. 자세한 내러티브 부재
이드로: 슈아이브 (شعيب)	• 성서에서 그가 미디안 제사장이었고 모세의 장인이 되었다는 사실 외에 이드로에 대한 정보는 제한적이다. • 이슬람 전통의 해석일 뿐, 공통점 부재.	• 마드얀(Madyan) 백성에 파송된 예언자 (7:85) • 양, 무게를 공정히 할 것 선포(7:85; 11:84f) • 예언자를 거부한 백성은 돌풍으로 멸망 (11:95) • 그가 모세의 장인이었다는 암시 부재
모세: 무사 (موسى)	• 탄생 시 남아 살해명령(40:25) • 상자에 담겨 강물에 던져짐(20:37ff) • 바로의 왕궁에 거하며 양육받다. • 누이의 역할로 어머니가 유모 역할(20:40) • 한 남자를 쳐 죽이다(28:15) • 살인 때문에 미디안으로 도피(28:20f) • 우물가에서 한 여성을 돕고 그와 결혼 (28:23ff) • 산에서 불을 보다(20:9) • 하나님이 모세에게 직접 말씀(4:164) • 모세에게 책을 주심(6:91, 154; 3:3) • 파송 전에 두려워하며 변론(26:12-14) • 형 아론과 함께 파송(26:15) • 지팡이와 손의 문둥병(20:20-22; 26:32ff)	• 모세의 어머니에게 계시(상자, 젖 먹임) (20:37ff; 28:7) • 파라오 왕의 '아내에게' 하녀들이 건져감 (28:8) • 호렙산이 아닌 '뚜르산'에서 불 발견 (28:29) • 바로에게 보인 9가지 기적(7:133; 17:102) • 만나와 '쌀와'를 주다(20:80) • 모세가 아론과 사미리에게 분노(20:95ff) • 모세가 노하여 아론의 머리를 잡아 당김 (7:150) • 모세가 지혜로 다양한 일들을 판결하다 (2:67ff) • 신비한 스승 키드르와 동행(18:65ff)[277]

이름	공통점	꾸란의 차이점
모세: 무사 (موسى)	• 모세의 지팡이가 술사들의 것 삼킴(26:45) • 애굽에 대한 재앙과 바로의 허락 • 바로의 군대가 추격함(20:79) • 지팡이로 바다를 가름(26:63) • 추격자들을 익사케 함(26:66) • 출애굽 백성이 시내산에 가서 언약을 세우고 행로에서 만나를 먹음(20:80) • 구름으로 그늘, 반석에서 물을 주심(2:57ff) • 모세가 산에 올라 하나님의 서판을 받아옴(7:144f) • 그 사이에 백성은 금송아지를 숭배(7:148ff) • 분노하여 서판을 던짐(7:150) • 70 장로 선발(7:155)	
아론: 하룬 (هارون)	• 모세의 임무에 동참(20:32) • 모세가 계시를 받는 동안 금송아지 숭배사건 발생(7:148ff)	• 모세의 부재중 아론은 백성의 우상숭배를 말리다 박해를 받음(20:90; 7:150) • 그의 제사장직에 대한 정보 부재
엘리야: 일리야스 (إلياس)	• 바알(바을라) 숭배하던 백성에게 경고(37:125)	• 이름만 두 장에 언급됨(6:85; 37:123) • '믿음이 강한 나의 종'으로 소개(37:132)
엘리사: 알야사 (اليسع)	• 비교 불가	• 이름만 두 장에 언급(6:86) • '가장 선한 자들'로 소개(38:48)
다윗: 다우드 (داود)	• 골리앗을 죽임(2:251) • 왕(지상 대리자. 38:26) • 시편의 작가(17:55; 4:163) • 99마리 양과 다윗의 회개(38:23f)	• 갑옷 만드는 법을 가르치심(21:80) • 쇠를 부드럽게 함(34:10-11) • 산과 새들이 다윗과 함께 하나님을 찬미(21:79; 34:10) • 99마리 양의 이야기에 나단 선지자의 역할보다 두 형제의 판결맥락(38:23) • 밧세바 사건은 침묵 • 다윗과 솔로몬의 양과 농장 판결(21:78)
솔로몬: 술래이만 (سليمان)	• 다윗을 계승(27:16) • 지혜와 지식을 주시다(21:79; 27:15) • 시바여왕 이야기(27:22ff)	• 진(Jinn)과 인간, 새들로 구성된 군대(27:17) • 개미와의 대화(27:18-19) • 오디새 이야기(27:20ff) • 시바여왕과의 상세 이야기, 요정(27:20-53) • 영마들이 솔로몬의 뜻을 따라 일함(34:13)

이름	공통점	꾸란의 차이점
요나: 유누스 (يونس)	• 십만 명이 넘는 백성에게 파송(37:147) • 화를 내고 떠나다(21:87) • 화물선으로 도주하다(37:139). • 제비 뽑히다. • 물고기에게 삼킨 바 되다(37:142; 68:48f) • 물고기 뱃속에서 기도하다(21:87) • 해변에서 구조되다(37:145). • 조롱박나무를 공급하다 • 온 성이 회개하다(10:98)	• 보냄 받은 성읍의 지명 부재. • 요나의 화낸 시점이 처음 부름을 받을 때요, 대상은 하나님께 이다. • 구약성서에서와 같이 성읍의 멸망을 바라는 모습은 보이지 않는다.
에스겔: 둘키플 (ذوالكفل)	• 비교불가	• 두 곳에서 이름만 언급(21:85f; 38:48).[278]

3. 꾸란의 예언자 내러티브 개관

꾸란에는 몇 차례에 걸쳐 예언자들의 목록이 등장한다. 예언자들의 이야기는 무함마드의 설교에 인용되어 등장하는데, 때로는 자세한 내러티브의 형태로, 때로는 이름과 그에 관한 교훈만 간결하게 언급되는 형태로 부분적으로 분산되어 등장한다. 꾸란에 나오는 전체 25명의 목록이 모두 등장하는 경우는 한 번도 없다. 부분목록의 경우에도 등장인물들이 서로 일치를 보이

275 *Ibid*., 116; 이슬람 전통은 번제 장소를 모리아 땅이 아닌 메카의 마르와 동산으로 해석한다.

276 최영길, 역주, 『꾸란 주해』, 577; 발로 땅을 때리라는 말씀에 따라 그대로 하니 그곳에서 물이 솟아 나왔는데, 그 물을 마시니 마음의 병이 치료되었고, 씻으니 몸이 건강해 졌다고 한다.

277 최영길, 『꾸란과 성서의 예언자들』, 203-206; 매우 신비한 환상적인 이야기로서, 이슬람 전통에서도 다양한 설이 있다고 한다.

278 *Ibid*., 162-163; 최영길은 줄키플(발음방식에 따라 '둘키플'로 기록하기도 한다)을 이사야로 보았지만, 이슬람 전통에서는 그가 이사야가 아니라 에스겔이라는 주장, 심지어 예언자가 아니었다는 주장 등 다양한 견해가 있다.

지 않으며, 예언자들의 등장순서에 있어서도 일관된 규칙을 발견하기는 쉽지 않다.

예컨대, 수라 6장(안암)에는 가장 많은 수의 예언자 목록이 등장한다. 무려 18명의 예언자가 등장하는데(Q 6:83-86), 이들을 순서대로 나열하면 아브라함, 이삭, 야곱, 노아, 다윗, 솔로몬, 욥, 요셉, 모세, 아론, 자카리아, 요한, 예수, 엘리야스, 이스마엘, 엘리샤, 요나, 롯 순이다. 이를 성서의 순서대로 재배열해 본다면, 노아, 아브라함, 욥, 롯, 이스마엘, 이삭, 야곱, 요셉, 아론, 모세, 엘리야스(엘리야), 엘리샤(엘리사), 다윗, 솔로몬, 요나, 자카리아(스가랴), 요한, 예수 순이다.

또한 수라 21장(안비야)은 장제목부터가 '예언자들'의 의미로 15명의 예언자들에 관하여 길거나 짧게 진술하고 있다. 진술된 순서로 나열해 보면, 모세, 아론, 아브라함, 이삭, 롯, 노아, 다윗, 솔로몬, 욥, 이스마엘, 이드리스(에녹), 줄키플(에스겔), 요나, 자카리야, 요한 순이다.

수라 4장(니싸아)에는 12명의 예언자 목록이 등장한다(Q 4:163-164).[279] 이를 순서대로 나열하면, 노아, 아브라함, 이스마엘, 이삭, 야곱, 예수, 아이윱(욥), 유누스(요나), 하룬(아론), 솔로몬, 다윗, 모세이다.

수라 37장(사파트)에는 8명의 선지자들 이야기가 길게 소개된다(Q 37:72-182). 노아, 아브라함, 이삭, 모세, 아론, 엘리야스, 롯, 요나 순이다.

이처럼 꾸란에 등장하는 예언자들의 목록은 서로 일치하지 않으며, 전체적으로 예언자들의 역사적 등장 순서도 고려되지 않았다. 이러한 이유에 대

279 Q 4:164은 "그대에게 언급하지 아니한 선지자들이 있노라"고 말한다.

해서는 다음 단락들에서 구체적으로 논의해 보려 한다.

그런데, 이슬람 전통에서는 이와 같은 예언자들을 어떻게 이해하고 있을까? 최영길은 유수프 알리를 참조하여[280] 이슬람에서 꾸란에 등장하는 예언자 그룹을 다음과 같이 네 부류로 이해하고 있음을 밝히고 있지만, 그리 설득력 있는 분류는 아니다.

> 18명의 예언자는 네 가지 부류로 기록되고 있다. 첫째 부류는 아브라함과 그의 아들 이삭과 이삭의 아들 야곱이다. 아브라함은 하나의 성서를 받은 최초의 예언자였으나(Q 87:18-19) 그가 받은 성서는 현재 수흐프(Suhf)라는 이름만 남아 있을 뿐 본문은 존재하지 않는다. 이들을 가리켜 복음을 받은 예언자들이라고 한다.
>
> 두 번째 부류로는 대 가문의 시조를 이룬 예언자들이다. 다윗과 솔로몬은 유대 군주의 실질적 시조이다. 140년 동안 살면서 4대를 두었으며, 그의 생애 말년에는 목축에 의한 많은 부를 축적한 욥과 또 애굽의 한 장관으로서 훌륭한 업적을 남겼던 요셉은 이 두 종족의 후예들이다. 그리고 모세와 아론은 애굽으로부터 탈출한 지도자들이다.
>
> 세 번째 부류로는 고독한 삶을 영위하면서 복음을 전파하는 부류이다. 이들은 바로 예수를 중심으로 한 예언자들의 부류이며 사가리아는 세례 요한의 아버지였다.
>
> 네 번째 부류로는 은혜를 받은 자로 고난과 싸우며 국가의 위기를 걱정

280 Abdullah Yusuf Ali, *The Holy Qur'an with Arabic Text*, 320.

> 하면서 하나님의 길을 지켜 내려온 네 사람의 부류이다. 아브라함의 장손인 이스마엘의 경우 그가 어렸을 때 메카에서 열사와 갈증으로 사경에 이르렀으나 그의 어머니 하갈은 잠잠 샘의 성수로 그의 생명을 구하였다. 그 후 그는 아랍 민족의 시조가 되었다.[281]

꾸란의 최종 본문을 통해 이슬람 전통이 예언자들을 어떻게 구분하든지, 본서에서 주목하는 점은 이들이 성서의 전통을 수용하고 있다는 사실이며, 동시에 그들이 성서 속의 예언자들임을 부정하지 않는다는 사실이다. 예컨대, 꾸란에서 공통의 예언자들을 언급할 때 종종 "성서에 있는 그대로"(in the Book, Arb. *fil- Kitaabi*)[282] 예언자 'OOO의 이야기를 언급하라'는 명령어로 이야기들을 시작하고 있는 부분만 보아도 그러하다(모세- Q 19: 51, 이스마엘-19:54, 에녹-19:56 등). 꾸란은 이전에 하나님께 보냄 받아 사역했던 성서 안에 기록된 옛 예언자들을 재차 언급하고 있는 것이다.

하지만 많은 기독교 입장의 대변자들은 이와 같은 공통 예언자들에 대한 꾸란의 기록을 진정성 있게 살펴보지 않았다. 그들은 여전히 두 경전 내러티브 사이에 있는 차이점에 주목하면서 꾸란의 진정성을 비판해 왔다. 가령, 골드만(David Goldmann)은 그의 책에서 기독교와 이슬람이 예언자들에 관한 이해에서 '많은 차이'를 보인다면서 다음의 비교표를 제시했다.[283]

---

281 최영길, 역주, 『꾸란 주해』, 163-164.

282 최영길, 역, 『성 꾸란』, 557; 최영길은 "성서 속에 있는 대로"라고 번역했다. 김용선, 역, 『꾸란(코란)』, 330; 김용선은 "성전에 언급된 대로"라고 번역했다.

283 David Goldmann, *Islam and The Bible: Why Two Faiths Collide* (Chicago: Moody Publishers,

기독교	이슬람
예언자는 사역 초기에 하나님의 분명한 부르심을 갖는다.	예언자/사도는 인간의 오류로부터 인도함을 주는 거룩한 경전을 가지고 보냄을 받는다.
하나님은 자신의 메시지를 사람들에게 대언하도록 예언자를 부르신다.	이전 예언자의 가르침이 사람들에 의해 왜곡되면, 하나님은 다른 예언자를 보내 사람들을 참길로 돌이키도록 하신다. 예언자의 고리는 아담에서 시작하여 노아, 아브라함, 모세 다윗과 예수 등을 포함한다.
예언자는 하나님의 감동을 받지만 그 메시지를 전달하기 위해 자신의 언어를 사용한다.	하나님은 모든 나라에 많은 예언자들을 보내셨다. "하나님이 각 민족에 선지자를 보내어 하나님을 섬기되 우상을 피하라 하셨으니..."(Q 16:36).
예언자들은 (치유와 같은) 기적들이나 다가올 사건을 예고하는 것으로 입증을 받았다(히 11:32–34).	네 명의 주요 예언자는 모세, 다윗, 예수, 무함마드이다. 각각은 하나님의 거룩한 책을 받았다. 무슬림은 예수를 위대한 예언자로 간주한다(Q 2:253).

하지만 위의 표에서 보는 바와 같이 그 내용은 오히려 상호 차이보다는 양 종교의 예언자관이 서로 수용할 만한 것이며, 실제로 그 표현의 차이 외에 서로 유사한 내용을 말하고 있음을 확인하게 된다.

물론 골드만뿐 아니라 많은 기독교 입장의 대변자들은, 이슬람에서 예수를 다만 예언자 중의 하나로 여길 뿐만 아니라 무함마드를 최후의 선지자요 가장 위대한 선지자로 주장하는 것에 대해 비판을 한다.[284] 그럼에도 비교종교학적 관점에서 보면 그리스도인들이 모세나 다른 구약성서의 예언자들

2004), 61–62; 그가 제시한 7개 중에 4개만 간추렸다.

284 *Ibid.*, 63–65.

대신 예수를 최후의 선지자요 메시아, 최종계시로 인정하는 것과 마찬가지로, 후발 종교인 이슬람이 무함마드를 최후의 선지자요 가장 위대한 예언자로 추앙하는 것은 종교적으로 이해할 만하다.

8장

사례: 노아 내러티브

이제 구약성서와 꾸란 간의 대화를 위한 가교를 구성하기 위해 양 경전이 공유하는 공통의 인물 내러티브 중 노아를 선택하여 집중적으로 살펴보고자 한다.

대체로 공통 인물 내러티브를 살펴보기 위한 목적으로 예언자들 중에 하나를 선택하라고 한다면 가장 먼저 아브라함을 꼽을 것이다. 그것은 양 종교가 아브라함을 공통 조상으로 여길 뿐만 아니라, 유대교와 기독교, 그리고 이슬람교가 공히 '아브라함 종교'라는 인식이 많은 사람들에게 널리 공유되고 있기 때문이다. 또한 그가 번제로 드렸던 아들이 이삭이었는지 이스마엘이었는지의 논란은 너무나도 유명하기 때문에 각각의 주장들을 분석하는 것도 좋을 것이라 보기 때문이다.

하지만 양 종교가 아브라함 종교라는 사실로부터 이미 아브라함을 다룬 연구는 비교종교 차원에서뿐 아니라 성서학에서도 많이 있어 왔다. 그러나 이런 많은 연구들에도 불구하고 현실적 거리감을 좁히고 양 종교를 친연종교요 형제종교로 실감하는 데는 아브라함만으로는 역부족인 것이 사실이다. 전술한 바와 같이 아브라함 외에도 꾸란에 나오는 대부분의 예언자들이 구약성서와 공통된 인물들이기에, 잘 다뤄지지 않은 인물, 그러면서도 양 종교에서 중시하는 인물을 추가로 살펴보는 것이 더 의미가 있을 것이다.

그런 점에서 노아는 중요한데, 노아는 아브라함만큼이나 잘 알려져 있는 인물이며 양 종교에서도 중시하는 인물이지만, 종교 간의 비교 연구에서 많이 다뤄지지 않았다. 더욱 흥미로운 사실은 이슬람이 기독교보다 훨씬 더 노아를 중요한 인물로 여긴다는 점이다. 이슬람에서 그는 선지자들 중 '최초의 사도'(Arb. *Rasul*)요,[285] '예언자들의 원로(Arb. *shaykh*)'[286]로 인정된다. 뿐만 아니라 그는 이슬람에서 '훌륭한 5명의 선지자' 중의 첫 선지자로 간주되며[287] 예언자들 중 현세에서 가장 오래 살았다고 여겨지는(950년) 인물이다.

특히 노아 내러티브는 꾸란의 인물 내러티브의 특징을 잘 간직하고 있어서 비교 연구를 위해 유용하다고 본다. 실제로 노아 내러티브는 양 경전의 인물 내러티브의 비교 연구에 있어 성서의 상세 묘사와 꾸란의 개괄적 묘사라는 특징을 분명히 하고 있어 양자 사이에 비교가 용이하다.[288] 앞으로 더 살펴보겠지만, 무엇보다도 나머지 공통 인물 내러티브들의 주요 흐름 역시 노아의 내러티브와 대동소이한 흐름을 따른다. 즉 양 경전은 공통 내러티브의 세

---

285 최영길, 『꾸란과 성서의 예언자들』, 40 ; 대개 '사도'는 경전을 전한 자로 이해되는데, 노아의 경우는 예외이다.

286 최영길, 역, 『성 꾸란』, 1055, 수라 57:26의 각주해설 참조; 아브라함은 '예언자들의 아버지'로 인정된다.

287 *Ibid*., 1154, 수라 71:2 각주 해설 참조; 그 5인은 노아, 아브라함, 모세, 예수, 무함마드이다.

288 김대옥, "성경과 꾸란의 공통 내러티브를 통한 무슬림과의 선교적 대화 가능성 연구: 노아 내러티브를 중심으로," 『신학사상』 161집 (2013), 251.

부 묘사에서 조금씩 차이를 보일 뿐 전체적인 이야기의 흐름이나 그 이야기를 통해 전달하려는 메시지는 하나같이 일관되어 있기 때문이다. 나아가 노아의 홍수 이야기는 유대교와 이슬람뿐 아니라 고대 근동의 메소포타미아에도 공유된 것인 만큼 서로 자료를 비교해 볼 수 있는 장점도 가지고 있다.

이제 양 경전을 통해 노아 이야기를 살펴봄으로써 그 내러티브의 면면을 비교해 보도록 한다. 이를 통해 양 경전 내러티브의 유사성, 그리고 메시지에 담긴 신학적 강조점이 어떻게 공통되게 흐르는지를 살펴볼 것이다. 이를 위해 먼저 각 경전이 전하고 있는 최종 본문으로서의 노아 이야기에 대한 개관을 살피고, 홍수 사건에 대한 세부 묘사, 양 경전의 내러티브가 갖고 있는 특징, 공통점과 차이점, 그 진술동기와 강조점, 그리고 그 이야기에 담긴 신학적 해석 등을 고려하여 살펴보고자 한다.

1. 노아의 생애

성서와 꾸란은 다 같이 노아의 이야기를 비중 있게 다룬다. 구약성서는 하나님을 거역하는 세상에 대한 하나님의 진노와 심판, 그 와중에서의 구원과 자비를 드러내는 사건으로 노아의 이야기를 소개한다.

성서에서 노아의 이야기는 창세기 5장에서의 간결한 서론(창 5:28-32)으로부터 시작하여 본격적으로 창세기 6-9장에 걸쳐 홍수 사건을 중심으로 집중적으로 소개되어 있다. 그것은 역사시대 이전의 사건을 기술하고 있는 서사로서 하나님을 반역한 인류의 범죄에 대한 하나님의 심판과 구원이 어떻게 펼쳐지는지를 다루고 있다. 10장에서 홍수 이후의 족보를 소개하고 나면 그 후로는 역대상의 족보에 한 번(1:4), 이사야가 한 번(54:9), 그리고 에스겔이 한 번(14:14–20) 언급하고 있다. 이후 노아는 신약성서의 복음서에서 심판의 주제와 함께 등장하며(마 24:37– 38; 눅 17:26–27), 히브리서에서 믿음의 본으로(11:7), 그리고 베드로서에서 심판과 구원의 주제로 두 차례 등장한다(벧전 3: 20; 벧후 2:5).[289]

반면, 꾸란은 노아에 관해 총 28개의 수라(章)에 분산하여 언급하고 있는데,[290] 주로 수라 7 (Arb. 아으라프. *Al-A'raf*), 10 (유누스. *Yunus*), 11 (후드. *Hud*), 23 (무으민. *Al-Mu'minun*), 26 (슈아라. *Al-Shu'ara*), 37 (사파트. *Al-Saffat*), 54 (까마르. *Al-Qamar*), 그리고 수라 71 (노아. *Nuh*)에서 상술하고 있다. 특히 수라 11장과 23장, 71장이 노아의 사적과 홍수에 관한 기사를 상세히 다루는 반면, 나머지 수라에서는 경고와 심판의 주제 안에서 간략히 언급만 하고 있다.[291] 하지만 전체적으로 보아 이처럼 노아에 대한 폭넓고도 잦은 인용과 강조는 오히려 꾸란이 구약성서보다 노아에 대한 관심이 훨씬 더하다는 평가를 가능하게 한다.

---

289 김대옥, "성경과 꾸란의 공통 내러티브," 252.

290 Mohammad Imran Erfani, *A-Z Ready Reference of the Quran Based on the Translation By Abdullah Yusuf Ali* (New Delhi: Goodword Books Pvt. Ltd., 2007), 521–522 참조; 노아를 언급하는 전체 장은 3, 6, 7, 9, 10, 11, 14, 17, 19, 21, 22, 23, 25, 26, 29, 37, 38, 40, 42, 50, 51, 53, 54, 57, 66, 69, 71장이다.

291 *Ibid*.

1) 출생과 계보

구약성서 창세기에 따르면 그는 아담의 후손으로서, '아담–셋–에노스–게난–마할랄렐–야렛–에녹–므두셀라–라멕–노아'로 이어지는 아담의 9대 손이었다(창 5:1–32). 이스라엘 고대역사의 계보를 밝히는 역대기의 족보에도 이와 동일한 순서의 계보가 등장한다(대상 1:1–4). 신약성서에서 노아는 예수의 계보를 밝히는 누가복음의 족보에서 언급되는데, 역시 창세기와 역대기의 계보와 동일한 내용이 제시된다(눅 3:36–38).

노아의 부친 라멕은 180세 되던 해에 아들을 낳아 "여호와께서 땅을 저주하시므로 수고롭게 일하는 우리를 이 아들이 안위하리라"(창 5:29) 하면서 그에게 '안위함 또는 휴식'(to comfort, rest)이란 의미를 가진 '노아'(Heb. נח 누아흐. Noah)라는 이름을 주었다.[292]

꾸란에서는 일반적으로 역사적 인물들에 대한 성서와 같은 구체적인 계보를 찾아보기 어렵다. 이는 노아의 경우에도 마찬가지인데, 그는 다만 오래 전에 한 선지자로 보냄을 받았던 사람으로서, 아담 이후(Q 3:33), 아브라함, 이삭, 야곱 등의 이전(Q 6:84; 57:26) 사람으로 언급된다.[293] 그의 이름은

---

292 David Noel Freedman, ed., *ABD* vol. 4, 1123; 키카와다(Isaac M. Kikawada)는 창세기 본문상에 노아 이름에 대한 확고한 어원설명이 확립되어 있지 않다고 보았다. 창세기가 설명하는 바와 같이 '위로와 안위'를 의미한다면 이 이름의 어근 *nḥ*는 *nḥm*(to comfort)와 구두적으로 연결되어 있다고 보았다. 창세기 본문에는 *nḥm*와 관련된 wordplay가 자주 반복되어 나타난다.

293 최영길, 『꾸란과 성서의 예언자들』, 41–42 참조; 최영길은 꾸란에는 노아 이전 시대에 알라 하나님을 섬긴 훌륭한 다섯 명의 선조들이 있었는데, 그들은 왓드(Wadd), 수와(Suwa'), 야구스(Yaghuth), 야우그(Ya'uq), 나스르(Nasr)라고 적었다. 하지만 그 설명과는 달리 꾸란에서 이들은 무함마드 당시 아랍인들이 섬기던 신들의 이름이었다(Q 71:21–23). 물론 성서에서는 그 근거를 찾아보기는 어렵다.

'누흐'(Arb. نوح *Nuh*)라는 아랍어로 총 43회 소개된다.[294] 이름에 대한 의미나 기원은 언급되지 않는다.

2) 가족

성서에 따르면 노아는 500세가 지나서 슬하에 셈, 함, 야벳을 두었다(창 5:32; 6:10). 이들의 후손에 대해서는 창세기와 역대기가 자세히 밝혀 주는데, 각 아들의 후손들의 이름과 거주지, 언어와 족속과 나라로 나뉘어 간 사실들을 구체적으로 언급해 준다(창 10:1-32; 대상 1:5-27).

이에 비해 꾸란은 노아의 자녀들에 대한 정보를 거의 밝혀주지 않는다. 홍수 기사에서도 단순히 그와 그의 '가족'으로만 밝힐 뿐이요(Q 21:76; 23:27), 그의 아들 하나(Q 11:42-43)와 아내(66:10)[295]가 부정적으로 언급되어 있을 뿐이다. 종종 이스라엘이 노아와 함께 방주에 태웠던 자손들이라고 언급된다(Q 17:3).

3) 예언자직

구약성서의 기사에는 없는 노아의 예언자직에 대한 언급이 꾸란에서 강조된다. 꾸란에 따르면 노아는 하나님이 '노아의 백성들'에게 보내신 예언자이다(Q 7:61; 57:26). 그는 불순종하며 조롱하는 백성들 앞에서 적극적으로 하나님의

---

294 *Ibid.*, 43.

295 *Ibid.*, 51; 이슬람 주석가들에 따르면 그들의 이름은 가나안이라 불리는 얌과 노아의 아내 와일라(Wa'ilah)였다고 한다.

유일성과 심판을 선포하고 경고했다(Q 7:59). 그는 하나님의 명령을 좇아 방주를 짓고 홍수 시에도 적극적으로 아들의 구원을 중보하기도 한다(Q 11:45–47).

하지만 구약성서의 기사에는 노아의 예언자로서의 신분과 역할을 명시적으로 언급하는 부분은 없다. 다만 그의 성품과 신앙에 관한 일반적인 진술뿐이다. 그는 '의인이요 당대에 완전한 자'였고 '하나님과 동행'한 사람이었다(창 6:9). 에스겔은 그를 다니엘과 욥과 함께 의인의 반열로 소개한다(겔 14:14, 20).[296] 꾸란과 대조적으로 창세기에서 노아는 홍수 심판과 구원으로 역사하시는 하나님께 매우 수동적으로만 반응하는 것처럼 보인다. 하나님이 명하시면 노아는 순종한다. 그는 홍수 이후에 여호와께 단을 쌓고 제사를 드리고 하나님은 그에게 복과 언약을 베푸신다(창 9:1–17). 하지만 노아는 포도주에 취해 벌거벗은 모습과 함께 그 자녀들을 축복하고 저주하는 모습을 보이기도 한다(창 9:20–27).

구약성서의 기준으로 볼 때, 예언자는 역사적으로 왕국시대에 이르러 등장하며 노아에게 예언자의 칭호나 역할이 주어지지 않았기에, 그가 예언자였다고 주장하지 않는다. 하지만 그렇다고 해서 노아가 예언자였다고 하는 이슬람의 주장에 대하여 거부할 필요 또한 없다고 할 것이다. 기독교가 굳이 선지자로 말하지 않는 아브라함의 경우에도 창세기는 하나님의 입술을 빌어 그가 선지자라는 사실을 천명한다. "이제 그 사람의 아내를 돌려보내라 그는 선지자라…."(창 20:7). 또한 오경에 거의 등장하지 않던 '선지자'라는 단어는 신명기에 이르러 10여 차례 등장하며, 특히 선지자 이전 시대를

---

296 신약성서에서 그는 믿음과 순종으로 반응했던 사람이었다(히 11:7).

살았던 모세를 가리켜 '선지자'로 언급한다(신 34:10).[297] 후대에 베드로에게는 "의를 전파하는 노아"(a preacher of righteousness. NIV)라는 표현을 통해 그의 예언자직을 암시하고 있다(벧후 2:5).

4) 사망

창세기에 따르면 노아는 500세 된 후에 세 아들을 낳았고(창 5:32), 600세 되던 해에 홍수를 맞았다(7:6). 홍수 후에 그는 350년을 살았고 950세가 되어 죽었다(9:28-29). 그는 셈, 함, 야벳의 아버지로 인류의 제 2의 조상이요, 포도 경작의 창시자가 되었다(9:20).

꾸란도 그의 향년을 동일하게 제시한다. 그는 "50년이 모자란 1천년"을 살았다(Q 29:14).[298]

2. 대홍수

1) 발단

구약성서에 따르면, 하나님은 세상에 관영(貫盈)한 죄를 심판하고자 전 지

---

297 "그 후에는 이스라엘에 모세와 같은 선지자가 일어나지 못하였나니 모세는 여호와께서 대면하여 아시던 자라"(신 34:10).

298 "노아," http://ko.wikipedia.org/wiki/%EB%85%B8%EC%95%84 (2013년 8월 20일 검색); 쉬아파 무슬림들은 노아가 이라크 나자프에 있는 이맘 알리 모스크 안에 알리의 옆에 안장되었다고 믿고 있다.

구적 홍수를 예비하신다.[299] 창세기 6장의 서문은 대홍수의 발단이 된 사건을 다소 모호한 이야기로 들려준다. "하나님의 아들들이 사람의 딸들의 아름다움을 보고 자기들이 좋아하는 모든 여자를 아내로 삼는지라"(창 6:2), "여호와께서는 사람의 죄악이 세상에 가득함과 그의 마음으로 생각하는 모든 계획이 항상 악할 뿐임을 보시고 땅 위에 사람 지으셨음을 한탄하사 마음에 근심"하셨다(6:5-6). "그때에 온 땅이 하나님 앞에 부패하여 포악함이 땅에 가득"하였고(6:11), "땅에서 모든 혈육 있는 자의 행위가 부패"하였다(6:12). 그래서 여호와께서는 "모든 혈육 있는 자의 강포가 땅에 가득하다" 판단하시고 "그들을 땅과 함께 멸하리라" 선언하신다(6:13). 하나님은 "내가 창조한 사람을 내가 지면에서 쓸어버리되 사람으로부터 가축과 기는 것과 공중의 새까지 그리하리니 이는 내가 그것들을 지었음을 한탄함이니라"고 독백하듯 말씀하셨다(6:7).

꾸란 역시 심판의 수단으로 홍수를 언급하지만 심판의 이유와 그 대상은 창세기의 것과 차이를 보인다. 심판의 대상은 '노아의 백성들'인데, 그들이 누구인지에 대한 구체적인 설명은 없다. 그들에 대한 심판의 이유는 주로 예언자와 그의 메시지에 대한 거부와 관련이 있다. "하나님을 두려워하고 나에게 순종하라"(Q 26:108-110)는 예언자의 말에 청중은 그가 인간에 불과한 자라며 수용하지 않았다(Q 23:24). 따라서 꾸란은 그들이 사악하고 오만하여(Q 51:46, 53:52) 예언자를 거역하고(Q 7:64; 22:42; 25:37; 54:9) 그를 미

299 성서학자들은 이 문제에 대해 토론해 왔다. 전 지구적 홍수인가 지역적인 홍수인가에 해한 논의는 다음의 책을 참고할 수 있다. Herbert Wolf, *An Introduction to the Old Testament Pentateuch* (Chicago: Moody Press, 1991), 101-104.

친 자라 우롱하며(Q 9:70; 23:25; 54:9), 그를 부정하고(Q 10:73; 23:24-26), 불신(Q 14:9)하며 배척했다고 기록하며 심판을 선언한다(Q 26:105-110).

2) 방주 건조와 승선

창세기에 의하면, 여호와께서는 그러한 심판의 계획 속에서 "의인이요 당세에 완전한 자"요, "하나님과 동행"하였던(창 6:9) 노아와 그의 온 집은 구원하시겠다고 약속하시면서 방주 건조를 명하신다. 창세기 6장 14-16절을 보면 노아의 방주가 어떠한 규모와 방식으로 만들어졌는지를 알 수 있다. "너는 고페르 나무로[300] 너를 위하여 방주를 만들되 그 안에 칸들을 막고 역청을 그 안팎에 칠하라. 네가 만들 방주는 이러하니 그 길이는 삼백 규빗, 너비는 오십 규빗, 높이는 삼십 규빗이라.[301] 거기에 창을 내되 위에서부터 한 규빗에 내고 그 문은 옆으로 내고 상중하 삼층으로 할지니라." 반면에 꾸란은 이에 대한 세부사항에 관해 침묵한다.[302]

꾸란에 따르면, 백성들의 배척과 불순종이 심해지자 노아는 그들을 벌하여 달라고 기도한다. 그때 하나님은 노아를 위로하면서 그들의 죄에 대해 심판을 하시되 노아와 믿음을 가진 자들을 구원하시겠다는 약속을 전하고,

---

300 목회와신학 편집부, 『창세기 어떻게 설교할 것인가』, 두란노 「HOW 주석」 01 (서울: 두란노아카데미, 2010), 226; '고페르' 나무는 개역성경에 '잣나무'로 번역했는데(NIV는 cypress wood로 번역), 성서에 단 한 번 나오는 단어로, 정확히 어떤 나무였는지는 알지 못한다.

301 *Ibid.*, 225. 미터로 환산하면 길이 135m, 폭 22m, 높이 13m이다.

302 Scott B. Noegel and Brannon M. Wheeler, *The A to Z of Prophets in Islam and Judaism* (Plymouth, UK: The Scarecrow Press, Inc., 2010), 239; 유명한 무슬림 주석가 따바리(Tabari)는 방주를 짓는 데 사용된 나무는 하나님이 노아에게 심도록 명령하신 특별한 것이었으며, 그 나무는 노아가 그의 백성들에게 예언을 하는 40년 동안 자랐다고 한다.

계시에 따라 방주를 만들라 명령하신다(Q 11:36–37; 23:27). 구약성서와 달리 꾸란에는 방주에 대한 '계시'의 내용이 무엇이었는지 제시되어 있지 않다.[303] 반면에 꾸란에는 노아가 방주를 짓는 과정에 사람들이 지속적으로 그를 조롱했던 내용에 대해 언급해 준다(Q 11:38).

방주 건조기간에 대하여는, 어떤 이들이 창세기 6장 3절을 해석하면서 이를 방주 건조기간으로 보고 120년이 걸렸다고 주장하기도 하지만, 성서에는 이것이 명시되어 있지 않다.[304] 이에 비해 꾸란은 방주가 '널빤지와 못으로' 만들어졌다고 기록하고 있으며(Q 54:13), 최영길은 이슬람의 견해를 소개하면서 방주가 2년에 걸쳐 건조되었다고 언급한다.[305]

끝으로 승선에 관하여는, 혈육 있는 생물들, 즉 새와 가축과 땅에 기는 모든 것을 그 종류대로 암수 한 쌍씩 방주로 이끌어 들여 생명을 보존하게 하라 명하시고(창 6:19–20), 양식과 먹이를 저축하게 하신다(창 6:21). 꾸란은 '각 종류의 한 쌍과 너의 가족을 태우라는 말씀'(Q 23:27)이 있었다고 전함으로 구약성서와 평행을 보여 준다(창 6:19–20). 하지만 창세기는 '정결한 것은 7쌍씩, 부정한 것은 1쌍씩 실으라'는 보다 상세한 지침이 추가되어 있다(창 7:2–3).

---

303 최영길, 『꾸란과 성서의 예언자들』, 48–49 참조; 따라서 주석가들은 다양한 설명을 제시했는데, 최영길에 따르면 방주의 크기와 모양 등에 대해 이슬람 내에 많은 이설이 있음을 알 수 있다. 그 주장들은 대체로 성서의 기사에 영향을 받은 것으로 보인다.

304 Gordon J. Wenham, Genesis 1–15, WBC vol. 1 (Dallas, Texas: Word Books, 1987), 142; 카일(Keil)이나 키드너(Kidner)와 같은 학자들은 120년이 사람의 수명이 아닌 하나님의 심판의 경고에서부터 홍수 때까지의 시간이며, 이것이 곧 방주 건조기간이라는 주장들이 있다(목회와신학 편집부, 219– 221 참조). 하지만 본문의 직접적 문맥이나, 홍수 이후 야곱부터 이어지는 사람들의 수명으로 미루어 볼 때, 120년은 방주 건조기간이 아니라 인간의 최대 수명으로 보는 것이 적절해 보인다.

305 최영길, 『꾸란과 성서의 예언자들』, 48.

3) 홍수 심판

창세기에 따르면 홍수의 과정이 매우 세밀하게 기록되어 있다. 홍수는 예고 후 7일 후에 있을 것이다(창 7:4, 10). 그때는 그의 나이 600세 되던 때였고(7:6) 노아와 온 집은 방주에 들어갔다(7:1, 7, 13). 모든 짐승들이 노아에게 나아와 방주로 들어가자 드디어 홍수가 임했다(7:2-4, 8-9, 14-16). 때는 2월 17일이었다(7:11). 그때 "큰 깊음의 샘들이 터지며 하늘의 창문들이 열려 40주야를 비가 땅에 쏟아졌다"(7:11-12, 17). 물은 더욱 불어나 방주는 물 위에 떠올랐고, '천하의 높은 산들이 다 잠기고' 지상의 모든 생물과 사람이 죽임을 당했다(7:17-23). 물은 150일 동안이나 땅에 범람했다(7:24).[306]

꾸란은 홍수와 관련된 세부 일정에 대해서는 침묵하고 있다.[307] 하지만 하나님은 "하늘의 문들을 열고 비를 내리게 하여 대지의 우물 속으로 흐르게"했다고 기록한다(Q 54:11-12). '지표에서 물이 솟으며'(Q 11:40)[308] 방주는 '산처럼 높은 파도를 따라 표류'했고(Q 11:42), 사람들은 익사하고 말았다.[309]

노아의 홍수가 노아의 백성들이 사는 지역에 국한된 홍수였는가 아니면

---

306 학자들은 이를 '반(反) 창조사건'으로 해석하는데, 창조를 태초의 혼돈(Heb. *Tehom*)이던 '원시 바다로부터 땅을 구원한 사건'에 대비하여, 홍수 사건은 그 땅을 다시 그 혼돈으로 되돌리는 것으로 해석한다. 김회권, 『하나님 나라 신학의 관점에서 읽는 모세오경 1』, (서울: 대한기독교서회, 2009), 68; Paula Gooder, 『오경』, 강대홍 역 (서울: 미스바, 2002), 68 참조.

307 최영길, 역, 『성 꾸란』, 387, 수라 11:42 각주해설 참조; 최영길은 하씨야 알싸위 알잘랄라인 216/2를 인용하면서 하나님께서 40 주야에 걸쳐 비를 내리고 땅에서 물이 솟도록 했다고 해석하고 있다.

308 Scott B. Noegel and Brannon M. Wheeler, *The A to Z of Prophets in Islam and Judaism*, 239; 무슬림 주석가들은 아담과 하와의 '화덕'에서 끓어 넘치는 물로부터 왔다고도 한다(Q 23:27).

309 *Ibid.*, 240; 무슬림 주석가들은 홍수 기간 동안 본래의 카아바가 '방문사원'(visited temple. Arb. *bayt al-ma'mur*)이 되기 위해 하늘에 세워졌으며, 방주는 한 산 위에 정박하기 전에 일곱 번이나 그 위치에서 떠다녔다고 한다.

전 지구적 홍수였는가에 관하여 구약성서와 꾸란은 각각 그 기사와 해석에서 차이를 보인다. 구약성서는 "땅 위에 사람 지으셨음을 한탄"하시며 "내가 창조한 사람을 내가 지면에서 쓸어버리되 사람으로부터 가축과 기는 것과 공중의 새까지 그리하리니"(창 6:6-7)라며 모든 육상동물을 포함한 전 인류를 대상으로 심판을 언급하고 있다. 결국 홍수로 인해 "천하의 높은 산이 다 잠겼더니 물이 불어서 십오 규빗이나 오르니 산들이 잠긴지라"(창 7:19-20)라는 진술을 중심으로 이야기는 그것이 전 지구적 홍수였음을 암시하는 것으로 보인다.[310]

이에 비해 꾸란 해석자들의 경우 지구 전체가 물에 잠겼다고 주장하는 이들이 있는가 하면, "노아의 백성이 살았던 지역만을 휩쓸었다"고 주장하는 이들도 있다.[311] 이와 같은 해석의 차이에도 불구하고 꾸란은 노아가 이 땅에 불신자들은 단 한 명도 남기시지 말도록 기도했다고 기록하며(Q 71:28), 이 사건을 '만인(온 백성)을 위한 증표'로 인정하고 있다(Q 29:15).

또 하나 주목해 볼 것은 홍수 때 구원 받은 사람들에 관한 것이다. 창세기에 따르면 그 홍수에서 노아 내외와 아들 셈, 함, 야벳과 그의 아내들, 총 8명만 구원을 받는다. 이 언급은 창세기 7장에서 지속적으로 반복되며(7:1,

---

310 하지만 학자들 중에서는 언어적, 지리적, 과학적 증거 등을 통해 그것이 '지역적 홍수'를 의미한다고 주장하는 이들도 많다. 노아와 당시 사람들에게 '천하'의 모든 세계는 그들에게 익숙한 영역에 제한되었을 가능성은 물론, 메소포타미아 유역의 지리적 반영, 모든 동물들을 수용했다는 방주의 크기, 천하를 덮는 물의 양 등 전 지구적 홍수를 이야기하기에 제한적인 요소들이 많이 있다. 중요한 점은 이것을 서사로 읽어야 한다는 점이며, 교리적 진술로는 주의할 필요가 있다. Herbert Wolf, *An Introduction to the Old Testament Pentateuch*, 101-104 참조.

311 최영길, 『꾸란과 성서의 예언자들』, 50.

7, 13) 홍수가 끝나고 방주에서 나오는 이들도 역시 그들이요(8:18), 홍수 이후에 인류가 다시 생육하게 될 때도 그들의 이름으로 언급한다(9:19).[312]

하지만 꾸란에 따르면, 적어도 노아의 아내와(Q 66:10) 그의 한 아들이[313] 구원받지 못했다고 기록한다(Q 11:42-43). 그들이 불신자였기 때문이다.[314]

4) 물의 소거와 회복

창세기에 따르면, 하나님이 방주에 타고 있는 이들을 기억하사 땅에 바람이 불게 하시므로[315] 물이 줄어들었다고 기록한다(창 8:1). 150일 동안을 홍수가 범람하던 땅에 다시 150일 동안 물이 줄어들면서(8:3), 7월 17일에 방주는 아라랏 산에 머물렀다. 이때부터 40일을 기다려 노아는 까마귀와 비둘기를 보내 물 빠짐의 정도를 확인했고(8:6-9), 또 다시 7일씩을 기다려 두 차례 비둘기를 보내 확인한 후(8:10-12), 601년 1월 1일에 지면에 물이 걷힘을 확인하고(8:13), 2월 27일에 땅이 마름을 확인하고 방주에서 나온다(8:14ff). 가족과 동물들이 방주에서 나온 후, 노아는 하나님께 제사를 드렸고(8:20), 제사를 받은 하나님은 다시는 사람으로 인해 땅을 저주하지 않을

---

312 베드로도 그의 편지에서 '구원을 얻은 자가 겨우 여덟 명'이었으며(벧전 3:20), '노아와 그 일곱 식구를 보존'하셨다고 증거한다(벧후 2:5).

313 Scott B. Noegel and Brannon M. Wheeler, *The A to Z of Prophets in Islam and Judaism*, 240; 무슬림 주석가들은 그의 이름이 얌(Heb. Arb. *Yam*. '바다')이었으며 홍수에서 익사했다고 한다.

314 최영길, 역, 『성 꾸란』, 387, 수라 11:40 각주해설 참조; 최영길은 무크타싸르 이브누 카씨르 22/2를 인용하여, 노아의 생애 중 소수만이 하나님을 믿고 노아를 따랐는데, 이브느 압바쓰는 남녀 합하여 80여명이, 카아브는 72명만이 노아를 따랐다고 한다.

315 김회권, 『하나님 나라 신학의 관점에서 읽는 모세오경 1』, 67; "태초의 원시바다 위에 불던 하나님의(큰) 바람(Heb. *Ruah*)이 창조 시와 같이 다시 불고 있다"고 해석했다.

것을 다짐하신다(8:21-22). 그리고는 노아와 그 아들들에게 복과 번성을 약속한다(9:1ff). 그리고 다시는 홍수로 심판하지 않겠다는 언약의 징표로 하늘에 무지개를 두셨다(9:11-17).[316]

꾸란은 하나님이 "대지여 그대의 물을 삼킬 것이며 하늘이여 비를 그치라" 말씀하니 물이 줄어 일이 끝났다고 시적(詩的)으로 간결하게 기록한다(Q 11:44). 범람하던 물이 어떻게 감하였는지에 대해 성서에 상세하지 않은 것 만큼 꾸란에도 그러하다. 한편 방주는 주디(al-Judi)산에 정박한다(Q 11:44). 성서가 아라랏 산(창 8:4)이라 언급하는 것과 차이를 보인다.[317] 성서처럼 그 내용이 구체적이지는 않지만 꾸란 역시 홍수 후에 하나님은 노아와 함께 한 백성들을 축복한다. "노아야 편안히 방주에서 내리라. 너에게 그리고 너와 함께 한 백성들에게 축복이 있으리라"(Q 11:48).[318]

5) 홍수 이후

창세기에 따르면 오늘날의 모든 인류는 홍수에서 생존한 노아의 세 아들

---

316 David Noel Freedman, *ABD*, vol. 4, 1127; 키카와다는 무지개가 전쟁의 이미지와 관련이 있다고 보았다. 성서 히브리어에는 '무지개'에 대한 단어가 없으며, 이곳에 등장하는 무지개는 문자적으로 "구름 속에 (무기)활"(a bow in the cloud)이다. 그는 이 구름 속에 활을 둔 이미지는 인류와의 전쟁 이후 하나님의 휴전 선언을 암시한다고 보았다.

317 최영길, 『꾸란과 성서의 예언자들』, 53; 이곳은 소아시아 아르메니아 산맥에 걸쳐있는 높은 아라라(Ararah) 산이라는 설이 있는가 하면, 사우디 아라비아의 아라파트 지역 주디 산에 멈추어 섰다는 설도 있다고 한다. 메소포타미아 전통은 니시르(Nisir) 또는 니무쉬(Nimush) 산이라 한다. Scott B. Noegel and Brannon M. Wheeler, *The A to Z of Prophets in Islam and Judaism*, 240 참조.

318 하지만 여기에 해석하기 애매한 언급이 하나 뒤따른다. 홍수로 모두 익사한 이후에 '다른 백성'이 언급되고 있기 때문이다. '다른 백성이 있어 그들로 하여 기쁨을 누리게 하다가 고통스러운 벌이 그들을 지배케 하리라'(Q 11:48).

의 후손이다. 전 지구적 홍수로 다른 모든 사람들은 죽고 방주에 탔던 노아와 세 아들들에 의해 새로운 인류역사가 시작된 것이다. "노아의 이 세 아들로부터 사람들이 온 땅에 퍼지니라"(창 9:19). 창세기 10장은 이 아들들에 의해 어떻게 후손들이 이어져 갔으며, 어떻게 흩어져 가면서 민족들의 기원이 되었는지를 서술하고 있다. "이들은 그 백성들의 족보에 따르면 노아 자손의 족속들이요 홍수 후에 이들에게서 그 땅의 백성들이 나뉘었더라"(10:32).

하지만 꾸란은 노아가 홍수 이후의 제 2의 기원이라는 인상을 명시적으로 강하게 주지 않는다. 다만, 무슬림 학자들은 구약성서에 근거한 해서을 따라 노아를 제 2의 아담으로 해석한다.[319]

창세기 9장 20-27절에 나오는 에피소드가 홍수 이야기와 어떻게 시간적으로 이어지는지는 불분명하다. 하지만 전후 구절(9:19, 28)이 홍수 이야기와 연결시키는 것으로 보아 홍수 이후의 한 에피소드라고 해도 무방해 보인다. 여기에서 노아는 포도농사를 시작했고, 그 포도주에 취해 벌거벗은 일로 인해 작은 아들을 저주하는 일이 발생한다. 술에 취해 자녀들에게 수치를 보이고 그 일로 자녀를 저주까지 하게 되었다는 것은 지금까지의 홍수 기사의 분위기와 상당히 이질적인 내용처럼 보인다. 그는 하나님의 진노 속에서도 은혜를 입은 자였고(창 6:8), "의인이요 당대에 완전한 자"요, "하나님과 동행"하던 자였기 때문이다. 어쨌든 노아는 홍수 후에도 350년을 평온히

---

319 최영길, 『꾸란과 성서의 예언자들』, 53-54; 싸이드(Sa'd ibn Musaiyab)는 노아가 셈과 야벳과 함을 두었는데, 셈에게서 아랍인과 페르시아인, 로마인이 나왔고, 야벳에게서 터키인, 사깔리바인, 곡과 마곡 사람들이 유래했고, 함에게서 콥트인과 수단인, 그리고 베르베르인들이 나왔다고 주장했다 한다.

살다 950세에 죽음을 맞았다(9:28-29).

꾸란에는 노아의 최후에 대해서는 언급이 없다.[320] 그렇지만 무함마드의 전형처럼 자주 언급되는 선지자 노아에 대한 이러한 수치스러운 기사는 무함마드나 무슬림들이 수용하기 곤란했을 것으로 보인다.

3. 내러티브의 특징 비교

일반적으로 성서와 꾸란의 내러티브를 비교해 볼 때, 성서의 것은 그 분량이나 세부 묘사, 일관성 등에 있어서 꾸란에 비해 매우 많고 정밀하며 일관되어 있다. 성서가 내러티브 자체에 초점을 두고 보다 집중적으로 기사를 다루고 인물과 사건에 대한 역사적이며 연대기적인 서술을 하고 있다면, 꾸란은 개괄적이며, 분산적이고 탈역사적 성격을 띠는 경향이 있다.[321] 이는 노아 내러티브에서도 다르지 않다. 구약성서는 노아 홍수를 서술하는 데 있어서 상당한 분량을 할애하여 홍수의 동기와 방주의 척량, 그 준비과정 및 홍수의 과정, 물이 창일한 날 수와 물이 소거되는 과정, 그리고 구원받은 사람들과 홍수 이후의 역사 등을 비교적 상세히 묘사해 준다.[322]

---

320 Scott B. Noegel and Brannon M. Wheeler, *The A to Z of Prophets in Islam and Judaism*, 240; 유명한 꾸란 주석학자 이븐 카티르(Ibn Kathir)는 노아의 무덤이 메카 또는 쿠루크 노아(Kurk Noah)라 알려진 마을에 있는 것으로 간주된다고 보았다.

321 김대옥, "성경과 꾸란의 공통 내러티브," 248.

322 *Ibid.*, 253; 뿐만 아니라 이 홍수 사건에 대한 후대 선지자들과 예수 그리스도 및 사도들의 인용은 그 사건의 사실성과 정황을 그대로 수용하고 있는 것으로 보이며, 심지어 오랜 성서 역사

이와 같은 차이는 두 경전의 서술방식에서 비롯된다. 즉 구약성서의 내러티브가 역사적 서술방식을 통해 일관되게 기록된 본문이라면, 꾸란의 내러티브는 구두적 설교 상황에서 전달된 이야기의 수집이라는 측면에서 그 서술방식의 통일성을 찾기가 쉽지 않다.

그러나 꾸란이 구약성서와 달리 특이한 점은 노아가 예언자의 지위를 부여받고 있으며, 그 역할을 구약성서에서보다 더 적극적으로 감당하고 있다는 사실이다. 또한 그가 당대의 주위 사람들에게 행한 설교가 길게 소개되어 있으며, 빈번히 반복되어 등장한다는 점도 특별하다(Q 7, 11, 23, 71장 등).

이로 인해 노아는 백성들로부터 심한 배척을 받는데, 이는 전체적으로 구약성서가 소개하지 않는 내용이다. 그 당시 사람들이 노아가 방주를 짓는 일에 어떻게 반응했는지에 대해 구약성서는 아무런 언급이 없지만, 꾸란은 이 부분에서 흥미로운 진술을 제공한다. "그리하여 그가 방주를 만들기 시작하니 그 백성의 수장들이 그를 지날 때마다 그를 조롱"했다(Q 11:38).

길크리스트는 "노아가 거대한 배를 짓는 일은 그 당시 사람들에게 분명 어리석은 행동처럼 보였을 것이며, 그 사람들이 노아를 무자비하게 조롱했을 가능성이 매우 높다"고 보았다.[323] 김회권 역시 노아가 120년간 의의 설교자로 살면서 조롱과 야유를 견디었다고 추정하며 해석했다.[324] 비록 이 본문의 평행이 구약성서에서는 나타나지 않지만, 그의 예언자직에 대한 부분

속에서 노아 내러티브의 진정성 등이 청중들에게 비난을 받은 흔적은 없어 보인다.

323 John Gilchrist, 『무슬림에게 복음 전하기: 성경을 기초로 하는 무슬림 전도 핸드북』, 김대옥, 전병희 역 (대전: 대장간, 2012), 63.

324 김회권, 『하나님 나라 신학의 관점에서 읽는 모세오경 1』, 68.

과 마찬가지로 서로 평행되지 않는다 해서 굳이 부정하거나 인정하지 않을 이유는 없어 보인다.[325]

주지하듯이 구약성서나 꾸란의 내러티브는 인물이나 사건의 모든 세부 사항을 기록하지 않는다. 특히나 꾸란은 구약성서에 비해 그 기사의 분량이 현저하게 짧다. 하지만 꾸란은 동일 사안을 여러 곳에서 반복하여 유사한 형태로 언급한다. 꾸란이 소개하는 홍수의 과정은 구약성서처럼 구체적이지 않다. 게다가 노아를 언급하는 대목들마다 이야기의 장단이나 내용들이 조금씩 차이를 보여 일관성이 부족해 보이기도 한다.[326] 특히 노아의 아내와 한 아들이 구원을 받지 못하며, 또한 홍수 후 역사도 분명치 않다. 물이 감하여지는 과정, 또 그것을 확인하는 과정, 정주 이후의 제사과정, 홍수 이후의 언약체결, 가족사의 분란 등에 대한 기사가 제공되지 않았다.[327]

하지만 꾸란에 반복되는 노아에 관한 모든 기사에서 통일되는 내용은 백성들이 노아와 그 메시지를 믿지 않고 대적했으며, 따라서 그들에게 무시무시한 벌을 내렸다는 사실이다. 반면 노아는 알라의 보호와 보상을 받는다. 사실 이 점이 바로 꾸란에 있는 예언자 내러티브가 사용되는 방식의 전형적인 특징이다. 무함마드는 이전 예언자들의 사례를 통해 현재 그의 메시지를

---

325 실제로 많은 그리스도인들은 성서에 이러한 '조롱'이 기록되어 있는 것처럼 기억한다.

326 물론 이는 성서의 내러티브에서도 언급될 수 있다. 사실 창세기에 기록된 내용의 상세 묘사를 살펴보면 기록 단위별로 서로 불일치의 흔적이 보인다. 즉 혈육 있는 모든 생물의 각기 암수 한 쌍씩을 노아가 이끌어 들여야 한다(창 6:19), 정결한 짐승은 암수 일곱씩, 부정한 것은 암수 둘씩, 새도 암수 일곱씩을 데려와야 한다(창 7:2-3), 정결한 짐승과 부정한 짐승이 암수 둘씩 나아와 들어간다(창 7:8-9), 생명의 기운이 있는 육체가 암수 둘씩 나아와 들어갔다(창 7:14-16) 등이 그것이다.

327 김대옥, "성경과 꾸란의 공통 내러티브," 254.

들는 당대의 청중들에게 경고하고 있다. 따라서 꾸란의 노아 내러티브는 전체적으로 무함마드의 선지자직과 그 메시지를 설득시키고자 하는 목적에서 설교적으로 제시되고 있다. 즉 노아의 홍수 사건은 노아의 때와 같이 불신하는 당대의 청중들에게 강력한 심판의 경고로 활용되고 있으며, 노아는 특히나 메카시대의 무함마드에게 중요한 동일시 모델이 되었던 것으로 보인다. 그의 선지자직을 인정하지 않는 주변인들에 대항하여, 자신을 향한 거부와 박해를 동일시하며 알라의 심판을 경고하는 경우에 언제나 노아를 언급했던 것으로 보인다.

그러므로 노아는 창세기에서보다 꾸란에서 훨씬 더 중요한 역할을 하는 것처럼 보인다(Q 7:59-64; 10:71-73; 11:25-49; 21:76-77; 23:23-30; 26:105-122; 29:14-15; 37-75-82; 54:9-17; 71:1-28).[328] 출현빈도를 보더라도 구약성서에서 노아의 이름은 37회, 그것도 창세기의 홍수 기사에서 33회 집중되어 등장하는 반면, 꾸란에서 노아의 이름은 여러 장에 걸쳐 43회나 등장한다. 노아 내러티브는 꾸란 인물 내러티브의 전형을 드러내어 보여 준다. 즉 하나님께로부터 보냄을 받고, 백성들에게 거부를 당하지만, 그를 거부한 이들은 파멸에 이르고, 예언자는 구원을 받는 패턴의 전형이다.[329]

---

328 Scott B. Noegel and Brannon M. Wheeler, *The A to Z of Prophets in Islam and Judaism*, 239.
329 이 주제에 관해서는 뒤에 나오는 9장의 '창의적 변용' 부분에서 더 논의한다.

9장

공통 내러티브의 불일치 해결

1. 상이한 '삶의 자리'

노아 내러티브의 비교에서도 보았듯이, 두 경전의 공통 인물 내러티브에는 많은 공통점에도 불구하고, 상호 간 진정성 논쟁의 화근이 되었던 다양한 불일치가 발견된다. 서로 다른 시공간에서 형성된 경전들이 갖는 불일치는 당연한 것이지만, 이 불일치로 인해 야기되는 논쟁을 완화하기 위해서는 이에 대한 적절한 이해가 필요하다.

이 공통 본문에 나타나는 차이들을 다루는 데에서 제기되는 질문들은 다양하다. 왜 공통 인물에 대한 내러티브의 내용상에 그처럼 중요한 연속성을 보이면서도 동시에 크고 작은 불일치를 드러내게 되었는가? 그것은 후대에 등장한 꾸란이 두드러진 결핍 요소를 보이는 것인가? 아니면 구약성서와 꾸란 내러티브의 전승기원이 근본적으로 다른 것인가? 아니면 꾸란이 단순히 구약성서의 원자료로부터의 문학적 차용과정에서 누락되거나 추가된 것인가? 아니면 전달된 정보의 오류나 또는 무함마드의 의도적 변형과 재해석의 결과인가? 그 차이에 대한 다양한 이해를 시도해 보자.

우선 이러한 차이들 때문에 성서의 '노아흐'(Heb. *Noaḥ*)와 꾸란의 '누흐'(Arb. *Nuh*)를 서로 다른 인물로 여길 수 없음은 분명하다. 양 경전은 내러티브 상에서 상기한 차이들을 보이고 있음에도 동일 인물을 묘사하고 있음이 분명하기 때문이다. 근본적으로 노아의 사적에 무관심한 꾸란은 다만 노아라는 하나님의 예언자가 우상을 버리고 하나님을 경배하라는 메시지를 전했지만, 백성들이 그들 대적하고 악을 행함으로 하나님께서 그들을 홍수로 심판하시고, 결국 예언자를 구원하셨다는 사실을 담담히 반복하고 있다.[330]

이 차이들의 문제를 역사적으로 세밀하게 추적하는 것은 불가능하다. 근본적으로 노아 내러티브는 역사 이전 시대에 관한 서사이기 때문이다.[331] 하지만 앞서도 언급한 것처럼, 꾸란이 이전부터 존재하던 구약성서로부터 지대한 영향을 받았다는 것은 분명하다. 수많은 세월 동안 구전에 의해 전승되어 오다 구약성서에 자리 잡은 노아 홍수 기사가, 수세기를 지나면서 그 공동체를 넘어 조금은 변형된 형태로 꾸란에까지 자리하게 된 것으로 보인

---

330 김대옥, "성경과 꾸란의 공통 내러티브," 254–255.

331 John H. Hayes, 『구약학 입문』, 이영근 역 (서울: 크리스찬다이제스트, 2001), 125; 궁켈(H. Gunkel)은 창세기 설화들의 정확한 기원은 사실상 더 이상 발견될 수 없다고 보았다. 원역사(창 1–11)에 기록된 대부분의 자료는 기본적으로 바벨론에 기원을 가지고 있어 보이고, 족장들의 기사 중 요셉의 이야기가 애굽의 영향을 반영하고는 있지만 본래 가나안의 것으로 보이며, 다른 일부는 네게브와 같은 이스라엘 기원으로 이해되기 때문에 결국 여러 배경으로부터 이야기들을 수용하고 개작한 것으로 이해했다.

다. 즉 아브라함 종교 중에서 가장 나중에 태동한 이슬람 안에 많은 부분에서 유대교나 기독교와의 유사성이 존재한다는 것은 결과적으로 앞선 종교로부터 교리적 혹은 문화적으로 영향을 받았기 때문이라는 사실을 말해준다.[332] 하지만 그럼에도 이와 같이 구약성서와 꾸란의 내러티브가 세부적인 묘사에 있어서 차이를 보이는 것은, 오히려 꾸란이 단순히 성서를 복제하거나, 일방적으로 차용한 것만이 아님을 방증해 보인다.

양 경전의 내러티브가 이처럼 차이를 보이는 이유를 설명하기 위해 무엇보다 이 이야기를 전하는 구약성서와 꾸란의 시공간적 삶의 정황, 곧 궁켈이 언급했던 '삶의 자리'(Sitz im Leben)가 달랐다는 사실이 중요하다. 그것은 마치 같은 오경 속에서도 시간과 공간이 바뀌어 가면서 본문의 내용과 메시지가 변화한 것과 마찬가지이다. 예컨대, 광야 여행 중에 제시된 율법은 시간과 공간의 변화를 겪으면서 신명기에서 소폭 변경되고 있다. 광야라는 시공간적 삶의 자리는 가나안 땅 정복 이후 땅을 분배 받아 정착한 이후의 그것과는 다를 수밖에 없었던 것이다.

그러므로 내러티브의 외견에 대한 단순 비교를 통해 진위를 논해서는 안 되는 까닭은 각 경전이 전달하고 있는 내러티브를 올바로 해석하기 위해서 바로 이러한 삶의 자리에 대한 많은 정황을 고려해야만 하기 때문이다. 이런 맥락에서 정중호는 구약성서의 예언 해석에 관하여 언급하면서 예언자들의 처한 시대적 상황과 수사학적 지평을 염두에 두어야 함을 적절히 지적해 주었다.

---

332 이성수, "중동 문화속에서의 3대종교," 44–45.

(예언자가) 야훼의(하나님의) 말씀을 전할 때 중요한 것은 그 말씀을 예언자들이 소화해서 청중들이 이해할 수 있는 말로 전하기 때문에 그 상황은 설교의 상황이라 할 수 있다. 따라서 예언자의 예언 내용을 분석할 때 그 시대적 상황(Historical Background)과 예언 전달의 수사학적 지평(Rhetorical Horizon)을 언제나 염두에 두어야 한다. 볼프(H. W. Wolff)는 말하기를 "예언의 역사적인 상황을 무시한 채 예언을 해석하려고 한다면 반드시 잘못된 결과를 낳을 것이다"라고 하였다.[333]

당시 자신이 처한 상황 속에서 이러한 구약성서의 내러티브를 활용하여 설교했던 무함마드의 의도와 함께 그와 그의 청중들이 처해 있던 역사적 삶의 자리를 주목해 본다면, 설령 무함마드가 구약성서의 원자료를 활용했다 할지라도 다른 형태와 묘사들로 전달되는 것이 그리 이상하지 않다. 오히려, 고대의 바벨론과 팔레스타인에서 살던 유대인의 상황을 반영하는 구약 내러티브와 서기 7세기 '무지의 시대'(Arb. *Jahiliya*)의 다신교적 혼돈상황에 있던 아라비아 반도에 살던 아랍인의 상황을 반영하는 꾸란 내러티브가 이처럼 상이점을 보이는 것은 어쩌면 당연한 일이라 하겠다. 그러므로 양 경전의 공통 내러티브에 담긴 상이점에만 주목하는 것은 양대 경전의 역사적 변천과 경전 수용자들의 삶의 자리를 고려하지 않은 이해라고 하겠다.

구약성서 본문이 전승의 역사를 갖듯이 꾸란 역시 전승의 과정을 거쳤음은 자명한 일이다. 이처럼 각 경전이 구전에 의해 전승되고 수집되고 편집

---

333 정중호, "국제상황 변화와 관련된 예언자의 활동에 관한 연구," 『동서문화』 29집 (1997), 173.

되어 온 본문의 역사를 주목한다면 경전에 대한 축자영감을 주장하며 그것을 근거로 문자주의에 입각한 진리논쟁을 벌이는 것은 부적절하다. 그것은 본문의 맥락과 역사를 무시한 접근이기 때문이다.

2. 전승기원 및 창의적 변용

1) 다양한 전승기원

내러티브 간 삶의 자리의 차이 외에도 양 경전의 공통 내러티브에 차이가 있는 이유들은 여러 가지가 있겠지만, 많은 학자들은 무엇보다 꾸란의 원천(source)에 관한 문제를 공통적으로 제기한다. 노겔과 휠러(Scott B. Noegel and Brannon M. Wheeler)는 무함마드 시대에는 이미 다양한 전승과 전통이 존재하고 있었고 또 공유되고 있었다는 사실을 인정한다.[334] 공일주 역시 꾸란은 무함마드가 받은 계시뿐 아니라 "구약성서의 내용, 당시 아라비아 반도에서 유행하던 기독교 전설, 교리와 위경에서 나온 자료들을 많이 포함하고 있다"고 주장한다.[335] 그래서 깁(H.A.R. Gibb)은 꾸란에는 유대교적 특징과 기독교 이단적인 요소들이 많이 포함되어 있다고 설명한다.[336] 전병희 또한 꾸란의 많은 부분들이 무함마드 당시에 알려진 저작들과 신앙들이 이야기로 제

334 Scott B. Noegel and Brannon M. Wheeler, *The A to Z of Prophets in Islam and Judaism*, xviii.

335 공일주, 『중동의 기독교와 이슬람』, 122.

336 H.A.R. Gibb, 『이슬람』, 이희수, 최준식 역 (서울: 도서출판 주류성, 1997), 49; 김영한, "이슬람과 기독교, 교리적 차이," 58.

공된 것임을 밝히면서, 그 기원을 구약성서뿐 아니라 외경과 탈무드, 나아가 아랍의 이교 신앙과 실천들의 사례들을 제시하고 있다.[337] 또한 길크리스트는 "구약 선지자들의 생애에 관한 꾸란의 많은 이야기들이 성서에서뿐만 아니라 유대 민간전승, 신화 그리고 우화집들에 병행구절이 있다"고 했다.[338] 예를 들어, 브루스(F.F. Bruce)에 따르면, 위경으로부터의 자료로는 마리아의 출생설화 및 사가랴가 그녀의 보호자로 임명된 내용이 『야고보의 원복음서』(*Protevangel of James*)에 있는 내용과 유사하며, 어린 예수가 진흙으로 새를 만들고 거기에 생명을 불어넣었다는 내용은 『도마의 유년기 복음서』(*Infancy Gospel of Thomas*)에서 나온 것이다.[339] 마리아의 종려나무 사건은 『위(僞) 마태복음』(*Gospel of Pseudo-Matthew*) 20장 1절 이하에 있는 것과 유사하다.[340]

홍수 이야기는 고대 근동지방의 신화들에 일반적으로 등장하는 주제이다. 노겔과 휠러는 고대 메소포타미아와 페르시아 일대의 홍수와 관련된 신화들을 일견해 준다.

> 수메르 홍수 이야기는 슈룹팍 우바르투투(Ubartutu of Shuruppak)의 아들 지우수드라(Ziusudra)가 어떻게 홍수에서 살아남아 불사신이 되었는지를 이야기해준다. 길가메쉬 서사시에서는 입방체의 배를 만들라는 엔키(Enki)의 명령에 따랐던 우트나피쉬팀(Utnapishtim, Atrahasis라고

337 John Gilchrist, 『꾸란과 성경의 비교 연구』, 전병희 역 (서울: 서로사랑, 2010), 28–29.
338 *Ibid.*, 74.
339 F.F. Bruce, 『예수님과 기독교의 기원』, 한균 역 (서울: 생명의 말씀사, 1984), 260.
340 *Ibid.*, 261.

> 도 불린다)이 생존하는데 그 역시 후에 불사신이 된다. 조로아스터교 본문은 이마(Yima) 이야기를 들려주는데, 그는 아후라 마즈다의 가르침에 따라 많은 동물들과 함께 홍수에서 살아남은 첫 인간이요 왕이다. 인도와 고대 그리스 본문들 역시 우주적 홍수에 관해 묘사하고 있다.[341]

그렇다면 구약성서 노아 내러티브의 경우, 이러한 고대 근동 문서로부터 직접적인 영향을 받은 부분은 없는 것일까? 이에 관하여 강성열은 구약성서에 담긴 상당수의 자료들이 고대 이스라엘이나 그 주변 세계의 자료들과 소재상의 유사성을 보이는 것은 전혀 낯설지 않다고 보았다.[342] 그는 창세기의 노아 홍수 기사와 길가메쉬 서사시(Epic of Gilgamesh)에 담긴 홍수 설화를 비교하며 창세기의 기사가 얼마만큼 메소포타미아 자료에 의존적이며, 동시에 독자적인 신학적 변형을 견지해 왔는지를 밝혀주었다.

그에 따르면, 우선 두 자료의 비교 분석을 통해 볼 때 "길가메쉬 서사시와 창세기의 홍수 기사는 문학적으로 분리시켜서 생각할 수 없는 긴밀한 관계를 가지고 있다."[343] 그럼에도 창세기의 묘사는 다분히 이전에 존재하던 메소포타미아 자료에 수동적으로 의존하지 않고 자신들의 필요와 개념에 맞게 전면적으로 수정을 거친 것으로 본다.[344] 특히 창세기 기사가 지니고 있는 독특성으로, 창세기가 홍수의 원인이 된 인간의 죄악 문제를 주목한

---

341 Scott B. Noegel and Brannon M. Wheeler, *The A to Z of Prophets in Islam and Judaism*, 238.
342 강성열, 『고대 근동 세계와 이스라엘 종교』(서울: 한들출판사, 2003), 103.
343 *Ibid.*, 126.
344 *Ibid.*, 126–135.

점과, 이에 대한 공의의 심판을 주도하는 유일신 신앙을 분명히 하고 있는 점, 그리고 인간의 보편적인 죄악과 심판, 그리고 구원으로 이어지는 신학적 구조를 담고 있다는 점, 마지막으로 계약 사상을 천명하고 있는 점을 들어, 창세기의 노아 홍수 기사가 결국 주변국으로부터의 신화적 영향력 속에서도 부단한 종교적 투쟁과정을 통하여 그것들을 "신학적으로 재해석하고 재정리함으로써 비판적인 취사선택의 지혜를 발휘"한 결과물이라고 해석했다.[345]

꾸란 내러티브의 경우 그 어디에도 메소포타미아 적인 요소는 눈에 띄지 않는다. 예를 들어, 기본 구조에 있어서 길가메쉬 서사시는 (노아의 홍수 기사 포함) 전체적으로 볼 때 거의 동일한 구조를 따르고 있지만,[346] 꾸란에서는 일관된 이야기 구조를 찾아보기가 어렵다. 또한 홍수의 기능에 있어서 메소포타미아 기사들은 그 홍수의 기능이 인구조절 수단이거나(Atrahasis) 어떻게 불멸성을 얻는지(Gilamesh)에 관한 것인 반면,[347] 꾸란 기사는 하나님을 불신한 자들에 대한 심판이다. 전술한 바와 같이 다양한 곳에서 '경고'를 위한 메시지 전달에 초점을 두고 있기에 그 이야기의 의도적인 구조에 무관심한 것으로 보인다.[348]

---

345 *Ibid.*, 135–136.

346 *Ibid.*, 120; 강성열은 노아의 홍수 기사가 창세기 8:1절을 중심으로 "혼돈–재앙–새 창조" 라는 도식 속에서 대칭구조를 갖는 점은 길가메쉬 서사시와 확연하게 구분된다고 분석했다. 보다 상세한 대칭구조는 121쪽의 도식을 참고할 수 있다.

347 David Noel Freedman, *ABD*, vol. 4, 1124.

348 강성열, 『고대 근동 세계와 이스라엘 종교』, 124; 홍수가 일어나는 과정에 대한 설명에 있어서, 꾸란에 비해 세부 묘사에 월등했던 창세기의 기사는 길가메쉬 서사시에 비해서는 훨씬 정교하지 못한 양상을 띠고 있다.

위의 세 자료의 비교로 들어가면 꾸란은 오히려 거의 전적으로 구약성서의 스토리 라인에 충실하고 있음이 더욱 드러나 보인다고 하겠다. 사실 김용선이 지적한 바와 같이, 꾸란에 등장하는 구약성서와의 공통된 예언자 내러티브는 이슬람 이전에 고래로부터 아라비아에 내려오던 민간전승과는 전혀 낯설고 이질적인 것으로서, 당시의 민간신앙인 우상숭배를 거부하기까지 하여 동족으로부터 박해를 받기도 했다.[349]

그럼에도 불구하고 꾸란은 엄밀히 말해 구약성서를 축자적으로 인용하지 않는다. 우선 이슬람이 주장하는 바와 같이 무함마드는 '문맹 선지자'(Arb. *Ummi*)였을지도 모른다.[350] 그는 글을 읽을 수 있는 능력이 없었을 가능성이 있으며, 게다가 그가 읽을 만한 아랍어로 된 번역 성서가 아직 존재하지 않았다.[351] 당시에 무함마드가 접할 수 있었던 예언자들에 관한 정보는 대부분 아랍어를 말하는 주변 사람들 사이에서 인구회자된 구두전승이었

349 김용선, 역, 『코란(꾸란)』, 33; 김용선은 이것이 고래의 '샤머니즘' 세계에서 예언종교로 이행하는 것이라고 보았다.

350 많은 학자들은 이에 반대의견을 제시한다. 대상무역에 종사했던 그가 글을 모를 리 없으며, '움미'를 문맹 선지자로 직역한 것은 꾸란이 하나님으로부터 온 기적 중에 기적이라는 것을 강조하기 위해 수용한 해석이라는 것이다.

351 어떤 이들은 무함마드 당시에 복음서의 일부가 번역되어 있었을 가능성을 주장하며, 무함마드에게 영향을 끼쳤다는 와라까 빈 나우팔을 언급하지만 문헌적으로 확인되지 않는다. Khâlid Al-Khazrajî, et al., "Is The Bible Really The Source Of The Qur'ân?" http://www.islamic-awareness.org/Quran/ Sources/BBbible.html. (Islamic Awareness, 1999), (2014년 5월 13일 검색); 카라자위 등은 그리피스(Sidney H Griffith)와 뷔르트바인(Würthwein)을 인용하여, 최초의 아랍어 번역 성서는 9세기 중엽 압바시드 왕조 시대로 추정하는데, 이슬람 통치기에 아랍어가 일상어가 되어가면서 생긴 필요에 의한 것으로 본다. Sidney H Griffith, "The Gospel in Arabic: An Inquiry Into Its Appearance In The First Abbasid Century," *Oriens Christianus*, vol. 69 (1985), 131-132 참조.

다.[352] 이 과정에서 변화와 각색이 개입할 수밖에 없음은 자명한 일이다.

김영한은 꾸란에 있는 구약성서적인 역사와 법령들은 그 형식과 내용에 있어서 미쉬나[353]와 탈무드[354]에서 전승된 것으로 보았는데,[355] 꾸란의 내러티브는 전적으로 구약성서의 전통에 제한되어 있던 것으로 보인다. 노겔과 휠러가 정돈해 주는 후기 유대 전통의 자료들을 보면 꾸란에서 볼 수 없는 유대인들의 과도한 상상력의 형태를 짐작하게 하기 때문이다.

> 후기 유대 전통은 훨씬 더 복잡한 그림을 보여 준다. 확장된 미드라쉬인 창세기 랍바(Genesis Rabbah) 36:4은 그가 방주를 떠날 때 사자가 그를 공격하여 거세되었다고 설명한다. 탈무드는 그것을 성경에 나오는 거인, 모세의 대적인 옥(Og)이 방주 꼭대기에 앉아 있다가 살아남았다고 기록한다(TB Niddah 61a). 창세기 위경(Genesis Apocryphon)은[356] 노아 이야기의 상세 내용을 추가하고 있는데, 특히 에녹1서 106에서도 발견되는 동일한 동기, 즉 그의 탄생과 그의 부친 라멕의 반응에 관해 기

352 Henry P. Smith, *The Bible and Islam, or The Influence of the Old and New Testaments on the Religion of Mohammed* (New York: Charles Scribner's Sons, 1897), 61.

353 주후 2세기 경에 완성된 유대인의 구전 율법서로서 유대인들의 일상생활을 위한 모세오경의 해석서이다.

354 주후 4-5세기 경에 미쉬나와 그 주해서인 게마라가 합편된 것으로서 유대인들의 율법과 종교적 전승을 모은 책이다. 팔레스타인 탈무드와 바빌로니아 탈무드가 있다.

355 김영한, "이슬람과 기독교, 교리적 차이," 59.

356 에세네파 공동체의 매우 중요한 책들 가운데 하나로 창세기에 등장하는 주요 인물들에 관한 과장된 이야기 모음으로 이해된다. 내용은 라멕 이야기(1-5), 노아 이야기(6-15), 인류의 계보(16-17), 아브라함 이야기(18-22) 등 4개 부분으로 나누어진다. "창세기 위경," http://100.daum.net/encyclopedia/ view.do?docid=b20c1818a (2014년 9월 8일 검색).

록하고 있다.[357]

2) 성서의 왜곡과 차용이론

주지하듯이 일반적으로 배타적 입장에 선 기독교 변증가들은 꾸란이 성서를 복제했을 뿐만 아니라, 성서의 왜곡이며 광범위한 오류들을 포함하고 있다고 주장하기를 서슴지 않았다. 기독교 변증가로 잘 알려진 쇼로쉬(Anis A. Shorrosh)는 다음과 같이 강경하게 주장한다.

> 구약성서의 책들과 예언서들에 있는 이름과 사건들이 꾸란에 복제되었다는 것은 매우 확실하다. 그러나 종종 꾸란에 있는 그 이야기들은 왜곡되어 있거나 혼선을 보인다. 무함마드는 그가 계시를 받았다고 말하는 그 시기에 그가 살았던 메디나에 사는 그의 유대인 친구들로부터 이러한 이야기들을 들었음에 틀림없다.[358]

앵커버그(John Ankerberg) 또한 꾸란이 "성경의 왜곡들로 가득하며, 꾸란에서 언급되는 거의 모든 성경의 에피소드는 추가적이거나 이전 정보에 반하는 것"이라 주장한다.[359] 이어서 그는 꾸란의 저자가 하나님께서 금하시는

---

357 Scott B. Noegel and Brannon M. Wheeler, *The A to Z of Prophets in Islam and Judaism*, 239.

358 Anis A. Shorrosh, Islam Revealed: *A Christian Arab's View of Islam* (Nashville: Thomas Nelson, 1988), 140.

359 John Ankerberg and John Weldon. *The Facts On Islam* (Eugene, Oregon: Harvest House Publishers, 1991), 34.

"하나님의 말씀에 추가하고 곡해하는 죄"(잠 30:5-6)가 있음을 의미한다고까지 주장한다.[360] 이들은 이러한 사실들을 강조함으로써 성서와 꾸란의 양립에 대해서는 한 치의 여지를 남기지 않는다.

이처럼 기독교 논박론자들과 동양학자들은 꾸란이 성서와 고대 문서들에서 차용했다는 주장을 계속해 오면서 꾸란의 가치를 폄훼해 왔다. 이른바 '차용이론'(Bible borrowing theories of the Qur'an)의 주요 내용은, "만일 후대의 본문이 이전의 본문 또는 전승, 또는 그 이전에 알려진 내용과 유사함을 보인다면, 후대의 본문은 이전에 알려진 본분을 차용했거나, 표절, 복제, 이용했다는 이론"이다.[361]

당연한 반응이지만, 꾸란의 절대성과 영원성을 주장하는 무슬림들은 이러한 이론을 매우 불쾌해 한다. 아흐메드(Mansur Ahmed) 등은 그들의 논고에서 다음과 같이 반박한다.

> 대부분의 꾸란이 고대의 문서들과 전통들 안에서 발견되기 때문에 꾸란은 하나님의 계시가 아닌 것인가? 그중에 어떤 것은 신화나 전설, 우화들이고 다른 부분은 단지 유대 기독교 성경에서 표절한 것인가? 그러므로, 무함마드는 위조하고, 표절하고, 하나님의 영감을 받았다고 주장함으로 사람을 속인 사기꾼임을 암시하는가? 즉 무함마드는 사기꾼이고

---

360 *Ibid*.

361 Mansur Ahmed, M S M Saifullah and Muhammad Ghoniem, "On The Bible Borrowing Theories Of The Qur'ân."

꾸란은 속임수인가?[362]

아흐메드 등은 기독교 변증가들이 성서가 고대 문서들과 전승들로부터 차용해 온 사실에 대해서는 부인하면서('one source theory'라 이름했다) 꾸란에만 차용이론을 적용하는 것을 비판한다. 뿐만 아니라, 성서와 차이를 보이는 독자적인 내용에 대해서는 '무함마드의 새로운 고안'(theory of innovation)이라는 주장에 강력한 이의를 제기한다.[363]

물론 꾸란의 편집과 내용, 그 과정 등에 관한 문제가 있다는 것은 객관적 연구자들의 일관된 주장이 되어 왔다.[364] 김성현은 자신의 논문에서 꾸란에 있는 내러티브가 성서의 것과 상이한 이유를 무함마드의 의도적 수정과 변형이라는 측면에서 꽤 설득력 있게 제시했다. 즉 무함마드와 꾸란 편집자들은 성서의 내용에 대해 완전하지는 않지만 어느 정도의 이해를 가지고 있었고, 그것을 이슬람의 의도에 맞추어서 "편집하고 수정했거나, 당시 아라비아 지역의 사회적 상황에 따른 무지와 의도적 왜곡 등이 복합적으로 작용하였을 것"으로 보았다.[365]

또한 꾸란이 성서에 많이 의존하고 있다는 사실 역시 대부분의 학자들이 인정하는 사실이다. 심지어 스미스(Henry Smith)는 꾸란 내러티브의 거의 모

---

362 *Ibid*.

363 *Ibid*.

364 김대옥, 『이슬람의 성경변질론』, 147-155 참조.

365 김성현, "성서와 꾸란의 공통 인물 비교 연구" (박사논문, 호서대학교대학원, 2006), 301-303 참조.

든 것이 성서에 있는 이야기라고 주장한다.[366]

하지만 그러한 유사성이 곧 꾸란이 성서를 복제했거나 차용했다고 일방적으로 주장할 수 있는 근거로 충분한가? 또한 그러한 자료 의존성이 곧 꾸란의 가치를 평가절하하는 기준이 되는가? 분명한 사실은 꾸란에서 성서를 정확하게 인용한 흔적을 찾아보기는 거의 어렵다. 무엇보다도 앞서도 언급했던 바와 같이 무함마드 당시와 꾸란이 편집되던 당시에 아랍어로 번역된 성서는 존재하지 않았고, 히브리어나 헬라어 성서조차 활용했다는 암시가 없기 때문이다.

또한, 과연 꾸란만이 성서와 기타 전승 자료들에 의존하고 있는가? 구약성서는 이 질문에서 자유로운가? 이 논의를 조금 더 진행해 보기 위해 구약성서로 돌아와 동일한 질문을 제기해 보자. 과연 구약성서는 그 이전의 주변 자료들로부터의 영향에서 자유로운가?

성서비평을 수용하는 학자들은 기본적으로 성서의 노아 홍수 기사는 메소포타미아의 길가메쉬 서사시에 상당부분 의존하고 있는 것으로 이해한다. 가령 앞서도 살펴보았듯이, 강성열은 "길가메쉬 서사시와 창세기의 홍수 기사는 문학적으로 분리시켜서 생각할 수 없는 긴밀한 관계를 가지고 있다"는 결론을 내렸다.[367] 조철수 역시 길가메쉬의 홍수 이야기와 구약성서의 홍수 이야기가 매우 유사하다고 지적한다.[368] 이어서 그는 창세기 홍수 기사

---

366 Henry P. Smith, *The Bible and Islam*, 61.

367 강성열, 『고대 근동 세계와 이스라엘 종교』, 126.

368 조철수, 『수메르 신화』(서울: 서해문집, 2005), 122.

본문의 문제를 다음과 같이 지적한다.

> 그러나 창세기 6장 5절부터 9장 17절 사이에 나오는 홍수 이야기는 적어도 두 가지 서로 다른 판을 결합하여 중복되는 부분은 그대로 놓고 서로 다른 부분은 빼지 않고 편집한 작품이다. 각 판의 문체적 특징과 자주 사용되는 특수한 용어 등에서 큰 차이점을 볼 수 있다. 한 판에서는 '비가 땅 위에 40일 낮과 40일 밤으로 내렸다'(창 7:12)라고 간단하게 설명하지만, 다른 판은 보다 상세하게 '노아가 600살 때 둘째 달 그 달의 17일에 하늘의 홍수문이 열렸다…. 홍수는 40일 동안 땅 위에 있었다…. 배가 물 위로 떠올랐다…. 150일 동안 땅 위에 물이 불었다…. 150일 끝에 물이 줄어들었다…. 배는 일곱째 달 그 달의 17일에 아라라트 산 위에 쉬었다'(창 7:11–8:4)고 말한다. 마지막 부분에서도 한 판은 야웨 하느님이 사람 때문에 다시는 흙을 저주하지 않겠다고 약속하는 말로 이야기가 끝나며(창 8:21–22), 다른 판은 하느님이 노아와 그의 아들들에게 복을 내리며 말하는 것으로 이야기를 끝낸다(창 9:1–17).[369]

이처럼 구약성서에도 주변의 이전 자료를 이용한 흔적을 고스란히 간직하고 있다. 하지만 그러한 사실을 들어 구약성서에 대해 차용이론을 주장하며 경전으로서의 그 가치를 폄훼하지 않는다. 구약성서는 고대 근동의 문헌들을 적극적으로 수용함과 동시에 독자적인 변용을 통해 유대 고유의 내러

---

369 *Ibid.*, 122–123.

티브를 형성해 왔으며,[370] 유대교와 기독교는 그 내러티브를 하나님의 계시로 인정하고 그로부터 하나님의 말씀을 듣는 것을 주저하지 않는다.

종교 간 연구에 있어서 이러한 적용은 구약성서만이 아니라 꾸란에 대해서도 마찬가지이어야 한다. 꾸란에 등장하는 구약성서의 자료들이 아무리 많다 해도 그것이 곧 '해적행위'와 같은 의미로 간주되거나, 그럼에도 양 경전에서 차이를 보이는 이유로 인해 경전으로서의 가치를 폄훼 당해서는 곤란하다. 따라서 상대에 대한 부정과 비판을 목적으로 한 차용이론은 철회되어야 할 것이다.

3) 설교를 위한 창의적 변용

공통 내러티브의 불일치 문제 해결을 위해 특별히 주목하는 부분이 바로 구약성서에 대한 무함마드의 재해석과 창의적 변용의 부분이다.

기독교와 이슬람 학자들은 공히 구약성서와 꾸란의 공유사실을 인정한다. 이는 꾸란에 있는 절대다수의 예언자들이 성서 속의 인물과 그 내러티브에 의존하고 있다는 사실을 부정할 수 없게 한다. 그럼에도 그 안에 존재하는 불일치에 있어서는 앞에서 논의한 삶의 자리의 상이성과 다양한 전승자료의 문제 외에도, 바로 무함마드의 설교를 위한 의도적이고 창의적인 변용이 정당하게 평가되어야 한다.

앞에서도 살펴보았지만, 꾸란은 근본적으로 그 내러티브 자체의 사실성과 역사적 세부사항을 상술하기보다 그 내러티브를 활용한 종교적 목적, 즉

370 강성열, 『고대 근동 세계와 이스라엘 종교』, 135-136.

예언자를 옹호하고 백성을 경고할 목적에 더 주목하고 있는 것으로 보인다. 즉, 무함마드의 사도성과 그가 전하는 메시지를 믿지 않고 박해하는 사람들을 향해, 하나님의 심판의 경고와 더불어 예언자에 대한 보상을 약속하고자 이야기들을 활용하는 것으로 이해된다.[371] 스미스가 지적하는 바와 같이 먼저 이해해야 할 점은 무함마드는 역사가가 아니라 설교자였다는 점이다. 그는 자신이 의도하는 교훈을 청중들의 상황에 전달하기 위해 그 내러티브를 사용했다.[372] 이것이 무함마드의 자료선택의 유일한 동기였고, 기준이었으며, 심지어 내러티브 형식을 결정하기도 했다.[373]

노아 이야기 역시 무함마드 당대의 청중들에게 설교하기 위한 틀에 맞추어져 있음을 알 수 있다. 다시 노아 이야기로 돌아가 보면, 꾸란의 노아 내러티브 속에는 구약성서의 내러티브를 매우 현실적으로 만들어 주는 이야기의 세부 묘사가 빠져 있다. 홍수 사건이 발발하게 된 구체적인 이유가 보이지 않는다. 즉 구약성서에 나와 있는 대로 하나님의 아들들이 사람의 딸들과 결혼함으로 하나님의 진노를 촉발한 내용이 없다. 방주의 크기와 재질과 관련한 정보도 주어지지 않는다. 홍수가 지속된 기간과 물이 감하게 된 때, 그리고 새들을 날려 보낸 일과 밖으로 나와 하나님께 제사를 드린 일, 특별히 더 이상 홍수로 인류를 멸망시키지 않겠다고 하는 하나님의 언약의 징표인 무지개 이야기가 등장하지 않는다.

---

371 김대옥, "성경과 꾸란의 공통 내러티브," 248.
372 Henry P. Smith, *The Bible and Islam*, 62.
373 *Ibid.*

대신 꾸란 내러티브 속에는 노아와 그 백성들 사이에 있는 대화가 장황하게 이어진다. 이는 구약성서에 주어져 있지 않는 다른 정보인데,[374] 이는 무함마드에게 있어서 구약성서에 나오는 홍수 사건에 대한 다른 세부사항보다 중요한 사안이었던 것으로 보인다.

이러한 동기와 형식은 나아가 다른 예언자 인물 내러티브는 물론, 성서 이외의 자료를 사용하는 경우에도 채택되곤 했다. 그는 종종 오래된 아랍 이야기들을 활용했는데, 이 역시 성서적 형식을 취해 전달되었다.[375] 즉, 선지자가 한 부족에 보냄을 받지만, 그 부족은 선지자를 배척하고, 그 결과 그들은 심판을 받는다는 전형적인 '예언자 패턴'이다. 이러한 이야기 구조는 꾸란의 선지자 인물 내러티브 속에서 공통적이고 지속적으로 발견된다.

심지어 이러한 이야기 속에는 당시 무함마드와 그를 배척하던 메카인들의 음성이 드러난다. 무함마드는 성서의 인물 내러티브를 가지고 자신의 정황과 경험에 맞추어 재구성했음이 분명하다.[376] 그는 성서의 인물들을 이야기하면서 그 인물들과 자신을 동일시하거나, 스미스의 표현과 같이 적어도 그 인물을 연기하는 분위기를 띤다. 그러다 무함마드는 종종 그가 특정 인물을 연기하고 있음을 망각하는 것처럼 보이기도 한다.[377] 즉 노아 시대에 노아를 배척하던 청중들을 향해 노아의 메시지를 전하면서 그는 다음과 같이 외친다.

---

374 물론 신약성서에서 노아를 가리켜 '의를 전파하는 노아'[a herald(a preacher)of righteousness] 라는 칭호를 부여하고 있다(벧후 2:6).

375 Henry P. Smith, *The Bible and Islam*, 62.

376 *Ibid.*, 66.

377 *Ibid.*

> 노아는 계속하여 말하였더라. '주여 실로 그들은 저를 거역하고 그들의 재산과 자손들에게 해악만을 끼치는 자들을 따를 뿐입니다.' 그들은 크나큰 음모를 꾸미며 '너희 신들을 버리지 말라. 왓드도 쑤와도 그리고 야구쓰와 야우끄 그리고 나스르 신들을 단념해서는 아니된다'고 서로가 서로에게 말하였더라(Q 71:21–23).

여기에 언급된 다섯 신들은 무함마드 당대의 아랍 부족들이 섬기던 대표적인 우상 신들이었다.[378] 그는 당대에 자신을 배척하던 메카 귀족들의 정황을 노아의 정황에 담아 전달하고 있었던 것이다. 그는 예언자 내러티브를 통해 하나님께 보냄 받은 예언자가 불신자들에게 박해받는 전형적인 예언자 프레임을 사용하며, 동시에 불신자들을 향한 탄핵과 경고를 이어가는데, 무함마드는 노아의 이야기를 들려주며 자신의 입장을 대입해 내고 있다. 이는 예언자로서의 무함마드의 전형이 노아라는 사실을 분명히 해준다고 할 수 있다.[379]

수라 11장의 기사에서도 노아 이야기(Q 11:25–45)가 끝나면 50절부터 아드족에게 보냈다는 후드(Hud)의 이야기가 이어진다(50–52). 또한 사무드(Thamud) 족에게 파견된 살리흐(Salih)에 대한 이야기가 뒤따르는데(61–63),[380] 여기에서 후드와 살리흐의 사명도 노아와 무함마드의 사명, 곧 유일

---

378 최영길, 역, 『성 꾸란』, 1138.

379 김용선, 『코란의 이해』, 대우학술총서 「인문사회과학」42 (서울: 민음사, 1991), 188.

380 *Ibid.*, 300; 김용선에 따르면, 아랍 전승에는 '잊혀진 아랍', '진정한 아랍', '아랍화된 아랍'이 있는데, 꾸란에 나오는 사무드는 '잊혀진 아랍'에 속하며 하나님에 의해 멸망했다고 한다.

신 알라(하나님)를 숭배하고 우상숭배를 버리라는 절대적 사명으로 소개된다. 김용선도 "성서에 전하는 창세기가 당시의 메카에 유포된 것으로 생각되는데 이 시대의 계시의 구조는 예언자 이야기를 중심으로 전개된다"고 보았다.[381]

물론 이러한 메시지가 노아와 무함마드 간의 시대착오임을 인정할 수 없는 꾸란 주석가들은 노아 시대의 신들이 어떻게 홍수 시대를 넘어 당시까지 아라비아에 생존하여 사람들의 예배를 받을 수 있었는지를 해명하는 것으로 보고 해석에 어려움을 겪었다.[382] 하지만 무함마드는 그가 계승하고 있다고 믿었던 앞선 선지자들과 자신을 너무도 깊이 동일시함으로써 각 인물의 시대와 정황을 구분하기가 어려웠던 것이 분명해 보인다.

이처럼 구약성서의 내러티브는 꾸란에 와서 매우 자연스럽게 수정 및 개작되었다. 그러한 과정에서 구약 내러티브에 나오는 세부적인 정보와 데이터가 상충하게 된 것이다.[383]

시간이 흐르면서 무함마드는 구약 내러티브를 다루는 데 있어서 그 역사적 정확성이나 세부적인 사안들에 대해 점점 더 주의를 기울이지 않은 것

---

381 *Ibid.*, 301.

382 Henry P. Smith, *The Bible and Islam*, 67; 유명한 주석가인 이븐 카시르 역시 노아 당시의 신들이라는 전제 하에 부카리와 따바리 등을 인용하여 논증했다. Ibn Kathir, *Tafsir Ibn Kathir*, Abridged vol. 10 (Riyadh, K.S.A.: Maktaba Darussalam, 2003), 188–189. 물론 이것이 무함마드의 착오인지, 기록 또는 암송자의 착오인지, 아니면 편집과정에서의 실수인지 확인할 수는 없다.

383 가령, 노아에게는 셈, 함, 야벳이라는 세 아들 외에도 믿지 않는 아들이 하나 더 있었다. 또한 그의 아내 역시 불신을 통해 홍수에서 구원받지 못했다. 꾸란에 따르면 그녀는 롯의 아내와 같은 불신자였으며(Q 66:10), 가족 구성원이라 할지라도 '불신자'는 구원받지 못한다는 무함마드의 정황을 강력하게 반영하는 이야기로 재구성되었다.

으로 보인다.[384] 대신 자신이 가진 구약 내러티브의 데이터를 자신의 목적과 의도에 따라 매우 자유롭게 재구성하여 활용한다. 실제로 양 경전 내러티브의 이러한 불일치의 가장 큰 원인은 그 원자료의 차이라기보다는 무함마드의 이러한 태도에서 비롯된 것으로 보아야 할 것이다. 그는 당대 자신의 정황 변화에 따라 성서 내러티브를 임의로, 자유로이, 창의적으로 변용해 사용했던 것이다.

그러므로 이와 같은 성서 전승의 변용을 두고 무함마드의 진정성을 오해하거나, 성서와의 단편적 비교를 통해 이와 같은 차이로 인해 꾸란을 폄훼하는 것은 정당하지 않다. 게다가 무함마드 자신은 유대인과 그리스도인들과 동일한 하나님과 종교를 믿고 있다고 매우 진지하게 생각하고 있었으며, 자신이 예수 그리스도를 뒤잇는 합법적인 계승자라고 확신했다.[385] 또한 큉이 지적한 바와 같이 성서에 등장하는 "온갖 유대교적 원천자료들을 밝혀내 복원한다 해서 그리스도교의 계시가 묽어지지 않는 것과 마찬가지로, 이슬람교와 그리스도교 전승들의 연계를 밝혀낸다고 해서 '꾸란' 계시의 진정성이 의문시되지는 않는 것"이다.[386]

정중호는 성서 역시 그것이 '신학적 의도'로 기록된 책이기 때문에 성서에 나오는 역사를 재구성하기 위한 자료로 사용하기에는 문제점이 많다고 보고, 역사비평학을 동원하여 검토한 후 조심스럽게 사용해야 할 것을 격

---

384 Henry P. Smith, *The Bible and Islam*, 78.
385 *Ibid.*, 79.
386 Hans Küng, 『그리스도교』, 159.

려한다.[387] 예컨대, 구약성서의 기사를 역사사료로 사용할 때 연대기 문제와 족보의 문제가 생길 수 있음을 지적하면서, 성서 역시 그 자체적으로 내부 자료들이 충돌하는 사실을 분명히 했다. 다시 말해, 성서의 연대기는 다분히 성서 저자의 저술의도를 반영하는 신학적 연대기이며,[388] 따라서 성서에 나오는 족보 역시도 이스라엘 역사의 삶의 자리와 지정학적 위치 등을 고려해 볼 때 이스라엘이 혈연으로 연결된 하나의 민족이라 주장하는 데 의구심이 있다는 것이다. 이처럼 성서의 기사에도 다양한 민간전승들이 신학적인 의도 하에 수정되고 배열되어 있음도 고려해야 할 것이다.[389]

꾸란 역시 구약성서의 내러티브를 적극적으로 수용하고, 이후 무함마드와 아라비아 청중들의 상황에 맞도록 적절한 변용을 통해 꾸란 고유의 내러티브의 특징을 형성해 왔다. 그러한 의존성과 변용 사실이 경전의 권위를 무너뜨리지 않는다. 이슬람은 그 내러티브를 하나님의 계시로 인정하며 그 권위를 부정하지 않는다.

---

387 정중호, 『이스라엘 역사』(서울: 대한기독교서회, 2006), 29.

388 예컨대 마태와 누가가 전하는 족보 간의 차이를 참고해 볼 수 있다.

389 *Ibid.*, 32–34; 정중호는 구약성서의 인물 내러티브에 '신데렐라 모티프'가 자주 나타남도 지적되었다면서, 요셉의 이야기에서 보는 것과 같은 버림받은 아이가 성장하여 큰 인물이 되었던 사례를 들어준다.

3. 소결론 : 동일 인물, 동일 내러티브

다시 처음 질문으로 돌아가 보자. '양 경전의 불일치는 양자를 가르는 간극일 수밖에 없는 것인가?' 이와 같은 내용을 고려하면서, 다시금 꾸란에 있는 노아의 홍수 이야기를 한 사건으로 간추려 요약하면 다음과 같다.

> 노아는 하나님께로부터 보냄 받아 그의 백성들에게 하나님의 유일신 되심을 전파하며 우상숭배를 타파하도록 경고했다. 그는 하나님에 대한 불신에 대해 무서운 심판이 임할 것을 선포했다. 백성들이 그의 선지자 됨과 그의 메시지를 거부하자, 하나님은 그에게 방주를 만들도록 계시했다. 하나님은 그와 그의 가족, 그리고 그를 믿는 소수의 무리를 구할 것이라 예고하면서 동물의 자웅 한 쌍씩을 방주에 태울 것을 명령했다. 결국 하늘에서 비가 쏟아지고 땅에서 물이 솟구치면서 홍수는 시작되었고, 노아와 그 가족 외에 모든 불신자들은 익사를 당했다. 홍수가 끝나고 배는 산정 위에 머물렀고, 그들은 홍수로부터 구원을 받게 되었다.[390]

이처럼 이야기의 핵심을 보면 꾸란에 소개된 노아 내러티브의 줄거리는 창세기에 나오는 그것과 거의 동일하다. 앞에서 본 바와 같이 내러티브의 상세 묘사에 있어서는 성서의 그것과 부분적으로는 차이를 보이지만, 노아의 생애와 홍수 사건 전반에 대한 꾸란의 개괄적인 언급은 전체적으로 동일

---

390 김대옥, "성경과 꾸란의 공통 내러티브," 255.

한 것으로 보인다. 다만, 노아 내러티브가 들려진 상이한 삶의 자리, 오랜 전승 역사 속에서의 변형과 뒤섞이는 자료들, 구전문화 속에서의 활용과정 속에서 생기는 창의적 변형, 설교 상황에서의 의도적 취사선택과 강조 등이 미세한 차이를 낳은 것이다. 주목해야 할 사실은, 그럼에도 내러티브의 동일한 뼈대는 여전히 건재하다는 점이다.

이 내러티브에 담긴 성서의 강조점은 첫째, 구원과 심판의 주제이다. 죄에 사로잡혀 있던 노아 당시의 사람들은 홍수 심판을 받아 모두 멸망하지만, 의로운 삶을 살던 노아와 그의 가속들은 구원을 받는다. 이것은 이후 역사에 전개되는 심판과 구원의 모델이 된다(벧후 3:6–7).[391]

둘째, 이 과정에서 노아의 순종과 의로움, 또는 그의 믿음(히 11:7)이 강조된다. 그는 의인의 본보기로서 인정되며, 심판의 와중에서도 홀로 의인만이 하나님의 진노를 면하게 된다는 이스라엘에 대한 예표로 소개된다(겔 14:14–20).[392]

셋째, 임박한 종말에 대한 경고에서 언급된다. 그리스도는 임박한 종말을 설교하면서 노아 때의 일을 생각하라고 말한다(마 24:37). "전에 노아의 날 방주를 준비할 동안 하나님이 오래 참고 기다리실 때에 복종하지 아니하던 자들"(벧전 3:20)처럼 사람들은 종말의 때에도 그러할 것이다.[393]

---

391 "이로 말미암아 그 때에 세상은 물이 넘침으로 멸망하였으되 이제 하늘과 땅은 그 동일한 말씀으로 불사르기 위하여 보호하신 바 되어 경건하지 아니한 사람들의 심판과 멸망의 날까지 보존하여 두신 것이니라"(벧후 3:6–7).

392 "비록 노아, 다니엘, 욥, 이 세 사람이 거기에 있을지라도 그들은 자기의 공의로 자기의 생명만 건지리라 나 주 여호와의 말이니라"(겔 14:14–20).

393 김대옥, "성경과 꾸란의 공통 내러티브," 256.

노아의 이야기를 통해 꾸란이 강조하고자 하는 바도 이와 거의 동일하다.

첫째, 구원과 심판의 주제가 동일하다. 하나님은 당신을 불신하며 불순종하는 백성들을 홍수로 멸하셨다. 과거와 마찬가지로 하나님은 지금도 불순종하는 죄인들을 멸하실 것이다. 백성들은 그날의 엄중한 심판을 기억해야 한다.

둘째, 그 과정에서 순종하며 의의 길을 가는 예언자 노아의 모습이 강조된다. 하지만 그 심판의 와중에서도 하나님은 노아를 구원하셨듯이 하나님의 자비는 여전히 믿고 순종하는 자들을 구하실 것이다.

셋째, 불순종의 삶을 지속하는 백성들에 대한 임박한 심판을 경고할 때마다 노아의 이야기가 등장한다. 바로 이 주제들이 바로 성서와 꾸란이 강조하는 공통기반이다.[394]

물론 성서와 달리 꾸란이 유일신 사상을 강조하고는 있지만, 그것은 여호와 신앙이 보편적이었던 시대를 반영하는 구약성서의 노아 이야기와 무지의 시대에 다신숭배에 빠져있던 당시 아라비아 반도의 역사적 상황을 비교해 보면 이해할 만하다.

이와 같이 공통점에 초점을 맞추어 두 경전의 공통 내러티브를 살펴보면 거기에서 나오는 세부 묘사들의 차이는 부수적이며 힘을 잃는다. 그것들은 이야기의 흐름에 크게 영향을 미치지 않으며, 이야기의 진술 목적에도 어떠한 차이를 빚어내지도 않는다. 이야기의 세부 묘사와 상관없이 양 경전이 다루는 노아 내러티브는 공통된 강조점이 뚜렷하다. 오히려 두 경전의 서

---

394 *Ibid*.

로 다를 수밖에 없었던 전승기원과 구전의 과정, 기록, 그들이 처한 삶의 정황을 고려한다면, 그 많은 공통된 강조점이야말로 양 종교의 신자들로 더욱 신비한 경외심을 갖게 할 것이다.

그렇다면 왜 이렇게 같은 것인가? 창세기의 홍수 기사와 꾸란의 기사가 갖는 연대 차는 물론, 그 기사를 배태한 창세기와 꾸란의 백성들의 시공간적 삶의 자리가 전혀 달랐는데도, 어찌하여 동일하거나 유사한 이야기들을 공유하게 되었는가?

그것은 많은 학자들이 인정하듯 양 종교는 같은 뿌리의 성서와 예언자들을 공유하는 친연종교이기 때문이다. 정수일은 '두 종교가 친연종교'라 하는 의미를 다음과 같이 소상히 들려준다.

> 흔히 이 두 문명 간의 이른바 충돌의 근원을 이 두 문명의 바탕이 된 이슬람교와 기독교의 이질성이나 상극에서 찾고 있는데, 과연 그것이 진실인가? 확답은 결코 그렇지 않다는 것이다. 한마디로, 이 두 종교는 친연(親緣)종교이다. 이슬람교와 유대교는 숙질간이고, 이슬람교와 기독교는 종형제간이라는 비유를 해도 무방할 정도로[395] 이 세 종교는 태생적으로 가깝다. 화제인 이슬람교와 기독교의 친연성은 혈연과 지연, 교연에 나타나고 있다. 혈연이란 같은 혈통적 조상인 아브라함에서 적자인 이삭의 후예가 유대인과 기독교인이고, 서자인 이스마엘의 후손이 아랍-무슬림이란 혈연적 인연이다. 지연이란 같은 지역인 아랍 팔레스

395 '숙질간'은 삼촌과 조카, '종형제간'은 사촌형제 사이를 일컫는 말이다.

> 타인 땅에서 이 세 종교가 공히 출현했다는 지정학적 인연이다. 교연이란 모두가 유일신교이자 계약종교이며 교리면에서도 서로가 영향을 받아 유사성이 짙다는 종교적 인연이다.[396]

이슬람의 내부자 관점을 강조하는 손주영은 "유대교가 모세의 오경(토라. *Torah*)을 토대로 했고, 그리스도교가 토라와 예수의 복음서(인질. *Injil*)를 가지고 종교를 세웠듯이 이슬람은 토라, 인질과 무함마드의 꾸란을 통해 하나님이신 알라께 귀의하는 종교이다"라고 하면서 "이슬람 전통에서는 유대교, 그리스도교, 이슬람교가 같은 하나님을 믿는 같은 뿌리의 일신교"요 "모두가 만물의 창조자이자 부양자, 우주 질서의 주관자이시며 지배자, 전지전능하신 절대자, 최후 심판의 날의 주인이신 유일신 하나님을 믿는다"는 사실을 증언한다.[397] 이어서 그는 심지어 두 종교가 근원적으로 다르지 않음을 주장한다.

> 중세 이슬람세계가 낳은 탁월한 신학자 이븐 타이미야(Ibn Taymiya. 1262-1328)에 의하면 무함마드가 가져온 종교는 다름 아닌 바로 메시아 예수의 것이었다. 또 그것은 예수 이전의 예언자들에게 계시되었던 것과도 일치하는 내용의 것이었다. 무함마드는 모세와 예수의 길을 따랐을 뿐이다. 그리고 그들 모두는 아브라함이 걸었던 하니프의 길을 걸

---

396 정수일, "이슬람 바로 알기에서 제기되는 몇 가지 문제," 『인문언어』 10집 (2008), 23.
397 손주영, "이슬람 전통에서 말하는 같은 뿌리의 일신교," 3.

었던 것이다.[398]

나아가 그는 "현세에서 종교의 다름은 인간이 인위적으로 다르게 만듦에 기인하는 것이지 모든 예언자가 받았던 하나님의 계시는 하나이고 진리"라는 사실을 주장했다. 따라서 "모든 예언자들은 형제이고 모든 계시서들은 연속성과 동일한 내용의 정체성을 갖고 있다는 것이 강조되었다"는 것이다. 그러므로 "사실상 같은 뿌리의 일신교 내에서는 큰 틀에서 유일신관, 성서, 예언자, 천사, 심판의 날, 정명관(예정론)에 대한 일치되는 믿음을 보게 된다"는 전향적인 주장을 하였다.[399]

무슬림은 꾸란을 통해 자신의 종교적 정체를 묻는 이들의 질문에 다음과 같은 답을 하도록 격려 받는다.

> 너희는 말하라. 우리는 하나님을 믿사오며, 우리에게 내려주신 것과 아브라함과 이스마일과 이삭과 야곱과 그 자손들에게 내려주신 것과, 모세와 예수가 계시 받은 것과 예언자들이 그들의 주님으로부터 계시 받은 것을 믿사오며, 우리는 그들 중의 누구도 차별하지 아니하며, 오직 그분(하나님)에게만 복종하는 사람들입니다(Q 2:136).

이처럼 이슬람은 다른 어떤 종교보다도 많은 종교적 유산을 기독교와 공

---

398 *Ibid.*, 28–29.
399 *Ibid.*, 31.

유하고 있다. 유일신 하나님은 물론이고 아브라함을 비롯한 구약성서의 예언자들과 마리아의 동정녀 수태, 메시아 예수, 부활과 심판 날 등에 대한 포괄적인 믿음 등이 그러하다. 더욱이 이슬람은 유대교와는 달리 기독교를 하나님의 종교로 인정하고 있다.[400] 따라서 위와 같은 주장들을 단숨에 모두 수용할 수는 없다 하더라도, 보다 수용적인 태도로 경청하고 숙고하며, 함께 보조를 맞출 계기를 마련해 가야 할 것이다.

그러므로 구약성서와 꾸란에 등장하는 공통 인물 내러티브는 일부 세부 사항에 있어서의 불일치에도 불구하고, 그들이 공유하는 공통점에 있어서 동일 인물이요, 동일 내러티브라는 잠정 결론을 내릴 수 있다. 즉 '다르지만 같은 이야기'인 것이다. 그들이 차이를 보이는 것은 ① 그 내러티브의 메시지가 들려진 신앙공동체의 삶의 자리가 달랐으며, ② 오랜 전승과정 속에서의 구전의 변화와 원천자료의 다양화가 불가피 하였으며, ③ 무엇보다 그러한 정황에 맞게 설교자였던 무함마드가 의도적으로 창의적인 변용을 했기 때문이었던 것이다.

그러나 애석하게도 교회가 이러한 사실 자체를 긍정적으로 인식하게된 것은 비교적 최근 일이다. 쉼멜(Annemarie Schimmel) 이 지적하는 바와 같이, 서구 기독교세계는 이슬람의 태동기부터 오늘에 이르기까지 무려 천 년이 넘는 세월이 흐르는 동안 시종일관 이슬람을 "기독교와 서구문명에 대한 최대의 적으로 간주"해 왔다.[401] 이제 그리스도인들도 이 사실을 새롭게 주목

400 김영경, "교회의 이슬람관에 대한 역사적 고찰," 『종교연구』 28집 (2002 가을), 221.
401 Annemarie Schimmel, 『이슬람의 이해』, 김영경 역 (왜관: 분도출판사, 2006), 9.

하고 성찰해 보아야 하는 시점에 이르러 있다.

이러한 역사적 변천을 고려한다면 두 경전 간 내러티브에서 발생하는 불일치는 동일 내러티브에 대한 두 종교 문화의 당연한 차이임이 분명해졌다. 남아 있는 것은 상호 인정이요 수용이다. 사소한 불일치가 양자의 관계에 금을 내는 진리논쟁의 수단이 되어서는 안 된다. 진리는 내러티브 자체가 아니라, 내러티브가 전달하는 하나님의 메시지에 달려 있다.[402]

---

402 물론 각기 다른 종교전통에 다른 신학적 이해가 존재한다는 사실은 분명하다. 다만 이 책의 초점은 서로 다른 두 전통이 함께 '대화를 위한 동질성을 강조'해 보는 데 있다.

4부

대화의 방법 :
상호 대화를 위한 경전읽기의 패러다임

이라크 내 다양한 신앙인들 사이에서의 평화를 지지하기 위한 모임에 참석한 이들이 각자의 경전을 들어 보이고 있다.

10장

비평적 경전읽기

오늘날 다원화된 세계 속에서 우리는 기존의 타자 부정적이고 배타적인 세계관을 고수하며 자기 종교에만 집착해서 살아갈 수 없는 현실에 서 있다. 공통 내러티브를 다루며 살펴 본 바와 같이, 양 경전 사이에 있는 많은 공유부분을 두고도 기독교와 이슬람이 서로의 차이점을 강조하며 갈등을 유지하는 이유는 무엇일까? 그 이면에 있는 역사적, 신학적, 이념적, 종교적, 기타 정치-경제적 이해관계에 따른 수많은 이유가 있겠지만, 가장 단순한 답변은 역시 서로의 '다름' 때문일 것이다.

먼저 분명히 해 두어야 할 것은, 본서에서 공통 내러티브를 통한 경전 간, 종교 간 대화를 기대하는 것은 이러한 다름을 간과하고 그 다름이 초래한 장구한 역사적 실상에 주목하지 않는 순진함이 아니라는 점이다. 민영진은 "같은 유일신을 고백한다 해도 각 종교는 그 나름대로의 고유한 신 이해를 가지고 있다. 같은 유일신에 대해 같은 이름으로 부른다고 해서 반드시 그 이해가 동일할 수만은 없다"면서,[403] "해석학적 견지에서 보면 같은 경전

---

403 민영진, "한 하나님, 세 종교-같음과 다름,"『한국문화신학회논문집』6집 (2003), 20.

이 바로 같은 의미를 가지는 것은 아니다"라고 바르게 지적했다.[404] 실제로 같은 기독교 내부에서도 성서의 해석과 적용의 차이는 실로 커서 가톨릭, 정교회, 개신교가 모두 '기독교'에 속한 지체들이라는 사실마저도 의문시될 정도이다.

그럼에도, 처음부터 고민해 왔듯, 양자가 서로 다름에도 불구하고 그 다름을 넘어서는 경전의 공통기반 위에서 호혜적 관계를 모색해 갈 수 있을 것이라는 것이 본서의 기대사항이다. 이를 위해서는 오늘의 상호 분리된 현실에 터 딛고 서서 그 간격을 잇는 지속적인 상호노력이 필수적일 것이다.

그러므로 이번 장부터는 그 다름을 초월하여 양 종교 간에 공통적인 이해에 이르기 위한 실제적 대안으로써 새로운 경전읽기의 패러다임을 제시해 보고자 한다. 상호간의 조화와 상생을 위한 통합적 해석을 위해, 양자는 경전읽기의 새로운 패러다임이 필요 할 것이다. 자기 신앙전통 내부에서만 통용되는 경전읽기는 근본적으로 외부자를 고려하지 못하며, 오히려 타자를 배제하는 해석과 적용을 도출하기 마련이다.

그 패러다임으로서 필자는 크게 비평적 읽기와 상보적 읽기, 그리고 거대문맥 중심으로 읽기를 제안할 것이다. 이번 장에서는 먼저 비평적 경전읽기에 대해 논의해 보자. 경전의 비평적 읽기를 제안하는 이유는 과거 자기 전통 내부의 근본주의적 경전 이해만으로는 상호 배제의 벽을 넘어설 수 없기 때문이다.

---

404 *Ibid.*, 21.

1. 역사적 문헌으로서의 경전

계몽주의는 기독교로 하여금 그 사고의 틀을 뒤바꾸는 계기를 제공했다. 따라서 계몽주의 이후 성서비평(Biblical Criticism)이라는 학문의 발전과 함께 성서에 대한 이해의 틀이 변화하면서,[405] 절대적 권위의 대상이었던 성서는 연구와 비평의 대상이 되었고, 인간의 과학적이고 합리적 사고에 의해 추론될 수 있는 책으로 재해석되었다. 성서 그 자체가 곧 하늘로부터 온 신언(神言)이요 진리라 여기던 세계관에서, 성서 역시 '역사적 문헌'이며 역사적 비평방법을 통해 해석될 필요가 있다는 사실이 받아들여지게 된 것이다. 그리하여 성서는 본문비평(textual criticism), 문헌비평(literary criticism), 역사비평(historical criticism) 등을 피할 수 없게 되었다. 민영진의 지적과 같이 "그 결과 역사적 비평적 방법으로 탐구한 '실제' 이스라엘 역사와 하느님의 백성들이 전승한 하느님의 행동에 관한 이야기인 구약성서 안의 역사 사이에 큰 차이가 있다는 사실이 발견되었다."[406] 성서 이해에 대한 완전한 패러다임의 격변이었던 것이다.

볼프(Miroslav Volf)는 이처럼 성서의 역사성을 긍정하면서, 그 과정을 거쳐 온 성서 안에는 '조화되길 거부하는 놀랄 만큼 다양한 관점의 다양한 목소리들'이 담겨 있음을 인정했다. 그러면서도 그는 이러한 다양성이야말로 "하나님의 자기계시의 역사성에서 나온 직접적인 결과"라는 통합적 관점을

---

405 James A. Sanders, 『토라와 정경』, 박원일, 유연희 역 (경기: 한국기독교연구소, 2013), 9.
406 민영진, "한 하나님, 세 종교– 같음과 다름," 22.

고수했다.[407]

> 말하자면 성경은 하나님이 어떤 시기와 공간에서 말하고 행하신 일에 관한 이야기로서, 제각기 다른 역사와 여러 영향들에 의해 형성되고, 다양한 문제들에 둘러싸여 있으며, 여러 소망으로 이어져 온 다채로운 문화 속에 살고 있는 사람들에게 주는 메시지라는 뜻이다. 이러한 다양성은 어느 의미에서, 다양한 성경 텍스트가 만들어지고 편집되는 기간인 수십 세기에 걸쳐 영위되어 온 인간의 삶 자체의 복잡성과 유동성을 반영하는 것이다.[408]

같은 선상에서, 구약성서는 다양한 시대와 역사적 변동에서 기원한 자료들과 다양한 삶의 자리를 반영하는 문학 작품들이 '절묘하게 교직(交織)'되어 있는 책이다.[409] 기원전 15-13세기부터 5세기에 이르는 약 1천여 년의 시간에 걸쳐 형성된 구속 역사와 신학적 해석이 함께 녹아 있는 문서인 것이다.[410] 뿐만 아니라, 성서는 고대 서아시아 지역 간의 문화적 접촉과 교류를 통해 지금의 모습으로 형성되어 왔다. 기민석에 따르면, "본래 문화라는 것은 주변 이웃들과 교류하면서 발달하게 마련이다. 성서는 종교적 계시로서

---

407 Miroslav Volf, 『하나님의 말씀에 사로잡혀』, 홍병룡 역 (서울: 국제제자훈련원, 2012), 34.

408 *Ibid.*

409 김회권, 『하나님 나라 신학의 관점에서 읽는 모세오경 1』, 16.

410 James A. Sanders, 『토라와 정경』, 36; 샌더스는 성서가 "청동기시대, 철기시대, 페르시아시대와 헬라시대를 거쳐 천 년이 넘게 성장했다"고 생생하게 표현했다.

유일무이한 것이지만, 이 계시의 자료가 되는 역사와 문화적 경험이 그런 것은 아니다. 당연히 이웃과 공유되었다."[411] 그러나 성서가 이러한 역사적 변천과정을 거쳐 왔다고 해서 성서의 권위가 무너지거나 효용성을 잃는 것은 아니다. "그릇 위에 담겨진 어떤 요리가 유일한 것이지, 그 요리의 재료인 '양고기'와 '양파'는 다른 요리에서도 발견될 수 있는 것처럼 말이다."[412]

전통적으로 기독교는 초대교회로부터 구약성서를 단순히 예수 그리스도의 도래에 대한 예언으로 이해하고자 하였다. 그러나 구약성서를 이와 같이 역사적 비평적 방법으로 연구하게 되면서부터, 교회는 신약성서 기자들이 그들의 신학적 프레임에 따라 이미 알고 있던 사실만을 구약성서에서 확인했다는 사실도 지적할 수 있었다.[413] 이와 같이 경전에 대한 비평적 읽기는 단순한 '신앙적 읽기'에만 의존하지 않고, 사실과 맥락을 존중함으로써 보다 합리적인 해석과 적용에 이르게 하는 단초가 된다.

이슬람 전통에서도 이 같은 변화의 움직임이 감지되고 있다. 그동안 이슬람 내부에서 하나님의 계시의 원천이요 종교적 규범인 꾸란은 어떠한 질문과 비평으로부터 자유로운 절대적인 대상으로 이해되어 왔다. 그것은 꾸란이 무함마드에게 계시되기 전부터 이미 그 원본이 하늘에 '영인본'으로 존재했다는 근본주의적인 이슬람의 경전관이 작동하고 있기 때문인데, 유대인의 전통에서 토라가 이미 창조 이전부터 존재했다는 '토라의 존재이전

---

411 기민석, 『구약의 뒷골목 풍경』(서울: 예책, 2013), 19.
412 *Ibid*.
413 민영진, "한 하나님, 세 종교– 같음과 다름," 22.

성'(pre-existence)을 주장해 온 것처럼[414] 그들 역시 꾸란의 선재성을 주장해 왔다.

하지만, 안신에 따르면 놀랍게도 최근 "꾸란과 초기 이슬람 문학에 대한 역사비평과 양식비평, 편집비평 및 문학비평이 진행되고 있다"고 한다.[415] 박현도는 이슬람 내의 이러한 상황을 다음과 같이 소상히 소개해 준다.

> 하디스의 경우 수집할 때부터 진위문제가 학자들을 괴롭혔다. 예언자의 진짜 발언을 찾기가 쉽지 않았기 때문이다. 이를 극복하기 위해 전승자의 신뢰도를 하디스 진위의 기준으로 삼았다.[416] 따라서 동일한 사안에 대해 다른 해석이 나오는 것은 학자 자신이 옳다고 믿는 하디스를 채택하면 되는 것이다. 그런데 꾸란의 경우 하디스보다 이러한 일련의 작업이 쉽지 않다. 꾸란은 창조되지 않은 영원한 하나님의 말씀이기 때문이다. 그럼에도 불구하고 꾸란 구절에 대한 다른 견해가 나올 수 있는 이유는 꾸란이 구체적인 콘텍스트를 알려주지 않고 텍스트만 전하거나, 계시시기나 상황에 따라 상반된 가르침을 주기 때문이다. 모든 것을 다 하나님께서 정해놓으셨다는 정명론(定命論. Q 6:125; 10:100; 45:26 등)과 이를 반대하는 자유의지론(Q 2:74; 17:84; 38:26 등)이 모두 꾸란을 근거로 초기 이슬람 역사에서 치열하게 부딪힌 것은 그 좋은 예다.

414 이성수, "중동 문화속에서의 3대종교," 20-21.
415 안신, "이슬람과 기독교의 예수 이해에 대한 연구," 158.
416 이를 '이스나드'(Arb. *isnad*)라 한다.

> 꾸란은 여러 곳에서 불신자들에게 하나님을 믿으라고 훈계하지만, 동시에 신앙은 강요할 수 없다고 선언한다(Q 2:256). 유대인과 그리스도교인을 힐난하지만(Q 2:111; 9:31), 이들을 경전의 백성(Ahl al-Kitab)이라 부르며(Q 2:62), 꾸란 계시를 믿지 못하는 사람들에게 "먼저 경전을 읽고 있는 자들," 즉 유대교인과 그리스도교인들에게 물어보라고 한다(10:94).[417]

꾸란에 대해서는 질문을 금하던 이슬람의 오랜 전통에 변화가 일기 시작했다. 꾸란이 간직하고 있는 해석의 난맥상은 물론, 꾸란 내부에 존재하는 내용상의 상충성 등은 결국 변화하는 세상에서 해석학적 진보에 문을 열어 주게 된 것이다. 앞서 인용했지만, 판넨베르크는 다음과 같이 경전에 대한 역사적 이해부터 시작하여 상호 이해를 촉구해 갈 것을 격려했다.

> 기독교인과 무슬림의 대화는 역시 성경과 코란에 대한 상호이해로부터 시작돼야 하지 않을까 생각합니다. 그동안 성서비평학자들의 업적에 힘입어 성경이 역사적으로 형성돼온 기록이라는 사실이 밝혀졌고, 극소수이지만 일부 이슬람 학자들도 코란이 역사의 산물임을 인정하고 있습니다. 서로의 경전에 대한 역사적 이해부터 시작, 화해의 지평을 점차 넓혀갈 수 있다고 생각합니다.[418]

---

417 박현도, "대화와 소통의 관점에서 본 이슬람교," 15.

418 Wolfhart Pannenberg, "세계적 신학 거장 판넨베르크 교수 인터뷰," 「조선일보」 (2001년 11월

구약성서든 꾸란이든 인류의 역사 속에서 역사하시는 하나님과 그 백성들 사이에서 형성되어 온 거룩한 문서들이다. 물론 그것이 '천상에 선재' 한다는 선언은 신앙전통 내부의 경건한 신앙고백이다. 하지만 그 선언을 문자적으로 적용하려 한다면 오히려 문제를 야기하게 된다. 이슬람 전통에서도 하나님 외에 '영원한 존재'를 상정하는 것은 신성모독에 해당하는 '쉬르크'(Arb. *Shirk*) 범죄로 다루기 때문이다. 꾸란이 무함마드 '당시'에 '메카와 메디나에서' 계시되었다는 역사적 사실만으로도, 그것은 '7세기라는 시간적 배경'과 '아라비아반도라는 공간적 배경' 속에 '무함마드와 그 공동체'가 속해 있던 역사적 삶의 자리를 객관적으로 증거해 준다. 역사 비평적 입장에서는 구약성서도 꾸란도 존재이전성으로 포장될 수 없는 역사적 문헌인 것이다.

특히 양 종교는 축자영감론(Verbal Inspiration)이라는 경전해석학의 장애물로 인해 경전에 대한 고착된 해석과 적용의 내외부적인 폐해를 직시해야 한다. 그 이론이 지지하는 경전의 무오성(inerrancy)과 절대성에 대한 강조는 각 신앙전통에 속한 이들을 하나로 결집하고 일관된 권위의 통제소를 갖게도 했지만, 동시에 신도들로 하여금 경전 자체를 숭배하게 하거나 독단적 문자주의에 치우치게도 만들었다. 모든 것은 단순히 그 '경전'에 기록되었기 때문에 진리가 되며, 경전이 그렇게 명령하기 때문에 심지어는 타자의 보편적 안정을 해치는 행위라 할지라도 '진리'와 '하나님'의 이름으로 간단히 시행되는 경우가 왕왕 있어왔다.[419] 오늘날 전 지구민의 절반을 차지하는 양대

5일자).

419 예컨대 하나님의 이름을 빙자한 성전(聖戰, Holy War)과 같은 것이 그러하다.

종교인들에게, 자기 신앙전통 내부의 진정한 진리 탐구와 실천은 물론 온 세계 거민의 평화와 행복을 위해, '거룩한 문서'에 대한 역사적 문헌으로서의 비평을 통해 진정한 메시지를 찾는 노력이 필요하다.

오히려 이 경전들이 오랜 전승과정에서 주변 문화들과의 접촉과 크고 작은 교류과정을 통해 발달하고 변화하고 성장하면서 현재의 상태로 안착하게 된 역사를 존중해야 한다. 각 전통의 독특한 내러티브 전통은 바로 그러한 발달과정을 통해 형성되어 왔고, 또한 그 속에 각 전통의 생명력과 역동성을 간직해 왔기 때문이다.

2. 경전의 텍스트에 대한 이해

이처럼 역사적 문헌으로서의 경전에 대한 이해를 통해 양 경전의 텍스트를 객관적으로 읽어 내는 작업이 비평적 경전읽기이다. 그것은 "우리가 처한 '상자와 원(圓)'을 귀중한 유산으로 여기면서도 비판적인 눈으로 보는 것"[420]을 의미하며, 단순히 경전을 비판하는 것을 의미하지 않는다.

그러나 정중호의 지적과 같이 대체로 일반 신자들은 구약성서를 대할 때 '비평이전(pre-critical) 단계'의 시각에서 성서를 대하며 성서를 경전(Canon)으로만 대하는 경향이 있다.[421] 그리고 성서의 다양성보다는 성서의 일관된

---

420 James A. Sanders, 『토라와 정경』, 41.
421 Gerald West, *Biblical Hermeneutics of Liberation* : *Modes of Reading the Bible in the South Afri-*

견해에 익숙하며, 성서를 단순화시켜 보려 한다.[422] 그 결과 성서를 읽는 과정에서 본문들이 지닌 차이들을 간과하는 경향을 보이게 된다. 하지만, 실제로 구약성서에 다양한 문학적 양식이 포함되어 있다는 것은 주지의 사실이다.[423] 구약성서에서 가장 중요시되는 오경의 이야기만 보더라도 다양한 문학양식이 사용된 흔적들이 역력하다. 특정 인물이나 사건에 대한 기술에 있어서도 서로 다른 양식으로 두세 번씩 언급되는 이야기들과 서로 일치되지 않는 본문들(inconsistencies)이 곳곳에서 드러난다.[424] 창세기 1–2장에 나오는 창조기사에서도 서로 다른 두개의 상이한 창소 이야기가 존재한다.

노아 홍수 이야기에도 두 가지 자료가 존재한다는 것이 정설이다. 예컨대, 창세기 6:19–20에서 노아는 각 종류의 짐승을 암수 한 쌍씩 방주 안으로 들이라는 명령을 받지만, 창세기 7:2–3에서는 정결한 짐승은 암수 일곱씩, 부정한 짐승은 암수 둘씩 방주 안으로 들이라는 명령을 받는다. 이러한 동일 사건에서 보이는 불일치는 본래 독립된 두 자료의 존재를 암시하며,[425]

---

can Context (Pietermaritzburg: Cluster Publications, 1991), 131–41, 정중호, "사이버 시대의 새로운 성서해석에 관한 연구," 『구약논단』 9집 (2000), 354에서 재인용.

422 정중호, "사이버 시대의 새로운 성서해석에 관한 연구," 354.

423 Paula Gooder, 『오경』, 22.

424 *Ibid.*, 22–23; 구더(Gooder)에 따르면, 인간의 창조(창 1:26)와 아담의 창조(2:7)가 구별된다. 홍수가 40일간 땅에 있는데(7:17) 150일간 창일한다(7:24). 또한 아브람이 사라를 누이라 속인 일이(12:10–20) '아브라함'이 속인 것으로(20:1–18), 나아가 이삭이 리브가를 누이라 속인 일이 반복된다(26:1– 11). 요셉을 이스마엘 사람에게 팔기로 한 일(창 37:28)이 미디안 사람에게 판다(37:27). 모세가 하나님의 명령에 따라 산에 오른 일이 세 차례 중복된다(출 24:1–2, 9–11, 15–18). 여호수아가 백성의 지도자로 선출되는 일도 중복되어 등장한다(민 27:18–23, 신 31:23).

425 *Ibid.*, 69–70; 구더는 베스터만의 연구를 토대로 홍수 이야기에 나오는 'P' 자료와 'J' 자료를 도표로 제시해 준다.

이를 하나로 만드는 과정에서 생겨난 결과임을 보여 준다.

또한 홍수 사건의 발단으로 등장하는 고대 거인족의 출현에 대해서도, 그들에 대한 "신화적인 설명을 아무 거리낌 없이 사용"한다.[426] 이러한 설명은 독자들에게 불합리한 느낌을 주지만, 적어도 이러한 설명방식은 당대 독자들의 인식 틀에 적합한 메시지 전달방식이었다. 이처럼 창세기 원역사는 신화적 이야기를 통하여 우주의 기원과 인간의 창조, 타락, 고통의 기원 등을 설명한다. 그것은 우주와 인간과 세계에 대한 과학적이고 인류학적이며 역사적인 설명이 아니다. 그것은 창조와 기원에 관한 당대의 철학적이고 신학적인 설명이었던 것이다.[427] 그러므로 그것은 축자영감된 계시의 말씀으로보다는 오늘의 삶의 자리에서 새롭게 재해석되어 들려져야할 하나님의 말씀인 것이다.

그렇다면 꾸란에 대해서는 어떤 이해가 필요할까? 필자는 졸저 『이슬람의 성경변질론』에서 꾸란을 변증하기 위해 성경변질론을 주장하는 무슬림들에게 '꾸란 비평'을 주장한 바 있다.[428] 이러한 경전읽기의 패러다임 전환을 위해 우선 꾸란의 텍스트에 대한 열린 이해가 절실하기 때문이다. 하지만 꾸란에 대한 무슬림들의 선입견을 수정하고 그것을 비평적으로 읽어 내기 위해서는 아직도 넘어야 할 산이 너무도 많다. 또한 꾸란을 거룩한 문서로서 이해하는 데 있어, 그리스도인들이 수정해야 할 선입견 역시 크게 다

426 김회권, 『하나님 나라 신학의 관점에서 읽는 모세오경 1』, 67.
427 *Ibid.*, 66.
428 김대옥, 『이슬람의 성경변질론』, 292-310 참조.

르지 않다.

우선 여기에서는 이 책에서 다루고 있는 꾸란이 구약성서와 공유하고 있는 공통 요소들의 특수성 이해에 초점을 두고 살펴보려 한다. 그것이 꾸란을 보다 수용적으로 이해하는 길이 될 것이기 때문이다.[429]

첫째, 꾸란에서 구약성서의 요소들이 채택될 때 구약성서의 방대한 양에 비해 대단히 제한적이라는 점이다.[430] 무엇보다도 무함마드는 모세오경, 특히 그중에서도 창세기에 나오는 설화들에 많이 의존하고 있다. 세상과 인간의 창조의 역사, 노아와 아브라함, 요셉, 그에 더하여 모세와 출애굽의 역사가 반복해서 등장한다. 이러한 반복은 꾸란에 구약성서가 매우 많이 들어있다는 인상을 갖게 한다. 그는 또한 바벨탑에 관해서도 알고 있었으나 그것이 파라오(Pharao, 바로)에 의해 건축되었다고 주장한다(Q 40:36f). 구약성서의 희생 제사를 언급하는 '붉은 암소'의 규례(Q 2:67ff, 민 19:1–10)도 그에게 친숙한 것으로 보인다.[431]

물론 세부적인 묘사의 차이는 있지만, 역사서들로부터는 사울 시대의 다윗과 골리앗 전승과(Q 2:249–251), 다윗과 솔로몬의 이야기도 알고 있었다(Q 34:10–12). 하지만 그는 전체적으로 선지자들의 책들(네비임)과 성문서들(케투빔)에 관해서는 알지 못한 것으로 보인다. 그러나 그중 예외적으로 요나서는 알고 있었던 것 같다(Q 10:98).[432] 하지만 그가 명백하게 구약성서를

---

429 Joachim Gnilka, 『성경과 코란』, 73–85 참조; 이 부분은 그닐카의 분석에 도움을 받았다.
430 *Ibid.*, 73–74.
431 *Ibid.*, 74.
432 *Ibid.* 꾸란 10장의 제목 자체가 요나(유누스)의 이름으로 되어 있다.

인용한 경우는 없다. 어떤 이들의 주장처럼 구약성서의 방대한 분량 속에서 단 한두 구절에 대한 설명이 유사하다 해서 그것을 구약성서의 '인용'으로 보기에는 무리가 있다.[433]

둘째, 꾸란에 나오는 제한적인 성서의 본문이나 전승들보다 더 주목할 만한 것은 그렇게 선택된 것들의 형태이다. 즉 무함마드는 유대교의 해석 전승을 수용했을 뿐만 아니라, 주로 유대인 기독교에 유포되어 있는 기독교의 해석 전승들과, 나아가 성서와 관련된 문서들에서 발견될 수 있는 외경들의 본문도 수용했다.[434] 이러한 이야기들은 주로 아담과 노아, 아브라함, 모세 등과 같은 인물 내러티브에 나타나는데, 매우 환상적인 내용으로 각색되어 등장한다.[435]

셋째, 이러한 성서의 자료를 꾸란에 수록하기로 결정한 의도에 있어서 결정적인 기준은 그것이 유일신론적인 경향을 가지고 있는가의 여부였다.[436] 무함마드의 이해에 있어서 아브라함과 모세는 이런 유일신론을 선포한 가장 대표적인 인물이었고, 다른 인물들도 이 기준에 따라 선택되었다. 그는 이 인물들의 이야기 속에 자신의 예언적 활동에서 경험한 맥락을 투영하고 있는데, 예언자들의 선포는 거부되고, 파라오는 그 선포를 거부하

---

433 *Ibid.*, 75; 그닐카는 그가 '단 한 번' 구약성서를 인용했다고 보았다. "하나님은 이전 시편(Arb. *Zabur*. 다윗의 책)에서 대지는 나의 성실한 종들이 상속하리라 하였노라"(Q 21:105)는 구절은, "의인이 땅을 차지함이여, 거기 영영히 거하리로다(시 37:29)를 인용한 것이라 볼 수 있다는 것이다. 이와 유사한 내용이 시편 37:9, 11, 22, 34, 이사야 60:21에도 나온다. 하지만 이 역시 정확한 '인용'으로 보기에는 한계가 있다.

434 *Ibid.*, 76.

435 *Ibid.*

436 *Ibid.*, 79.

는 대표적인 인물로 등장한다. 이처럼 성서의 예언자들의 활동에서 반복되는 경험들(선포, 선포에 대한 거부, 불신자들의 형벌, 예언자의 구원)이 자신의 경험들과 일치한다고 보았다.[437] 앞에서도 다룬 것처럼, 그것은 설교적 맥락에서 창의적 변용의 결과였던 것이다.

학자들에 따르면 각 경전의 내러티브는 오랜 세월 동안 구전의 과정을 통해 형성되어 왔다.[438] 샌더스가 지적한 바와 같이 각 경전에 담긴 기록들은 "마치 고고학자들이 발견한 문서처럼 단순히 '원본' 문학작품으로 이루어진 것이 아니다."[439] 전승은 구전과정에서 변화를 겪게 마련이며, 따라서 계통상 크고 작은 차이를 보이게 마련이다. 나아가 전승은 특정 공동체의 특성에 따라 의도적으로 변형되고 수정되는 것이 당연하다. 또한 이야기는 전달자와 청중에 따라 조금씩 상이하게 전달되기 마련이다. 그것이 바로 동일한 예수 사건을 두고도 복음서 네 권이 각각 서로 다른 표현들로 소개하는 이유이다.[440] 앞 세대는 공동체 내부에 전승되는 이야기들을 후세대에 전달했는데, 특히 그 안에 담긴 하나님의 의도와 신적 행동들이 후대를 교훈하기 위한 목적으로 전달되었다. 그것은 곧 신앙공동체의 공동고백이 되어왔고, 공동체의 특징을 형성해 왔다. 그것이 완성된 형태로 존재하는 것이 오늘날의 구약성서와 꾸란이다.[441]

---

437 *Ibid.*, 80.

438 James A. Sanders, 『토라와 정경』, 84–85.

439 *Ibid.*, 100.

440 이에 대한 논의는 A. B. Du Toit, 『신약정경론』을 참고할 수 있다.

441 김대옥, "성경과 꾸란의 공통 내러티브," 250.

물론 소위 근본주의 입장에 있는 학자들은 경전이 역사적인 문헌이라거나 또는 자신의 경전이 주변의 다른 전통에서 어떤 내용을 빌려다 사용했을 것이라는 주장에 대해 마뜩하게 여기지 않는다. 그들은 다만 하나님이 경전의 기자들에게 직접 계시하셨다는 형식을 옹호하고자 한다. 샌더스가 지적한 바와 같이 "그들은 성서를 그 시대의 여느 다른 문학처럼 연구하면 신앙이 위협을 받고 교회가 해를 입을 것이라고 느낀다. 그들은 본문을 비평적으로 연구하는 사람들이 성서가 계시한 권위를 부인한다고 생각한다."[442] 그러나 그의 주장처럼, 경전을 '정직하게' 수용하고 읽어냄을 통해 비로소 경전을 바로 이해하고 그 메시지를 정직하게 듣게 되는 것이다. 본문을 당대의 문학들과 비교해 보면서 "성서 저자들이 자신의 논점을 펼치기 위해 이웃의 사고를 어떻게 사용하였는지를 식별"[443]해 내는 것이 경전을 연구하는 이들의 기본적인 과업이어야 한다. 앞서도 언급한 바와 같이 경전의 저자들은 "종종 고대 중근동의 창조 및 홍수 이야기와 같은 전승들을 사용하고 다시 고쳐서 사용"했으며,[444] 그러한 과정을 통해 하나님의 메시지를 전달해 왔음을 부인할 수 없다.

---

442 James A. Sanders, 『토라와 정경』, 175.
443 *Ibid*., 176-177.
444 *Ibid*.

3. 텍스트 해석의 과제

이제 남은 것은 이 경전의 텍스트를 어떻게 해석해 낼 것인가의 문제다.

앞서도 밝힌 바와 같이, 텍스트는 시공간을 초월하여 단일한 해석과 교리로 고정되어 있는 '초역사적인 진리 자체'가 아니다.[445] 건드리(Robert H. Gundry)는 성서의 영감성은 인정하면서도 성서의 텍스트들은 "(통일된 조직신학을 낳는) 초(超) 역사적인 포괄성을 위해 맞춤형으로 만들어진 게 아니라 역사 내적인 타당성을 위해 집필되었나"고 설명한나.[446] 그것은 역사 한복판에서 주어진 계시이며, 따라서 그 주어진 맥락에 한계지어질 수 있는 융통성마저 포함하는 것이다.

그러므로 경전의 텍스트는 첫째, 비평적으로 정직하게 읽어내야 한다. 샌더스는 이러한 비평적 읽기를 강조하면서 경전 해석에 있어서의 해석학적 순환의 문제를 지적한다.

> 본문을 정직하게(비평적으로) 읽는 것은 본문에 있는 불일치와 변칙을 솔직히 인정하고 또한 원래의 역사적이고 문학적인 맥락 속에서 그 본문들을 설명하는 것을 의미한다. 성서를 비평적으로 읽는 것은 독자가 근본주의나 세대주의와 같은 특정 해석학적 순환을 본문에 가져가는

---

445 Miroslav Volf, 『하나님의 말씀에 사로잡혀』, 247.

446 Robert H. Gundry, "Hermeneutic Liberty, Theological Diversity, and Historical Occationalism," *The Old is Better* ; *New Testament Essays in Support of Traditional Interpretations* (Mohr Siebeck, 2005), 17, Miroslav Volf, 『하나님의 말씀에 사로잡혀』, 247에서 재인용.

> 것에 대해 비판적이라는 뜻이다. 그것은 성서에 대해 비판적이라는 뜻이 아니다. 성서가 그 자신의 시대로부터 스스로의 생각을 말하게 하는 것이라는 뜻이다. 그것은 성서가 건드릴 수 없는 우상이나 신성한 '코드'(code)인 양 성서를 예배하는 위험으로부터의 자유를 뜻하기도 했다.[447]

즉 경전을 비평적으로 읽어내는 일은 경전 자체에 대한 비판이 아니라 오히려 독자가 매몰되어 있는 해석학적 순환에 비판적이어야 한다는 것이다. 그것은 각자가 속해 있는 전통의 교조적 입장에 대해서도 비평적이어야 함을 암시하며, 그것을 통해 본문 자체의 당대 문화적 상황 속에서 경전을 연구함으로써 그것이 원래 의도한 것을 추구하며 읽는 것을 의미한다.[448]

둘째, 동시에 경전의 텍스트는 영원을 지향하면서도 궁극적으로 현세적인 목적을 가지고 있음을 인정해야 한다. 그것은 역사 가운데 오늘을 살아가는 인간들을 향한 하나님의 전언이어야 한다. 그러므로 경전을 읽는 독자는 자신이 읽는 텍스트가 오늘의 삶의 자리에서 어떠한 의미를 갖는지를 탐구해야 한다. 영원에 대한 지향은 땅의 지평 속에서 구체화되어야 한다. 이러한 전 이해 속에서 이제 그것은 오늘의 독자들에게 새로운 신학적 의미를 제공해 주는 말씀이어야 한다. 오늘의 삶의 정황은 2,000년 전 팔레스타인이나 1,400년 전 아라비아와는 다르다. 따라서 그 텍스트는 '지금 여기'(here

---

447 James A. Sanders, 『토라와 정경』, 175.
448 *Ibid.*, 177.

and now)라는 삶의 자리에 부응하는 새로운 해석 속에서 새로운 하나님의 말씀이 되어 전달되어야 하는 것이다.

끝으로, 그 텍스트의 해석은 사적(私的)이며 동시에 공적(公的)인 적용을 낳아야 한다. 그것이 사적이어야 한다는 것은, 경전을 통해 하나님을 말씀을 듣는 이는 독자 자신이요, 그 말씀은 곧 독자 개인으로 하여금 그 말씀에 대한 책임적 자아가 되도록 소명하기 때문이다. 그것이 동시에 공적이어야 한다는 것은 그 텍스트가 단순히 사적인 측면에 제한되어 개인주의적으로 흘러서는 안 됨을 의미한다. 이는 그것이 특성 종교선동에세만 통용되는 것이어서도 곤란하다는 의미일 수 있다. 인류 공동체가 함께 그 말씀 적용에 대한 수혜자가 되어야 한다는 의미이다. 경전이 제시하는 공적인 전망을 개인의 영역으로 제한하지 않고 모두가 공유하기 위해서는 인간의 제 문화 속에 잔존하는 여타의 장애물들, 곧 인종, 성별, 국적, 언어, 종교 등 서로를 구분하는 모든 것들의 울타리를 넘어서는 해석으로 접근해야 한다는 뜻이다.

이러한 사실을 무시한 채, 거룩한 문서들에 대한 문자주의나 경전의 무오성에만 머물거나, 자신이 속한 신앙전통의 호교적인 적용에만 치중하는 것은 개인과 공동체에 있어 당면한 문제 해결의 어떤 실마리도 제공하지 못한다. 실제로 각 경전 내부에서 발견되는 텍스트 상의 불일치와 하나님의 모순적 행동을 변호하면서, '하나님은 자기 모순적이지 않다'는 사실을 애써 주장하는 근본주의자들의 입장은 비판의 여지가 많다. 볼프는 그들이 그것을 "추진하는 동인은 성경에 대한 경외심이지만, 그 진술들을 한 시스템에 끼워 맞추는 일은 (오히려) 종종 성경의 구체적인 주장들에 대한 불경심을 낳

곤 한다"고 바르게 지적했다.[449]

꾸란의 해석에 있어서도 이 원리는 동일하게 작동한다. 이슬람 철학자요 사상가요 정치가인 전 이란 대통령 하타미(Seyyed Mohammad Khatami)에 따르면, 이슬람의 텍스트 해석에 대한 이해 역시 이와 별반 다르지 않음을 알 수 있을 것이다.

> 종교에 대해 올바른 해석을 하는 방법은 과학적 사고와 흡사해서, 잘못 없는 원전에 충실해야 한다는 것과 종교적 깨달음의 경지에 도달하기 위해서 과거에 취했던 방법에 관한 지식에 충실해야 한다는 것으로 집약할 수 있다. 그리고 이슬람교의 원전은 의심할 여지없이 코란이다. 남은 문제로서 우리가 해야 하는 것은 우리 자신의 손으로 종교를 해석하는 것이다. 그리고 종교만은 특정한 때와 장소에 구애를 받아서는 안 된다는 점을 이해하고서야 비로소 우리는 종교에서 말하는 영원한 생명을 확실히 알 수 있다. 생각해서는 안 된다든가 진보해서는 안 된다는 식의 잘못된 사상을 신자들에게 불어넣는 것을 허락하지 말고, 신자들이 자기 인생의 모든 장면에서 개혁의 과실을 얻을 수 있도록 거기로 향하는 문을 열어야 한다는 것이 나의 생각이며, 그와 동시에 종교의 진수를 더 한층 높이는 것이다.[450]

---

449 Miroslav Volf, 『하나님의 말씀에 사로잡혀』, 247.

450 Seyyed Mohammad Khatami, 『문명의 대화』, 이희수 역 (서울: 지식여행, 2002), 106-107; 번역서에 있는 하타미의 인용문 속의 존칭형 종결 어투는 필자가 수정하였다.

그는 꾸란의 권위를 인정하면서도 '독자의 주체적인 해석'을 기대하고 있다. 다시 말해서 꾸란 해석을 극도로 금하거나 두려워하는 대중적 이슬람의 관성을 극복하고 경전읽기에 대한 진보와 개혁을 기대하는 적극적인 경지를 요청하고 있다. 그러한 주체적인 경전에의 접근이라야 하나님은 물론 타자와의 관계에서도 깨달음과 소통이 이어질 것이기 때문이다.

> 신성한 것은 분명히 존재하지만, 그 신성한 것을 어떻게 해석하는가는 인간이 하는 일이다. 이것을 해석한 다음에야 비로소 인간은 타자의 경험에 마음을 열고 타자가 만들어낸 새로운 것을 이해할 수 있다.[451]

하지만 이러한 주장에 대해 어떤 이들은 이슬람의 경전에 대한 비평적 해석에 이의를 제기할 것이다. 즉, 전재옥이 "꾸란은 해석에 대하여는 열려져 있지 않고 다만 외우고 그 가르침에 복종하는 것이 있다"고 일갈한 바와 같이,[452] 어떤 이들은 이슬람의 외견상의 이해에 근거하여 볼 때, 이슬람 전통이 너무도 완고하여 현대의 변화상황에 적합한 적응력을 발휘할까에 대해 회의적이다. 하지만 다음의 두 예에서 보듯 이슬람은 전통적으로 매우 융통성 있는 해석에 열려있었다. 이를 살펴보기 위해 이슬람 역사 초기에 활동했던 이들로, 이슬람사에서 가장 영향력 있는 두 주석가를 살펴보기로

---

451 *Ibid.*, 106.
452 전재옥, "그리스도교와 이슬람의 만남,"『신학사상』115집 (2001 겨울), 54.

한다.[453] 이들의 경전 해석에 대한 입장을 살펴보면, 오늘날 꾸란 해석에 대한 대중의 경직된 이미지들과는 매우 다른 입장을 발견하게 된다.

먼저, 8세기의 쉬아파 이맘이자 꾸란 주석가인 앗-사디끄(Jafar as-Sadiq)는 4대 칼리파 알리의 고손자로서 예언자의 혈통에 속한 6대 이맘이 되었다.[454] 그는 당시에 하나님의 말씀을 해석할 신적 권위를 가진 이맘으로 인정받는 꾸란 학자였으며, 지금도 쉬아파와 신비주의적 수피 입장의 꾸란 주석가들에게는 최고의 해석자로 인정받는다.[455] 그는 꾸란 해석에 있어서 세 가지 원칙을 제시했는데, 첫째는 원전에 충실하게 읽는 것이다. 꾸란은 번역 이상의 것이 필요하다. 둘째는 역사적 맥락을 고려하는 것이다. 즉 무함마드가 살았던 시대와 초기 무슬림들의 주변 상황을 이해해야 한다. 셋째는 언어와 역사를 넘어서 상상과 신화, 직관에 대한 탐구가 필요하다는 것이다. 어떤 이들은 이를 꾸란에 대한 '우의적 접근'이라 일컬었는데, 꾸란 연구에 있어서 가장 창의적이고 무한한 가능성을 열어둔 방법이었다.[456]

한편 10세기의 수니파 역사가이자 꾸란 주석가인 앗-따바리(Abu Jafar Muhammad ibn Jarir at-Tabari)는 페르시아 출신의 학자로서 초기 주석가들

---

453 빌랄 필립은 그의 책 *Usool At-Tafseer* (Eng. *The Fundamental Principles of Qur'aanic Interpretation*)에서, 꾸란 주석은 두 개의 범주, 곧 전승에 따른 주석(Arb. *tafseer bir-rewaayah*)과 의견에 따른 주석(Arb. *tafseer bid-diraayah*)이 있음을 지적하면서 각 범주별 주석들에다 무타질라파 주석들(Arb. *tafseers of the Mu'tazilees*)까지 추가하여 소개해 준다. Abu Ameenah Billal Philips, Usool At-Tafseer, http://www.islamhouse.com/264106/ en/en₩/books/Usool_At-Tafseer (2011년 3월 5일 검색).

454 Bruce Lawrence,『꾸란 이펙트』, 배철현 역 (서울: 세종서적, 2013), 98.

455 *Ibid.*, 105.

456 *Ibid.*, 101-102.

중 가장 존경받는 이들 중의 한 사람이다. 그는 아라비아 지역과 경쟁을 벌이던 메소포타미아 지역과 연계된 페르시아인의 입장에서 꾸란에 접근했다.[457] 그에게 꾸란은 무엇보다도 "성경에 반영되어 있는 계시의 다음단계"였고 "성서의 확대판"이었다.[458] 그가 보기에 꾸란에는 어조는 다르지만 유대인과 그리스도인들에게도 친숙한 이야기들이 많이 있었던 것이다. 주석가로서 그는 자신도 그 시대의 산물이요, 당시 이슬람의 가르침은 더 이상 새로운 것도 아닐 뿐 아니라 고정된 형태도 아님을 알았다. 그리고 이전 세대가 이루었던 연구들이 '한 방울 한 방울 모여 해석의 바다'를 이루었지만, 이러한 주석들은 지식을 전하기도 하지만 혼란도 초래한다고 보았다.[459] 그래서 그는 '꾸란 안에 있는 수많은 해석의 바다의 기준을 어떻게 정해야 하는지'에 관해 세 가지 범주로 나눌 필요가 있다고 보았다.

> 표식 중에는 무함마드만이 해석할 수 있는 것들이 있다(Q 16:44, 64). 다른 구절들 중에는 오직 알라만이 해석을 내릴 수 있는 구절도 있다. 최후의 심판일을 가리키는 구절이 그 예인데, 무함마드도 이를 모른다(Q 7:187). 그리고 마지막으로 아랍어를 아는 자라면 누구나 해석할 수 있는 구절들이 있는데, 그것이 대부분을 차지한다.[460]

---

457 *Ibid.*, 107.
458 *Ibid.*, 109.
459 *Ibid.*, 115.
460 *Ibid.*

그는 꾸란에는 '명료한 표식'과 '불명확한 표식'이 함께 존재하는데, 명료한 표식이라 할지라도 한 가지 해석만 있다는 의미가 아니라 "적절한 의도와 배경을 가지고 접근하는 자에게만 해석이 명료하다"는 뜻이라고 설명했다. 또한 불명확한 표식도 "인간의 해석을 배제하지 않는다"고 봄으로써 해석의 다양성에 문을 열고 있다.[461] 동시에 그는 꾸란이 알라에게서 온 원천이라 할지라도, 그 해석에 있어서는 인간의 책임이 필요하다고 보았다.[462]

이로써 유명한 초기의 이슬람 주석가들도 나름의 원칙 속에서 경전의 맥락을 고려하되 자신들의 시대적 상황이 요청하는 창의적인 해석에 열려 있었고, 그 과정에서 인간의 책임을 강조했던 것이다.

전술한 바와 같이 오늘날에도 기독교에 뒤이어 이슬람 내부에서도 경전 해석에 대한 새로운 바람이 불고 있다. 박현도는 특정한 "하나의 종교전통이 사회문화 전반을 지배하던 과거와 달리 다원화된 현대사회에서 이슬람 전통이 시대의 흐름에 맞추기 위해서는 전통의 소통구조에서 재해석의 길을 찾는 데 달려 있다"면서 "최근 온라인을 중심으로 꾸란 구절의 역사적 콘텍스트와 무관하게 현대사회 상황에 맞춰 인용하면서 이슬람의 가치를 전파하는 움직임은 이러한 점에서 주목할 만하다"고 그 변화 상황에 고무적인 평가를 내렸다.[463] 박현도가 긍정적으로 주장하는 바와 같이, 이슬람이 "대화와 소통의 근본 텍스트인 꾸란과 하디스"를 가지고 "현대라는 시공간에서

461 *Ibid.*, 116.
462 *Ibid.*, 118.
463 박현도, "대화와 소통의 관점에서 본 이슬람교," 16.

유의미한 대화를 나누는 데 공헌할 가능성"은 얼마든지 열려 있음을 긍정하고 또 격려해야 한다.[464] 다만 그의 지적과 같이, 현대의 무슬림 종교교육이 전통 샤리아가 제공하는 틀 속에서 기독교세계와의 "공존과 대화 및 소통을 위해 어떻게 현대적 재해석을 이루어 낼 것인지," 또 그 과정에서 이슬람의 해석전통인 "타끌리드(Arb. *taqlid.* 전통의 답습)와 이즈티하드(*ijtihad.* 재해석), 나끌(*naql.* 전통)과 아끌(*'aql.* 이성) 사이의 균형과 조화"를 어떻게 이루어 내는지에 달려 있다.[465]

그러므로 공통 내러티브 역시 지금까지 특정 '교권체제나 교리를 통해서만 해석'[466]하던 각 종교전통의 관습에서 벗어나, 경전에 대한 비평적이고 분석적인 접근을 통해 현실 세계에 연관성과 파급력을 갖는 대안을 도출해 내도록 읽어내야 할 것이다. 노아 내러티브의 경우에 있어서도, 구약성서나 꾸란에 기록된 그 자체로서의 권위에 기대어, 내러티브 간 상이점으로 진위 논쟁에 가담하는 것은 경전의 본문에 대한 맹목적 권위부여의 결과일 뿐이다. 이야기로 이미 형성된 노아 홍수 내러티브가 각 종교전통 안에서 어떻게 작용하고, 또 전승되어 왔는지를 이해하고 적절한 해석을 통해 수용할 필요가 있다. 그러하기 위해서는, 경전에 대한 '존재이전성'이나 원본 그 자체로 진리 자체라 주장하는 '경전주의', '문자주의' 대신 자신의 경전을 비평

---

464 *Ibid.*, 17; 그는 이슬람에는 "지식을 구하기 위해서는 중국까지 가라"라고 하거나, "무슬림 공동체가 서로 의견이 다르다는 것은 하나님의 축복이다"라는 예언자 하디스가 있다는 근거를 든다.

465 *Ibid.*, 17-18.

466 James A. Sanders, 『토라와 정경』, 38.

적으로 읽어 내는 것을 격려해야 한다. 그렇게 함으로써, 경전의 내러티브는 역사적이고 과학적인 '사실'로서의 의미보다는, '메시지'로서의 의미 차원에서 이해하고 수용이 가능해 질 것이다. 그리할 때 공통 인물 내러티브에서 보이는 불일치 문제를 왜곡이나 거짓 등으로 폄훼하지 않게 될 것이며, 오히려 상대의 경전 안에서 공통의 메시지들을 찾아내게 될 것이다.

11장

상보적 경전읽기

이러한 전제 하에, 이제 종교 간의 우호적 공존과 협력을 위해 각 종교전통을 넘어 이웃 종교전통과 더불어 함께하는 공통의 해석을 논구해 보고자 한다. 이를 위해 양자가 가진 공통적 기반인 경전의 공통 내러티브에 주목하여 상호 간 공통의 해석과 적용을 도출해 내는 노력이 필요할 것이다. 하지만 이러한 시도에 대한 저항은 만만치 않다.

프랑스의 저명한 지성인 엘륄(Jacques Ellul)은 그의 노년에 지은 책『이슬람과 기독교』(*Islam et judéo-christianisme*)에서[467] 이슬람과 기독교 간의 관계를 분석하면서, 양 종교의 유사성을 주장하는 사조에 부정적인 평가로 일관했다. 그는 양 종교 간의 유사성을 통해 이슬람에 대해 호의적인 시각을 보이는 학자들을 비판하면서, 그러한 지식인들이 '이슬람에 대한 절제되지 않은 애정에 사로잡혔다'고 폄하하기까지 했다.[468] 그는 양자가 유일신론의 종교요, 책의 종교이며, 아브라함의 후손이라는 이슬람

467 Jacques Ellul, 『이슬람과 기독교』, 이상민 역 (대전: 대장간, 2009).
468 *Ibid.*, 59.

과의 유사성을 주장하는 세 전제들을 '이슬람 추종의 세 기둥'이라고 비판하고, 결국 이슬람은 기독교와 아무런 관련이 없는 종교이며 또한 어떠한 공통점도 없다고 결론을 내렸다.[469] 양자 사이에는 "뛰어넘을 수 없는 깊은 구덩이가 있음"을 깨닫는다며, 심지어 "단어들의 유사성은 의미의 대립과 아울러 존재의 대립을 전적으로 숨기고 있다"고 비판했다.[470]

엘뤌은 예리한 시각으로 두 종교 간의 근본을 비교 분석함으로써 존재하는 차이들을 살펴볼 수 있도록 기여했다. 그의 말과 같이 14세기 동안 독립적 종교로 자리매김 해 온 두 종교 사이에는 메우기 쉽지 않은 신학적 간격이 존재하고 있기 때문이다. 하지만 그는 근본적으로 이슬람에 부정적인 전제를 가지고 접근함으로써 양 종교 간의 공통점을 주장하거나 호의적인 대화의 여지를 남기지 않았다. 그 역시 전통적인 기독교 성서 해석에 의존하여 기독교 내부자적 시각으로만 이슬람을 분석함으로써, 결국 근본주의적이고 호교론적인 변증론자들과 같은 결론에 이르는 한계를 드러냈다고 평가할 수 있다.

이에 반해 볼프(M. Volf)는 아브라함의 신앙을 공유하고 있는 종교들 간의 대화는 각 전통의 경전들을 함께 읽는 일을 중심으로 전개되어야 함을 강조했다.[471] 각 종교는 기독교 또는 이슬람이라는 '내부자 결속을 위한 제한적 해석 틀'을 넘어서, 양 종교가 함께 공존하며 살아내야 하는 글로벌 환경

469 *Ibid.*, 105.
470 *Ibid.*, 121.
471 Miroslav Volf, 『하나님의 말씀에 사로잡혀』, 22.

의 콘텍스트에 적합하게 텍스트를 읽어내는 지평을 마련해야 한다. 그럼으로써 각 종교전통이 현대사회 속에서 스스로 당면하고 있는 문제 상황을 극복할 뿐 아니라, 다른 이웃 종교전통과도 의미 있는 대화를 나눌 수 있을 것이다. 이를 위해서는 자기 종교에 대한 정체성은 분명히 하되 자기 공동체의 테두리를 넘어 이웃 종교까지를 포괄하는 '하나님의 울타리'로 해석적 지평의 확대가 강조되어야 한다. 성서와 꾸란, 양자를 만족시키는 상보적이고 절충적인 해석이 필요한 것이다.

이러한 경전읽기의 실행을 위해, 필자는 볼프가 제시하는 성서 해석에 대한 다음과 같은 입장에 공감하며, 이제는 양 종교의 대화 당사자들이 이 입장을 함께 공유하게 되기를 기대한다.

> 나는 성경을 신성한 텍스트와 예수 그리스도에 대한 증언으로, 하나님의 자기계시의 처소로, 하나님이 오늘날의 모든 인류와 각 사람에게 말씀하시는 통로로 사용하는 과거의 텍스트로, 전체적인 통일성을 갖고 있되 내적으로는 풍성하고 다양성 가득한 텍스트로 읽는다. 또 의미들을 기호화하고 그것을 다양한 방식으로 굴절시키는 텍스트로, 수용적 태도로 또 상상력을 동원해 관여할 뿐 아니라 신뢰와 비판적 판단과 함께 접근해야 할 텍스트로, 기독교인의 정체성을 규정짓되 기독교 공동체의 테두리 밖에 있는 사람들에게도 말하는 텍스트로 읽는다.[472]

---

472 *Ibid.*, 53.

이제 각자의 경전을 비평적으로 읽어 내면서도, 동시에 어떻게 양 종교가 함께 경전을 읽고 서로 어울림이 있는 상보적 해석과 적용을 이끌어 가야 하는지를 논해 보도록 하자. 어떻게 '배타적' 성격의 경전으로 이해되는 유일신교의 경전들이, 타자를 부정하거나 배제하지 않으며 어떻게 서로 수용하고 관용하며 상호 존중과 협력을 도모하는 경전으로 읽혀질 수 있을 것인가?

1. 공통점을 찾아가는 경전읽기

첫째, 양자의 공통된 뿌리와 유산을 근거로 서로 공통점을 찾아가는 경전읽기가 필요하다.

이미 앞에서 살펴 본 바와 같이, 기독교와 이슬람은 모두 유대교에서 출발하여 아브라함을 공통의 조상으로 수용하는 형제종교임을 받아들인다. 서로는 구약성서에 계시된 유일하신 창조주 하나님을 공통의 하나님으로 섬기며, 그 하나님의 속성을 거의 동일한 방식으로 주장하며 신앙하고 있다. 한 분이신 하나님은 창조주요 만물의 보존자시요, 심판주요 구원자이시며, 인자하시고 용서하시는 하나님이시다. 자기 백성을 돌보시고 인도하실 뿐 아니라 온 인류 역사 속에서 정의와 평화, 자유와 번영을 위해 역사하고 계신다.[473]

---

473 이는 친연종교인 유대교에게 있어서도 동일하다.

그런데 만약 이 지점에서부터 기독교의 '삼위일체 신론'을 주장한다면, 대화는 멈출 것이고, 더는 진척시킬 수도 없게 된다. 그것은 비교종교적 의미에서 기독교 신앙공동체의 고백이지 유대교나 이슬람과의 공통 고백은 아니다. 삼위일체 신론을 강조하며 그 변론에 머무는 것은 서로의 '차이'에 초점한 접근이며, 지금까지도 아무런 진전을 도출해 내지 못해왔다.

또한 양 종교는 모두 강한 윤리적 토대를 갖춘 종교로서 인간의 행동과 사회적 규범에 강력한 영향력을 미치고 있다. 이성수는 아브라함 종교 간에 공통점에 초점을 두고 서로를 비교하면서 다음과 같이 서술한다.

> 유대교와 기독교의 은총과 계명은 이슬람의 자비와 기본 율법과 비슷하며 또한 세 종교가 모두 역사의 종착을 믿고 있는데, 유대교는 그들의 메시아를, 기독교는 그리스도의 재림을 믿고 이슬람은 마흐디(Mahdi)의 내림을 기다리고 있다. 이것은 이들 종교가 최후 심판, 부활, 후세의 천국과 지옥을 다같이 믿는 공통 신조를 증명해 주는 것이다. 세 종교 모두 개개인의 신앙심을 강조하며 기도, 단식, 자선, 성서낭독 등을 권장하고 서로 이웃을 돕고 살며 억울한 자와 빈자, 과부, 고아, 무숙자들을 돕는 데 대하여 세 종교의 성서에서 다 같이 언급하고 있으며 이를 실천하기 위해 노력하고 있다.[474]

---

474 이성수, "중동 문화속에서의 3대종교," 43; 이 때문에 이성수는 심지어 "이슬람교와 기독교 두 종교가 모두 앞서간 종교를 정화해서 완성시켰다고 볼 수 있는데, 기독교는 유대교의 교리를 정화해서 완성되었고, 이슬람은 유대교와 기독교를 정화해서 완성되었다고 볼 수 있다"고까지 주장하였다.

이처럼 양자가 공유하는 종교적 공통 유산과 동일한 실천 목표를 인식하면서 대화를 이어보면, 양자는 너무도 많은 것들을 공유하고 있음을 발견하게 될 것이다. 배철현은 "꾸란에서도 계속 반복하는 것처럼 이슬람은 새로운 종교가 아니라 유대교와 기독교를 통해 계시했던 하나님 신앙으로의 회복을 촉구하는 '종교개혁'이라는 시각에서 해석해야 한다"면서 심지어 "무함마드는 유대교나 그리스도교의 예수처럼 하나님께로의 승복(*islam*)을 요구하는 대언자"로 여겨야 할 것이라 주장하기도 했다.[475]

이러한 양자의 공통점을 찾아가는 경전읽기로의 접근은 그동안 강조되어 왔던 '차이'를 넘어서는 경전읽기를 가능하게 할 것이다. 앞서 살펴본 바와 같이 구약성서와 꾸란에는 수많은 공통 내러티브가 있다. 그 안에는 여전히 일치시키기 어려운 차이가 분명히 존재하기에 그것이 양자를 지속적으로 갈등하게 하지만, 이제는 초점을 바꾸어 '공통점'에 초점을 두고 접근할 필요가 있다. 정수일은 꾸란에 실린 이야기의 4분의 1이 성서와 일치한다고 보았다.[476] 이러한 수치는 양 경전의 '차이' 보다는 '동일성'을 강조하도록 인도한다. 물론 핵심적인 교리적 차이를 고려하여 균형 있는 논의를 진행해야 하는 것은 언급할 필요도 없는 기본 요소이겠지만, 처음부터 차이를 강조하여 양자 간의 골을 크게 부각시킨다면 종국에는 상호 배타적인 결론 외에는 얻을 것이 없다.[477]

---

475 배철현, "이슬람 다시 읽기: 그리스도교-이슬람교는 같은 뿌리였다," 『역사비평』 57집 (2001. 11), 222.

476 정수일, 『이슬람 문명』, 92.

477 김대옥, "성경과 꾸란의 공통 내러티브," 249.

실제로 노아 내러티브의 사례에서 볼 때, 두 경전이 함께 공통 내러티브를 공유한다는 사실과, 공통된 기록 목적을 가진 동일 메시지를 서로 공유하고 있다는 사실이 얼마나 놀라운 일인가? 어느 종교의 경전에 이러한 예가 있는가?

노아 내러티브의 비교를 통해 살펴본 바도 있지만, 가령 아브라함 내러티브의 경우를 보자. 양 경전이 차이를 보이고 있는 부분, 예컨대 그가 번제하려던 아들이 이삭인지 이스마엘인지의 여부나 이스마엘을 데리고 아라비아에 갔는지의 여부와 같은 차이는 양자 간의 대화를 위한 논의에서 부차적 사안이 되어야 한다(또는 배제되어야 한다). 공통점을 추구하는 경전읽기에서 중요한 점은 그 내러티브가 공통적으로 갖추고 있는 진술 및 기록 목적이다. 즉 하나님께서 아브라함 내러티브를 통해 신자들에게 전하고자 하는 메시지가 중심인 것이다. 하나님이 은혜로 그를 택하셨고, 그의 믿음을 귀히 보시고, 복주시고, 믿음의 조상으로 삼고, 그의 후손들을 번성케 하셨다는 사실이다. 내러티브 상에 보이는 차이를 가지고 경전 간의 진리논쟁에 돌입하면, 경전을 통해 하나님의 뜻을 알고 그 뜻에 순종하기를 기대하는 경전의 진정한 기록 목적을 상실하게 된다. 라흐만(Jamal Rahman) 등도 경전에 있어 중요한 점은 "그 저작에 관한 진정성이 아니라 그 메시지이며, 이 점에 있어서 구약성서와 꾸란은 일치를 보인다"고 주장했다. "유일한 실재는 하나님이며 모든 인류는 바로 그 실재이신 하나님이 사랑하시는 대상"임을 인정하는 것이 중요하기 때문이다.[478]

---

478 Jamal Rahman, Kathleen Schmitt Elias, and Ann Holmes Redding, *Out of Darkness into*

그러므로 두 경전이 서술하는 공유 내러티브에 대하여 그 공통점을 중심으로 기록 목적에 맞게 읽어 내는 자세는 계속 강조되어야 한다.[479] 이를 통해 양자는 서로가 얼마나 가까운 종교인지 인식하는 계기를 얻게 된다. 양자는 서로의 공통점을 중심으로 양 경전이 가지고 있는 긍정적인 면모를 살필 수 있다. 서로의 동일한 뿌리를 인정하고, 공통점을 살피며, 경전의 본래 기록 목적에서 초점을 잃지 않는 것이 중요하다. 앞에서도 살펴본 바와 같이 꾸란은 대체로 이야기의 세부사항에 무관심하다.[480] 각 내러티브는 곳곳에서 분산되어 반복되며, 반복될 때마다 그것은 조금씩 차이를 드러내기도 한다. 하지만 우리의 과제는 그 상이점을 추적하는 것이 아니라 동일한 인물 내러티브가 경전에서 어떤 목적으로 들려지고 있는가에 초점을 두어야 할 것이다.[481]

구약성서와 꾸란은 서로 다른 맥락, 다른 시대, 다른 공간, 다른 역사현실 속에서 선포되고 전승되고 또 기록되었다. 동일한 하나님의 의도가 상이한 맥락 속에서 각기 달리 해석되고 적용되어 온 것이다. 이것을 수평 비교

Light, 26.

479 김대옥, "성경과 꾸란의 공통 내러티브," 249–250; "심지어 가장 첨예한 교리적 차이를 보이는 예수 그리스도에 관한 불일치도 마찬가지이다. 예수께서 하나님의 아들이라는 기독교의 전제는 이슬람이 극도로 거부하는 내용이다. 대신 자극적인 차이를 잠시 내려 두고 서로에게 공유된 내러티브의 실체를 강조하여 상호관계를 이어가는 것이다. 즉 꾸란은 그리스도의 동정녀 탄생을 증거하며(Q 19:18–21), 죽은 자까지 살려내는 그의 탁월한 기적 사건들(3:49)과 그에게 수여되는 독특하고도 유일한 칭호들(메시아, 하나님의 말씀, 하나님의 영–5:17, 3:40, 4:169), 그의 승천까지 제시한다(4:157–159)."

480 이는 꾸란의 분량만으로도 알 수 있으며, 학자들의 꾸란 해석이 성서 내러티브에 매우 의존적인 것도 그 증거이다.

481 김대옥, "성경과 꾸란의 공통 내러티브," 251.

함으로 서로의 차이를 대립을 위한 촉매처럼 이해하고 활용하는 것은 진리 탐구와 수행의 도구가 되어야 할 경전의 목적을 심각하게 오해하는 것이며 하나님의 의도에 역행하는 것이다. 오히려 그럼에도 불구하고 이렇게 많은 공통점이 존재하는 것에 반응하며, 두 경전에 나오는 공통 내러티브의 차이보다 동일 주제를 부각시키는 것이 대화를 위해 중요한 사안이라 하겠다.[482]

2. 공통 내러티브의 건설적 수용

둘째, 양 경전에서 발견되는 공통 내러티브에서 보이는 그 가능성을 토대로, 양자는 공통 내러티브를 수용적으로 읽어나갈 필요가 있다. 이를 통해 양자는 하나님께서 온 인류를 향해 기대하시는 안내와 빛과 길을 공유할 수 있어야 하기 때문이다.

경전 간 비교 연구를 감행하는 학자들이 여전히 호교적이거나 분리적 입장에서 차이를 규명하려는 시도에 몰두하려는 경향이 있다. 김성현은 성서와 꾸란에 나오는 공통 인물에 대한 비교 연구에서 양 경전의 내러티브 상에 존재하는 차이에 주목하면서, 꾸란이 성서의 인물들에 대해 축소와 확대, 변형, 유지를 선택했다며, 각각의 경우를 구분하여 제시했다.[483] 그는 그

---

482 하지만 낙관만 해서는 안 된다. 쉴로르프는 거기에 있는 문제의 여지를 인정하면서 그 문제에 대해 '가장 바람직한' 무슬림-기독교의 공동 연구를 제안하는데, 무엇보다 무비판적 수용을 경계한 것은 적절해 보인다. Samuel P. Schlorff, 『무슬림 사역의 선교학적 모델』, 75 참조.

483 김성현, "성서와 꾸란의 공통 인물 비교 연구," 291.

차이의 이유를 "이슬람과 무함마드가 가진 의도에 따라 그들의 종교의 정당성 확보와 기독교 등과의 차별화를 위한 의도에서 자신들의 경전인 꾸란의 인물상을 창조"[484]한 것으로 보았다. 그중에 노아는 '축소'된 경우로서, 그 이유를 꾸란이 의도하는 바 '인물의 비중' 때문이라고 해석했다.[485] 그가 인물 내러티브에 대한 하나의 비교 틀을 제시해 준 반면, 오히려 노아의 비중이 꾸란에서 결코 작지 않다는 점과, 실제로 구약성서에서보다 더 강조되어 인용되고 있음을 놓친 것으로 보이며,[486] 무엇보다 양 경전의 인물 내러티브를 건설적으로 수용해 보고자 하는 의도를 갖지 못했던 것 같다.

이처럼 양 경전을 읽으면서 그 안에 담긴 공통 내러티브의 차이를 강조하게 되면 건설적 대화를 위한 토대를 구축하기 어렵고, 한 발짝도 앞으로 나아가기 어렵다. 앞서도 언급했듯이, 여기서 중요한 것은 내러티브의 세부사항에 있어서 크고 작은 차이에도 불구하고 무슬림과 그리스도인은 내러티브가 갖는 공통된 강조점을 중심으로 그것을 수용할 수 있어야 한다는 사실이다. 여기서 '수용'이라 함은 상대의 신앙체계와 사상 및 세계관을 고스란히 받아들인다는 것과는 거리가 있다. 오히려 그것은 상대가 믿는 바에 공감하고 이해하며 그것을 존중하는 것을 의미한다. 그들이 처한 삶의 자리와 맥락, 그러한 믿음과 실천이 나오게 된 종교적, 역사적, 사회정치적 맥락

---

484 *Ibid.*, 298.

485 *Ibid.*, 294.

486 김성현이 꾸란의 공통 인물에 대해 축소, 확대, 변형, 유지와 같이 네 가지로 분석한 것은 각 내러티브의 분량이라는 측면에서 의미 있는 분석이지만, 반면 양자의 차이에만 초점을 두었다는 한계가 있다.

들을 고려하여 이해하는 것이다.

전술한 내용과 강조점이 다소 중복이 되겠지만, 필자는 공통 내러티브를 서로 건설적으로 수용해내기 위해 양자가 고려해야 하는 세 가지 요소를 언급해 두고자 한다.[487]

> 첫째, 공통 내러티브를 다룰 때는 그 내러티브가 갖는 이야기로서의 기본적 특성을 고려해야 한다. 경전에 담긴 이야기들은 오랜 세월 동안 구전을 통해 전달되어 오면서 공동체를 형성하고 세우는 역할을 해 온 것들이다.[488] 신앙공동체 내에서 그 내러티브의 역사성과 사실에 대한 정확성은 이야기가 갖는 근본적 목적을 위해 그리 중요한 문제가 아니었다. 이야기들은 그 세부 내용의 진위여부를 떠나 그 자체로서 독자들에게 호소하는 힘이 있다.[489]

무함마드 당시의 문화적 정황을 고려해 본다면 그 역시 당시 유대인들이 들려주는 구약성서의 이야기들을 듣고 인물들을 재구성했다.[490] 심지어 그것이 다시금 기억되고 전달되고 기록되는 과정에서 크고 작은 변형이 개입했고, 그러는 사이 오늘의 '꾸란식 내러티브'로 정형화된 것으로 추정해 볼

---

487 김대옥, "성경과 꾸란의 공통 내러티브," 258-260에 언급한 내용을 발췌해 싣는다.

488 각 경전에 대한 영감론에 대한 이해의 차이는 이 부분에서 논란이 생길 수 있음을 인정한다. 특히 꾸란에 대한 축자영감론을 지지하는 무슬림에게는 주의 깊은 접근이 필요할 것이다.

489 김대옥, "성경과 꾸란의 공통 내러티브," 258.

490 그가 받은 종교적 영향들에 관하여는 Peter Beyerhaus, 『현대선교와 변증』, 211-212를 참고할 수 있다.

수 있다. 따라서 예컨대 노아 내러티브는 본래 창세기의 형태로 정착되었다가 나중에 꾸란에 재구성되어 나타나면서 현재 양 경전에서 크고 작은 차이점들을 내포하고 있는 다른 형태로 고정되었음을 이해할 수 있는 것이다.

> 둘째, 공통 내러티브를 다룰 때는 그 내러티브가 갖는 공동체 내의 종교적 역할과 신학적 목적을 고려한 해석이 요구된다. 즉 경전의 기본 메시지에 부합된 해석이 필요하다는 점이다. 기독교와 이슬람에서 노아의 이야기가 어떻게 활용되고 있는가 하는 점이 중요하다. 노아 내러티브가 갖는 근본적인 신학적 목적은 '심판'과 '구원'이라는 주제이다. 즉 내러티브의 기본적 목적은 이야기를 들려주고 그 이야기를 통해 신앙적 교훈을 주고자 하는 것이다. 그렇다면 내러티브는 그 세부사항에 대한 분석적 읽기가 아니라, 그 이야기가 전달하고자 하는 하나님의 목적에 맞게 통합적으로 이해되고 수용되어야 한다. 양 경전이 많은 공통 본문을 가지고도 서로의 차이만 강조하느라 '하나님의 목적'을 망각해서는 안 된다.[491]

따라서 공통 내러티브를 다룰 때는 그 이야기가 담고 있는 특정 신학적 목적에 초점을 둘 필요가 있다. 즉 노아 내러티브는 비현실적으로 보이는 전 지구적 홍수 사건에 대한 과학적, 역사적 사실을 전달하고자 하는 것이 아니라, 죄로 인해 고통당하는 세계 속에서 하나님을 향한 믿음과 의와 순

491 김대옥, "성경과 꾸란의 공통 내러티브," 258–259.

종의 삶을 강조하기 위한 신학적 목적을 갖는다. 사람들의 배척과 비판 등에도 불구하고 노아가 보이는 하나님을 향한 불굴의 신뢰와 순종은 신자들의 신앙의 본으로 구체화된다. 반면 하나님을 부인하고 회개가 기대되지만 결국 예고된 심판과 종말을 맞고 마는 죄에 빠진 백성들은 피해야 할 삶의 전형이다. 이 이야기를 읽는 신앙공동체의 신자들은 여기서 심판의 경고와 구원에 대한 기대를 읽어낸다. 이 내러티브 사이에서 발견되는 특정 세부사항의 불일치는 그 내러티브가 본래 전달하고자 하는 이 신학적 목적과 상관이 없는 경우들이 대부분이다. 하나님은 이 이야기를 통해 근본적으로 인간들이 죄에서 떠나 하나님을 섬기는 백성으로서 복된 삶을 살아가기를 기대하신다. 따라서 양대 경전에 기록된 노아 내러티브를 읽을 때, 이 공통 내러티브가 담고 있는 신학적 동기와 기록 목적 등을 인식함으로써 공통적으로 수용 가능한 메시지를 읽어 내야 할 것이다.

셋째, 따라서 공통 내러티브를 다룰 때는 그 내러티브의 기록 목적에 맞는 적용이 필요하다고 하겠다. 내러티브의 주된 뼈대와 내러티브가 활용된 동기와 목적을 벗어나 내러티브 자체를 살피게 되면, 양쪽의 내러티브에서 보이는 세부적인 차이로 인해 논란이 따를 수밖에 없다. 각 경전이 '전달하고자 하는 신학적 목적'에서 눈을 떼어 '기록된 문자'에 초점을 두게 되면 경전에서 보이는 미세한 불일치와 차이라 할지라도 그것은 곧장 '오류'로 결론을 내릴 수밖에 없다. 타락한 백성들을 경고하시기 위해 노아 사건을 일으키신 하나님을 상정하면서, 오늘날 이 이야기 속

에 담긴 이러한 본질 아닌 것들을 가지고 양대 종교가 싸움을 벌이는 현실을 기대할 수는 없다.[492]

기독교와 이슬람은 양 경전이 의도하는 인류를 향한 하나님의 뜻을 이해하고 그것을 이행하기 위한 노력에 함께 경주해야 한다. 그러하기 위해서는 경전 간 불일치에 대해 '성서는 진리이며 꾸란은 비진리이다'라거나 '꾸란은 오류가 없으며, 따라서 성서가 변질되었다'라는 상호 배타적 주장들을 철회해야 한다. 이미 양 경전이 각 종교의 권위적 규범서로 각기 존재하는 한, 그리고 그것이 완전히 '동일'하지 않은 '다른' 경전인 한, 그 차이를 가지고 갈등의 통로로 사용할 일이 아니다. 오히려 그 차이는 각 경전의 고유한 특징임을 상호 인정하는 수용적 노력이 필요하다. 오히려 양자가 갖는 그 동일 주제와 본래 기록 목적을 가지고 '공통의 진리'를 추구하는 적용노력을 함께 기울여 가야 할 것이다.[493]

3. 공통적 근거를 통한 대화방안

셋째, 양 경전의 공통적 근거를 통한 대화방안 마련이 필요하다.

같은 뿌리를 공유한 양 종교의 신자들은 같은 하나님을 믿으며, 같은 하

492 *Ibid.*, 259–260.
493 *Ibid.*, 260.

나님의 말씀을 읽고 있는 것이 분명하다 하겠다. 이제는 이 공통의 근거 위에서 대화를 전개해 가야 한다. 그 과정에서 양자 간의 논쟁은 불가피하게 일어날 것이다. 하지만 그것은 양자 간 대화에 있어서 상호 이해를 위한 필연적인 한 과정이다. 성서는 말할 것도 없거니와, 꾸란 역시 타자에 대한 인정과 존중심을 보이는 우호적 대화를 격려한다.[494] 꾸란은 무슬림이 성서의 백성들과 논쟁할 경우 가능한 최선의 예의를 갖추고 그들과 대화하라고 가르친다.

> 성서의 백성들과는 가장 좋은 방법으로 외에는 논쟁하지 말라. 그들 중에 잘못을 저지르는 자에게는 예외이나, (그들에게) 말하라. '우리는 우리에게 계시된 것과 당신들에게 계시된 것을 믿습니다. 우리의 하나님과 당신들의 하나님은 한 분이십니다. 그리고 우리는 그분께 복종하는 사람(무슬림)들입니다(Q 29:46).

앞서 서론에서 언급한 영화 사건에서 보듯,[495] 종교에 대한 모욕적이고 부정적인 접근은 상호 간의 갈등과 적의만 증폭시킨다. 양자는 상호 수용적인 자세로 지혜롭게 만나며 대화할 수 있어야 한다.[496] 모우캐리는 양자 간 대화에 있어서의 미묘한 난점과 더불어 그 요점을 잘 진술해 주었다.

---

494 손주영, "이슬람에서 말하는 유대교와 기독교,"『종교학보』3집 (2007), 47.

495 〈Innocent Muslim〉이라는 영화에서 무함마드와 이슬람을 모욕했다는 이유로 이슬람권 전역에서 반미시위와 살해 등 거친 항의가 이어졌다.

496 김대옥, "성경과 꾸란의 공통 내러티브," 241.

> 종교 간의 대화가 내포하고 있는 문제는, 확고한 신념을 가지고 있으면서도 상대적인 관점에 열려 있을 수 있는가 하는 것이다. (중략) 그 주요 관심은 신에 대한 진실과, 우리 자신, 우리의 동료 인간들, 그리고 우리가 살고 있는 이 세계에 있다. 정치적 단정이나, 무지 혹은 신학적 상대주의는 우리 사이에 피상적인 동의를 이끌어 낼 것이다. 한편, 대립하는 토론은 적개심을 야기할 수 있는 위험성이 있고, 그것은 진리를 추구하는 데 방해가 될 것이다. 진실한 평화로운 관계를 통해 나타나는 사랑만이 진리가 드러나고 서로 간의 이해를 돕는 데 필요한 상황을 창출해 낼 수 있다.[497]

양 종교전통에 속한 이들은 물론, 온 인류의 공통 관심사인 "신에 대한 진실, 우리 자신, 동료 인간들, 그리고 우리가 살고 있는 이 세계"에 초점을 두고 대화를 이끌어 가야 한다. 이렇게 함으로써 양자는 서로에 대한 편견과 무지를 걷어내고 서로의 신앙에 대한 좀 더 나은 이해를 갖게 될 것이다. 이를 통해 "우리는 하나님이 우리에게 말씀하고 계시며, 또한 무슬림들에게 하실 말씀이 있다는 것"을 알려줄 수 있다.[498]

이를 위해 공일주는 "무슬림과 의사소통을 잘 하기 위한 길은 그들의 문화를 이해하고 그들과 공통점(common ground)을 찾는 것"이며 "그 공통점은

---

497 Chawkat Moucarry, 『기독교와 이슬람의 대화』, 24–25.
498 *Ibid.*, 25.

커뮤니케이션 하는 데 하나의 접촉점이 된다"고 지적해 준다.[499] 마우러(Andreas Maurer)는 그 대안으로 그리스도인들이 무슬림과 함께 꾸란을 공부하고 대화하면서 건설적으로 그것을 사용할 각오를 해야 한다고 조언한다.[500] 그는 이를 '공통점 접근법'이라 명명하고, "성경과 일치하는 꾸란의 진술을 골라서 무슬림들에게 이를 설명하는 것"으로 정의했다.[501]

이것이 타자수용적인 대화의 기초이다. 그러하기 위해 서로의 공통점으로부터 시작해야 한다. 이것은 서로를 수용하고 이해하며 평화로운 공존을 위한 기초 작업이 된다. 필자는 그 대화의 과정을 다음과 같이 살핀 적이 있다.

> 먼저 대화가 시작되면, 근본적인 차이를 가진 양자의 대화는 그 세부적인 차이로 인해 그 초점이 양자 간의 차이점으로 이동하게 된다. 여기에서 각 종교의 변증이 일어난다. 이때 양자는 차이점에 대한 경전적이고 신학적이며 역사적 논증들을 통하여 진솔한 대화가 있어야 한다. 지금까지의 대화 역사가 증명하듯이, 변증은 근본적으로 선교적 성격을 띠게 된다. 따라서 이 과정에서 상대에 대한 부정과 불가피한 공격이 생겨날 수 있다. 그러므로 이 과정에서는 앞서 언급한 하나님의 의도를 중심으로 하는 상호 간의 경전이해가 필연적이다. 그러할 때만이 진정한 관

---

499 공일주, 『무슬림과 의사소통을 위한 새 패러다임』, 193.

500 Andreas Maurer, 『무슬림 전도학 개론』, 이승준, 전병희 역 (서울: CLC, 2011), 259; 이것은 사도 바울이 아덴에서 사용했던 방법이기도 하다(행 17: 22-23).

501 *Ibid*.

용을 통한 대화가 가능할 것이다.[502]

이 과정에서 수용과 관용의 묘안이 필요하게 되는데, 모우캐리는 그 관용에 관하여 아래와 같이 실제적으로 잘 짚어주고 있다.

> 관용한다는 것은 기독교와 이슬람 사이의 신학적 차이를 부인하거나 축소시키는 것이 아니다. 그리스도인들과 무슬림들은 토론 혹은 대화를 통해 기독교나 이슬람으로의 개종이 일어날 수도 있다는 사실을 수용할 때만이 진실로 서로를 관용할 수 있게 될 것이다. 진실한 관용은 우리 사이의 차이를 무시하지 않고, 그 차이를 정확히 가늠해 보는 것이며, 그 차이를 건너려는 사람은 누구나 그렇게 할 수 있는 권리와 자유가 있다는 것을 인식하면서 상대를 받아들이는 것이다.[503]

양자는 공통의 근거와 주제를 중심으로 대화의 방향을 조정해 가되, 이 대화 과정을 통해 얻은 새로운 정보들을 근거로 새로운 입지를 선택할 수 있는 자유를 부여할 수 있어야 한다. 그것은 모우캐리도 주장한 바와 같이 결과적으로 개종까지를 의미할 수 있다. 양자 간의 대화에 있어서 개종은 처음부터 일차적으로 의도하는 목적은 아니지만, 대화의 결과로 주어지

---

502 김대옥, "성경과 꾸란의 공통 내러티브," 243.
503 Chawkat Moucarry, 『기독교와 이슬람의 대화』, 22.

는 개종은 어느 쪽으로든 보장되어야 한다.[504] 이러한 관용과 자유가 부여되지 않는 대화는 실효를 거두기 어려울 것이다. 양자 간에 서로 근본적인 차이가 없다면 굳이 대화하며 변증할 이유는 없을 것이기 때문이다. 공일주도 "의미 있는 대화는 대화 참여자들이 그들의 신앙에 관한 증거(witness)를 포기하라는 말이 아님"을 강조해 준다.[505]

504 *Ibid.*

505 공일주, 『무슬림과 의사소통을 위한 새 패러다임』, 262; 그는 유수프를 인용하여 '의미 있는 대화'를 다음과 같이 보충한다. "그리스도의 십자가 메시지를 전하기 위해서는 다음과 같은 대화를 위한 적절한 조건들이 검토되어야 한다(Yufuf Dura al-Haddad, *Madkhal ila al-Hiwar al-Islam al-Masihi* 〈Beirut: Al-Maktabh Al-Bulisiyya, 1986〉, 32-38). ① 대화는 설교가 아니라 설명하는 것이다. ② 대화는 증오가 아니라 사랑이다. ③ 대화는 상대의 신앙을 존중한다. ④ 상대를 정죄하는 것이 아니라, 상대를 이해하는 데 목표를 둔다. ⑤ 대화는 서로 분리되는 결과가 되어서는 안 된다."

12장

거대 문맥에 입각한 해석과 적용

라슨(Goran Larson)은 기독교와 유대교의 관계에 관한 책에서 양자의 관계가 "피로 물든 참혹한 역사"였음을 주목하고, 그 관계가 그렇게 복잡해지고 적대적으로 변한 가장 중요한 이유는 바로 성서 해석의 차이에서 찾을 수 있다고 주장했다.[506] 이처럼 동일한 경전을 가지고도 그 해석적 차이로 인해 피의 역사를 지속해 온 것이 역사가 주는 교훈이라면, 그토록 많은 공유 내러티브를 소유하고 있는 기독교와 이슬람은 이제 그 해석 방안들을 달리 할 필요가 분명해 졌다. 좀 더 살펴보도록 하자.

1. 신적(수직적) 관점에서의 거대 문맥적 해석

이를 위해서는 신적 관점, 즉 하나님의 뜻(의도)에 입각한 거대 문맥적 해석과 적용이 필요하다. 경전들 사이의 차이와 불일치를 부각함으로 빚어진

506 Goran Larson, 『기독교와 유대교의 대화』, 배현주 역 (서울: 연합선교회, 1990), 29.

현재의 반목과 갈등은 이미 충분한 학습효과를 보여주었다. 따라서 대화를 위한 경전에의 접근은 경전을 통해 의도하시는 하나님의 관점에 집중해야 한다.[507]

그러하기 위해 양자는 그것을 각자 별개의 경전으로 읽을 것이 아니라, 하나님의 신적(수직적) 관점을 가지고 하나님의 본래 의도를 거대 문맥, 즉 구약성서와 꾸란을 함께 아우르는 거시적(macro) 문맥으로 파악해 볼 수 있다. 다시 말해, 하나님이 인간들에게 궁극적으로 기대하시는 현실, 곧 인간을 향한 하나님의 뜻은 무엇인가를 함께 모색하는 것이다.

먼저 성서를 통해 제시되는 하나님의 뜻은 무엇인가? 그것은 모든 인류가 하나님께서 예비하신 구원의 현실을 얻는 것이다(요 20:31). 그것은 모든 인간이 그리스도를 통해 제시된 하나님 나라의 현실, 하나님이 기대하시는 인간세계의 '샬롬(Shalom)의 길'을 향유하는 것이다. 꾸란이 제시하는 하나님의 뜻은 무엇인가? 김용선은 "한마디로 하나님이 이상으로 하는 사회를 지상에 수립하고자 하는 목적에 대한 인도"라고 진술했다.[508] 박현도는 꾸란 전체의 가르침 내용을 여섯 가지로 요약하면서[509] "꾸란을 통해 하나님이 인간에게 전하고자 한 것은 바로 하나님의 인도하심이다. 아랍어로 이를 '알–후다(*al-huda*)'라고 한다. 어디로 인도하는가? 올바른 길(Arb. *al-sirat*

---

507 김대옥, "성경과 꾸란의 공통 내러티브," 239.

508 김용선, 역, 『코란(꾸란)』, 43.

509 박현도, "대화와 소통의 관점에서 본 이슬람교," 5.; ① 유일신, ② 최후의 심판, ③ 영적인 존재에 대한 믿음, ④ 이슬람 이전 및 이슬람 시대 예언자와 경전, ⑤ 정명과 자유의지, ⑥ 공동체 규약

al-mustaqim)이다"라고 간추려 주었다.[510]

양 경전은 공히 경전의 목적이 '모든 인간이 하나님이 예비하신 구원의 현실을 살 수 있도록 하나님이 이상으로 하는 사회를 지상에 수립'하는 것이라는 데 동의하고 있다. 이는 구약성서에서 주요 인물들과 맺는 하나님의 언약에 담긴 복의 내용에서 재확인된다. 하나님은 최초의 인간 아담에게 복을 주시며 "생육하고 번성하여 땅에 충만하라" 이르신다(창 1:28). 노아에게 "생육하고 번성하며 땅에 편만하라"(창 9:7) 말씀하시고, 아브라함에게 "내가 너로 심히 번성하게 하리라"(창 17:6), 모세에게 "내가 너희를 돌보아 너희를 번성하게 하고 너희를 창대하게 할 것이며 내가 너희와 함께 한 내 언약을 이행하리라"(레 26:9) 약속하신다. 이는 대대로 유사한 공식을 사용하여 창조 시에 인류에게 주신 최초의 복으로의 회귀, 곧 아담과 노아, 아브라함과 모세에게 주신 하나님의 언약은 모두 창조 시의 이상적인 상태, 즉 에덴에서의 삶으로 복귀하는 것에 있음을 드러낸다.[511]

이를 거대 문맥적 관점에서 이해한다면, 하나님은 창조 시부터 모든 인생들에게 복되고 번성한 삶[토라(모세의 책), 자부르(다윗의 책)의 핵심]을 기대하셨다. 이 땅에서 하나님 나라의 현실을 누리며[인질(예수의 책)의 핵심], 하나님과 인류와 세계와 더불어 평화와 조화로운 삶(꾸란의 핵심)을 기대하

---

510 *Ibid.*, 3; 물론 무슬림들은 '올바른 길'이 유대인과 그리스도인의 길이 아닌 제 3의 길, 곧 이슬람임을 주장하고 있다(최영길이 번역한 『성 꾸란: 의미의 한국어 번역』의 수라 1장의 각주 참고). 하지만 이러한 해석이 유대인과 그리스도인들을 부정하는 의미로 적용되지 않도록 대화를 통해 그 길에 대한 재해석 노력이 이어져야 한다.

511 Paula Gooder, 『오경』, 75.

셨다. 따라서 양 전통은 기본적으로 하나님의 의도, 즉 경전이 주어진 본래 목적을 토대로 구약성서와 꾸란을 거대 문맥에 입각하여 해석해 낼 수 있게 된다.[512]

실제로 경전 자체는 그 종교인들의 해석과 적용에 따라 얼마든지 다른 결론을 낸다. 이런 점에서, 경전 자체에 대한 극단적 경외는 경계해야 한다. 경전은 '오늘의 상황에서 재해석이 필요한 하나님의 말씀'이다. 그 해석의 온전함에 따라 그것이 하나님의 뜻에 부합한 진리를 드러내기도 하며, 반대로 하나님의 뜻을 거스르는 비진리의 수단이 되기도 한다.[513] 그것이 인류를 자유롭게도 하고 공의와 평화를 가져오며 생명을 부여하는 긍정적이고 본래적인 목적을 성취할 때, 사람들은 경전을 통해 진리를 경험하는 것이다. 반대로 그릇되고 편협한 해석으로 이웃에 대한 억압을 부르고 불의와 전쟁, 죽음과 파멸을 가져올 때 그것은 이미 진리의 통로라는 고유 기능을 상실하는 것이다.[514]

우리는 이미 이러한 증거들을 역사 속에서 숱하게 경험해 왔다. 킴볼(Charles Kimball)은 신과 진리와 종교의 이름으로 얼마든지 악이 구현될 수 있다는 점과 또 그것이 역사적으로 증명되어 온 '슬픈 진실'을 증거하고 있다.

> 역사를 통틀어 많은 사람과 신앙 집단들이 종교 사상과 종교적 헌신에

---

512 김대옥, "성경과 꾸란의 공통 내러티브," 239.
513 예컨대, 바리새인들의 율법주의가 그러했다.
514 *Ibid.*, 240.

> 힘입어 편협한 이기심을 초월해 더 고귀한 가치와 진리를 추구할 수 있었다. 역사 기록을 살펴보면 사랑과 자기희생, 그리고 타인에 대한 봉사 등이 깊은 종교적 세계관에 뿌리를 두는 경우가 많다는 것을 알 수 있다. 그러나 역사는 인간이 저지르는 최악의 행동들과 종교가 직접적으로 관련된 경우 역시 많다는 것을 분명히 보여 준다. 인류 역사상 그 어떤 세력보다 종교의 이름으로 치러진 전쟁이 더 많고, 종교의 이름으로 목숨을 잃은 사람이 더 많으며, 요즘은 종교의 이름으로 더 많은 악행이 저질러지고 있다는 말은 조금 진부하기는 해도 어쨌든 슬픈 진실이다.[515]

따라서 이 두 경전은 하나님의 의도와 전망이라는 거시적이고 수직적인 맥락에 따라 읽혀지고 적용되어야 한다. 그러할 때에 양 경전의 공통 내러티브 간의 세부적인 차이는 큰 의미를 상실하게 된다. 특히나 두 경전의 비교 연구에 복무하는 자들은 각 경전이 드러내는 메시지를 오해하지 않기 위하여, 그 내러티브가 토대하고 있는 삶의 자리를 잘 읽어낼 수 있어야 한다. 이런 점에서 쉴로르프가 크레그(Kenneth Cragg)의 입장을 소개하면서 꾸란에 대한 해석상의 지침을 제시한 것은 적절해 보인다.

> 크레그의 첫 단계는 꾸란을 그것의 원래의 사회종교적 맥락과 삶의 정황(Sitz im Leben)에 놓이게 하려고 노력하는 것이다. 우리가 꾸란의 참 의미, 즉 그것을 본래 들었던 자들에게 전달하고자 의도했던 그 자체의

---

515 Charles Kimball, 『종교가 사악해질 때』, 김승욱 역 (서울: 에코리브르, 2009), II.

> 의미에 이르러야 한다면 이슬람 이전의 아랍 사회에서 우상숭배에 대항하려고 애썼던 무함마드의 배경에 대비하여 해석되어야 한다고 그는 주장한다. "그것은 모든 다른 것보다 중요한 이교도에 대응하는 주제이다"(1971:15). 그 본문에 과도하게 부과된 다른 의미들로 귀착된 나중의 논쟁들은 무시되어야 한다.[516]

이 때 필요한 것은 각 경전에 대한 상호 존중과 수용의 자세이다. 상대의 경전을 연구하고 그 종교에 접근하는 목적은 단지 자신의 종교와의 차이를 논하고 자신이 가진 진리의 우위를 주장하고자 함이어서는 안 된다. 각 경전을 읽는 목적도 다만 호교적이거나 타자 부정의 목적 중심이어서는 곤란할 것이다.[517]

2. 조화와 상생(수평적)을 위한 통합적 해석

이와 같이 두 경전이 근본적으로 인간복지를 위한 하나님의 뜻을 제시하고 있다면, 그것은 수평적인 관점에서 모든 인간의 조화와 상생의 삶을 고양하기 위한 방향으로 해석되어야 한다.

성서와 꾸란은 각 종교의 신도들에게 강력한 힘을 가진 텍스트로서 중요

---

516 Samuel P. Schlorff, 『무슬림 사역의 선교학적 모델』, 157.
517 김대옥, "성경과 꾸란의 공통 내러티브," 241.

한데, 지난 세월 동안 매우 악한 방식으로도 해석되어 왔음을 부인하기 어렵다. 그러므로 경전의 의미에 대한 통제장치를 유지하는 일은 종교적인 위험은 물론 정치적 위험까지도 담보할 수 있는 중요한 사안이 된다.[518] 각 경전의 의미를 해석하는 올바른 규칙과 적법한 방법들에 관한 논의는 각 신앙 공동체는 물론 이웃 종교인들과의 공존과 협력을 위해서도 매우 중요하기 때문이다.[519]

하지만 문제는 해석의 복합적인 성격으로 인해 경전의 해석에 있어서 어떤 해석이 더 개연성이 있는지를 놓고 논쟁이 생긴다는 점이다. 볼프는 "주어진 문맥을 고려하여 그 텍스트의 특징과 성서에 통일성을 부여하는 전반적인 내러티브의 맥락을 고려한 신학적 해석에 궁극적으로 호소해야 한다"고 간결하게 조언한다.[520]

역사적으로 많은 그리스도인들은 종교의 이름으로 부당한 재판을 일삼고, 진리의 이름으로 과학적 사실들을 무시하고, 하나님의 이름으로 전쟁과 노예제도와 인종차별과 인권유린을 일삼아 온 암울한 역사를 가지고 있다. 권력을 가진 자들은 가난한 자나 여자, 또는 사회적으로 소외된 집단 등 약자를 억압하는 무기로 성서를 이용해 왔다. 반대로 볼프가 지적한 바와 같이, 약자들 또한 성서를 권력자들에 대항하는 무기로 사용할 수밖에 없었는데, 주로 권력자들이 성서를 오남용하는 데 대한 반격으로 그렇게 해왔다.[521]

---

518 Miroslav Volf, 『하나님의 말씀에 사로잡혀』, 37.
519 *Ibid.*, 248.
520 *Ibid.*, 38.
521 *Ibid.*, 43.

그것은 꾸란의 해석과 적용에서도 마찬가지였다. 예컨대, 이슬람 근본주의 운동이 취해 온 해석 태도가 그것이다. 9.11 테러범들 중 핵심 지도자들과 그들을 지원한 알카에다가 이슬람교 내부에 있는 특정한 해석에서 영감을 얻어 행동했다는 사실은 분명히 드러났다. 킴볼은 "주모자 무함마드 아타(Muhammad Atta)가 남긴 5쪽 분량의 자필 편지에는 그가 종교적 세계관을 빌려 자신의 행동을 정당화하려 했음이 드러나 있음"에 주목했다.[522]

이러한 경전 해식의 위험을 제거하는 한 가지 방법으로 볼프는 일차적으로 소위 '의심의 해석학'(hermeneutics of suspicion)이 필요한 사실을 언급한다.[523] 이는 지금까지 믿고 의지해 온 사실에 대해 판단을 멈추고 일단 의심을 해보는 것으로써, 근본주의적인 시각으로 경전에 접근하려는 동기를 가진 이들에게 우선 필요한 해석학이라 하겠다. 하지만, 그는 궁극적으로 "신성한 텍스트로서 성서에 접근하려면 의심의 해석학이 아니라 '존경의 해석학'(hermeneutics of respect)이 필요하다"는 견해를 피력했다.[524] 이는 통합의 해석학, 관용의 해석학, 또는 거대 문맥에 입각한 해석에 다름 아니라 하겠다.

> 가령 이스라엘이 약속의 땅으로 향하는 여정에서 그들을 방해한 자들의 자손을 모두 죽임으로써 아말렉에 대한 기억을 천하에서 지워 버리라는 명령(신 25:19)은 보다 큰 성경 내러티브의 맥락에서는 결코 우리에

---

522 Charles Kimball, 『종교가 사악해질 때』, 12.
523 Miroslav Volf, 『하나님의 말씀에 사로잡혀』, 45.
524 *Ibid*.

> 게 아무런 의미도 주지 못할지 모른다. 이와 비슷하게 사도 바울의 견해가 의심스럽긴 해도 일단 믿어 준다고 하더라도, 그가 "유대인"이 모든 사람에게 대적이 되었다고 묘사하는 대목(살전 2:14-15)은 우리로서는 여전히 용납할 수 없는 것이다.[525]

이는 매우 의미심장한 경전 해석 원리를 제공하는데, 곧 증오와 박해, 갈등과 살상과도 같은 어휘들은 '사랑과 자비의 하나님'의 뜻과 성품에 어긋날 뿐 아니라, 인간의 보편적 가치를 위협하는 행위들이다. 따라서 이러한 명령들이 담긴 본문은 경전 전체의 거대문맥 내에서 의미를 상실하는 것이다. 그러므로 본문은 단순히 해당 문맥 내에서 문자적인 해석에 매여서는 안 된다. 오히려 그 경전이 지향하고 있는 하나님이 통치하는 나라, 생명, 사랑, 평화, 정의, 행복, 상생 등과 같은 가치들을 포함하는 대 문맥의 도움을 받아야만 하는 것이다. 구약성서가 이스라엘 민족으로 하여금 500여 년 전 출애굽 사건과 연관된 역사를 빌미로 이웃하는 '아말렉 족속을 진멸하라'라고 명령하는 것이나(삼상 15), 꾸란이 초기 이슬람 공동체 형성 과정에서 '불신자들을 죽이라'(Q 9:5)와 같이 명령하는 것은 그 본문이 속한 소(小) 문맥의 역사적, 문화적, 정황적 한계 안에서 인정하고, 각 경전이 제공하는 대(大) 문맥에 조화하는 결론에 도달해야 하는 것이다. 구약성서와 꾸란은 그것을 하나님의 계시의 말씀으로 인정하는 모든 종교, 곧 유대교와 기독교와 이슬람의 조화와 상생의 거대 맥락에서 재해석될 필요가 있는 것이다. 볼프는 이어서 조언한다.

---

525 *Ibid.*, 46-47.

> 우리가 이런 대목들을 비롯하여 소위 '공포의 텍스트'(texts of terror)를 접하게 될 때는 우리가 선택할 수 있는 대안이 두 가지 밖에 없다. 하나는 성경이 글렀다고 단념하고 기독교 신학과 신앙까지 포기하는 것이다. 다른 하나는, 기독교 신앙이 너무도 매력적이어서 도무지 버릴 수 없다고 생각되면, 열심히 씨름하면서 그 신성한 텍스트의 한복판에 서 있는 불편하고도 역설적인 '난센스'로부터 통찰력을 얻으려고 애쓰는 것이다.[526]

볼프가 비록 그리스도인의 입장에서 서술하고 있지만, 이는 무슬림에게도 마찬가지로 적용된다. 그것은 경전의 본래 기록 목적, 즉 하나님의 본래 의도에 초점을 둔 경전의 거대 문맥을 존중하는 해석이라 하겠다. 7세기 아라비아 반도의 사회-역사적 정황을 반영하는 본문이 오늘날에도 문자 그대로 적용되어야 한다는 근본주의적 해석은 그 경전의 추종자들 뿐 아니라 인류에게도 불행만 초래할 뿐이다. 이러한 상생의 해석적 입장은 결국 양 경전이 공유 가능한 확장된 해석을 가져올 수 있을 것이다.

이 책에서 다룬 노아 내러티브를 비롯한 공통의 인물 내러티브에 대한 이해에 있어서도 이 원리에 입각한 공동의 읽기가 필요하다. 비교 본문에 나타난 크고 작은 불일치에 주목하면 그 중심 메시지와 목적을 상실하게 된다. 가령 노아 내러티브는 죄와 불신으로 점철된 현실 속에서 어떻게 의를 추구해 갈 것인가를 격려하고, 불신자들을 경고하는 공통의 메시지로 읽어

---

526 Miroslav Volf, 『하나님의 밀씀에 사로잡혀』, 47.

내야 한다.

특별히, 양 종교 간 신학적 대화의 가장 큰 걸림돌이 되는 예수의 신성에 관한 문제 또한 이러한 거대 문맥적 관점을 적용한다면 서로 수긍 가능한 대화가 가능해질 것이다. '하나님에게는 아들이 없다'는 꾸란의 주장은, 그리스도인들이 예수에게 부여하는 '하나님의 아들'이라는 칭호에 대해 애초에 문자적이며 생물학적인 의미로 이해한 데서 비롯되었다는 점이다.[527] 분명한 것은 신약성서는 물론 그리스도인들도 그 칭호를 문자 그대로 정의하지 않는다. 또한 예수의 십자가 처형과 삼위일체에 대한 이슬람의 오해 역시[528] 상호 조화를 위한 경전읽기의 경험을 갖지 못한 데서 근본 이유를 찾아야 한다.

이는 결국 기독교와 이슬람의 전통 사이에 충분한 대화와 소통 부재가 그 본질에 놓여있다고 할 수 있다. 대화를 배제한 채 일방적인 해석으로 치닫게 되면 필시 오해를 피할 수 없게 된다. 무함마드가 접촉했던 당대 그리스도인들의 신학적 오해와 혼동은 물론 무함마드의 적절한 소통 부재와 상호 배척의 태도가, 그렇지 않았더라면 얼마든지 피할 수 있었을 법한 이 간격에 대한 일차적인 책임이 있다고 하겠다. 그런 점에서 브루스(F. F. Bruce)가 '무함마드에게 예수에 대한 이야기를 알려 주었던 당시 시리아의 기독교는 무함마드가 이해한 삼위일체 교리에 대한 책임이 있다'고 주장한 것은

527 F. F. Bruce, 『예수님과 기독교의 기원』, 263.

528 무슬림 대중들은 기독교의 삼위일체를 '성부, 성모, 성자'로 이해하며, 삼신(三神)신앙으로 오해한다.

타당하다.[529]

또한 상대를 대하는 태도에 있어서도 마찬가지이다. 가령 기독교의 배타적인 태도에 강력한 토대를 제공해 주는 본문이라고 믿는 요한복음 14장의 "나로 말미암지 않고는 아버지께로 올 자가 없다"(요 14:6b)는 구절은 다른 종교들을 부정하는 일보다 예수 그리스도를 보편적인 구원자로 긍정하는 일에 더 관심이 있는 것으로 해석되어야 할 것이다.[530] 볼프의 해석과 같이 이 구절은 예수 그리스도가 곧 "길이요 진리요 생명이라"(요 14:6a)는 주장에 따라오는 결과이지 그 반대, 즉 다른 이를 통해서는 아버지께로 올 자가 없으니, '내가 곧 길이요 진리요 생명'이라는 명제가 아닌 것이다.

3. 경전 간 대화의 실례

라슨의 지적에서와 같이,[531] 기독교와 유대교는 동일한 하나님을 섬기며, 동일한 조상을 둔 형제종교로서, 동일한 경전(구약성서)을 함께 가장 권위 있는 하나님의 말씀으로 수용하고 있으면서도 오랜 세월 반목과 갈등을 지속해 왔다. 그것의 근본적인 원인은 다름 아닌 구약성서에 대한 해석과 적용에서 비롯된 문제였던 것이다.

---

529 *Ibid.*, 269.
530 Miroslav Volf, 『하나님의 말씀에 사로잡혀』, 146.
531 Goran Larson, 『기독교와 유대교의 대화』, 29.

유대교뿐 아니라, 기독교와 이슬람은 다른 어떤 타종교에 비할 수 없이 가까운 종교임에도 상호 관계에서 갈등과 반목을 피하지 못해왔다. 서로 관련된 다양한 이해관계와 같은 수많은 종교 외적 문제들이 보다 직접적인 원인이 되어 왔지만, 그럼에도 불구하고 14세기에 걸친 관계의 역사에서 종교 간 교류와 대화의 영역에서 의미 있는 진전을 보이지 못한 것은 아쉬운 점이다. 이것은 그 심층에 놓인 핵심적인 장애물이 바로 양 경전에 대한 상호 오해와 부정의 태도이기 때문이다.

먼저는 양 종교에 대한 상호 배제의 태도를 지양하고, 각 경전의 진정성과 종교전통을 긍정적이고 객관적으로 수용하는 용기가 절실하다. 예컨대, 아타루(Sasaki Ataru)는 그의 책에서 오리엔탈리즘의 관점으로 이슬람과 무함마드를 해석하는 기존의 흐름을 비판하고, 꾸란의 혁명적 가치와 그 세계사적인 영향을 새롭고 긍정적인 각도로 조명해 보이고 있다.[532] 그는 이슬람 태동기, 무지의 시대에 갇혀 있던 아라비아반도의 상황에서 무함마드와 꾸란의 등장이 의미했던 바는 물론 유럽의 오늘을 있게 했던 찬란한 이슬람 문명까지를 아우르면서, 이슬람에 대한 대중적 편견을 교정하는 새로운 해석학을 제시하고 있다. 이와 같은 상호 호혜적 이해와 상대에 대한 객관적인 해석은 상호 간의 갈등을 완화하고 서로를 수용하는 데 바람직한 토대를 만들어 낼 것이다.

정중호는 한국의 상황을 주목하면서, 한국 최초의 기독교 공동체는 기존

532 Sasaki Ataru, 『잘라라, 기도하는 그 손을』, 송태욱 역 (서울: 자음과 모음, 2013), 119–184.

하는 타종교의 경전과 성서의 대화 속에 탄생했다는 사실을 지적했다.[533] 그는 기독교가 성서를 닫힌 경전으로 보는 경향 탓에 타종교의 경전과 대화하는 것을 금기시해 왔음을 꼬집으면서, 예를 들어, 광암 이벽의『성교요지』의 경우, 그것이 유교의 경전과 성서의 상호 텍스트적 해석 작업의 결과라는 긍정적인 평가를 했다.

> 성교요지를 보면 제1부에는 성서의 내용을 소개하였고, 제2부에는 유교 경전의 내용을 제공하고 있고, 제3부에는 성서의 시편과 유교 경전의 시경 및 이와 관련된 시들을 소개하고 있다. 이벽은 유교의 토양에서 성서를 재해석하였으며, 유교의 경전과 기독교의 경전을 넘나들면서 그 접목을 시도한 것이다.[534]

이러한 경전 해석 전통은 기독교와 이슬람의 경전 간 대화에 있어서도 활용 가능한 방법이다. 양 경전이 공유하는 예언자 내러티브들은 얼마든지 서로를 긍정하며 대화할 수 있는 원천들이 된다. 함께 예배하는 하나님이 보내신 동일한 인물들의 이야기 속에 담긴 하나님의 경륜과 사랑, 자비, 권면, 인도, 축복, 교훈 등은 이 내러티브를 가지고 하나님을 묵상하고 하나님의 실재를 탐구하는 모든 이들이 함께 의미 있는 시간을 공유할 수 있게 한다.

경전 간 대화의 실제 예를 생각해 보기 위해, 먼저 '믿음의 실천'이라는

---

533 정중호, "한국적 성서해석에 관한 연구,"『구약논단』11집 (2001), 123.
534 *Ibid.*

공통 주제를 하나 선택하여 접근해 보자.

궁극적으로 성서와 꾸란이 기대하는 바는 신도들이 그 믿음의 실천을 통해 하나님이 기대하시는 지평에 도달하는 것이다. 즉 신자는 경전을 읽고 묵상하고 암송하며 그 경전을 통해 말씀하시는 하나님의 의도를 깨닫게 되는데, 거기서 더 나아가 그 뜻에 따라 순종하여 실천함으로 하나님이 인간을 향해 본래 의도하시는 삶에 이르러야 한다.

구약성서와 꾸란은 공히 교리적 믿음만이 아니라, 그 믿음에 따른 실천을 요구한다. 양 경전은 마지막 심판 날에 주어지는 판결에 대해 믿는 자가 실천한 선행의 정도에 의하여 좌우될 것임을 분명히 한다. 무슬림도 그리스도인도 사변적 믿음을 넘어 올바른 선행에 이른 자만이 최후의 승리(천국)에 이를 수 있다는 것이 공통의 신앙고백이다. 먼저 꾸란의 강조를 경청해 보자.

> 꾸란을 믿는 자들이나 구약을 믿는 자들이나 그리스도인과 천사들을 믿는 사비인들이나 하나님과 내세를 믿고 선행을 행하는 자에게는 주님의 보상이 있을 것이며 그대들에게는 두려움도 슬픔도 없을 것이라(Q 2:62).
>
> 믿는 자이건 유대교도이건 사비 사람들이건 그리스도교도이건 알라와 최후의 날을 믿고 선한 일을 하는 자는 무서워할 것도 없고 슬퍼할 것도 없다(Q 5:69).
>
> 실로 하나님은 인간으로 하여금 노력과 시련 속에서 살도록 창조하였나니, (중략) 그는 힘든 길에서 수고하려 아니 하느뇨. 그 힘든 길이 무엇인지 무엇이 그들에게 설명하여 주리요. 그것은 노예를 해방시켜 주는

> 일이요, 배고픈 자에게 음식을 베푸는 것이며, 친척의 고아들과 먼지투성이가 된 가난한 자들에게 자선을 베푸는 것이라. 그런 후 믿음으로 서로가 서로에게 인내하고 서로가 서로에게 사랑을 베푸는 것으로 이들만이 우편에 있는 동료들이라. 그러나 하나님의 말씀을 거역하는 자들은 좌편에 있는 동료들로 그들 위에는 닫혀진 불지옥만이 있을 뿐이라(Q 90:4; 11-20).

심지어 마지막 인용구에는 '노예해방'도 들어 있다! 이 기조는 구약성시 예언자들의 강조는 물론, 예수 그리스도의 취임설교(눅 4:16ff)와 최후의 심판의 메시지와도 동일하다.

> 여호와께서 말씀하시되 너희의 무수한 제물이 내게 무엇이 유익하뇨 나는 숫양의 번제와 살진 짐승의 기름에 배불렀고 나는 수송아지나 어린 양이나 숫염소의 피를 기뻐하지 아니하노라 … 너희는 스스로 씻으며 스스로 깨끗하게 하여 내 목전에서 너희 악한 행실을 버리며 악행을 그치고 선행을 배우며 정의를 구하며 학대 받는 자를 도와주며 고아를 위하여 신원하며 과부를 위하여 변호하라 하셨느니라(사 1:11, 16-17).
>
> 주의 성령이 내게 임하셨으니 이는 가난한 자에게 복음을 전하게 하시려고 내게 기름을 부으시고 나를 보내사 포로된 자에게 자유를, 눈먼 자에게 다시 보게 함을 전파하며 눌린 자를 자유롭게 하고 주의 은혜의 해를 전파하게 하려 하심이라(눅 4:18-19).

> 그 때에 임금이 그 오른편에 있는 자들에게 이르시되 내 아버지께 복 받을 자들이여 나아와 창세로부터 너희를 위하여 예비된 나라를 상속받으라 내가 주릴 때에 너희가 먹을 것을 주었고 목마를 때에 마시게 하였고 나그네 되었을 때에 영접하였고 헐벗었을 때에 옷을 입혔고 병들었을 때에 돌보았고 옥에 갇혔을 때에 와서 보았느니라(마 25:24–26).

이와 유사한 적용으로, 두 경전이 강조하는 진정한 신앙에 있어 '의로움'(righteousness)을 주제로 삼아보자. 이 주제에 대한 두 경전의 진술 역시 놀라운 유사성을 보여 준다. 이번에는 먼저 구약성서의 목소리부터 들어보자.

> 내가 기뻐하는 금식은 흉악의 결박을 풀어 주며 멍에의 줄을 끌러 주며 압제 당하는 자를 자유하게 하며 모든 멍에를 꺾는 것이 아니겠느냐 또 주린 자에게 네 양식을 나누어 주며 유리하는 빈민을 집에 들이며 헐벗은 자를 보면 입히며 또 네 골육을 피하여 스스로 숨지 아니하는 것이 아니겠느냐(사 58:6–7).

하나님이 원하시고 기뻐하시는 진정한 신앙(금식)이란, 단순히 신앙고백이나 사변적 수긍을 넘어, 의(義)의 행위에 달려 있다. 그것은 단순히 종교생활의 여부나 개인 경건의 깊이와도 거리가 있다.

> 진정한 신앙이란 하나님과 내세와 천사들과 성서들과 선지자들을 믿

> 고 하나님을 위해서 가까운 친지들에게, 고아들에게, 가난한 사람들에게, 여비가 떨어진 여행자에게, 구걸하는 자와 노예를 해방시켜준 자에게,… 고통과 역경에서는 참고 인내하는 것이 진정한 정의의 길이며 이들이야말로 진실하게 사는 의로운 사람들이라(Q 2:177).

그것은 매우 공적이고 사회적이며, 정치적이고 경제적인 필요에 매우 민감하게 반응하는 의(義)이다. 이것이 '하나님을 아는 진정한 신앙'이다.

볼프는 "우리가 하나님에 관한 정확한 정보를 갖고 있고 또 그 정확한 정보를 진리로 고백할 수는 있지만, 그럼에도 하나님을 알지 못할 수 있다"면서[535] 다음과 같이 이웃을 사랑하지 않는 곳에서 하나님은 알려지지 않는다는 점을 조언한다.

> 하나님을 알려면 그분에 관한 진리를 지적으로 수긍하는 것으로 충분치 않다. 우리는 "진리를 행해야"하고, 우리는 하나님처럼 행동해야 하고, 하나님과 같은 존재가 되어야 한다. 하나님은 이웃을 사랑하지 않는 곳에서는 알려질 수 없는 분이다. 하나님을 아는 지식은 인간의 정체성 및 행동방식에 있어서 하나님을 닮아가는 것과 관계가 있다. … 이웃을 사랑하지 않는 것은 단지 하나님을 알지 못하는 것에 그치지 않고 실은 하나님을 부인하는 것이다.[536]

---

535 *Ibid.*, 190.
536 *Ibid.*

끝으로, 이러한 경전읽기의 한 시도로서, 주목해 보고 싶은 사례가 하나 있다. 서로 속한 종교전통이 다른 자말(무슬림)과 캐더린(유대교인)과 앤(기독교인)은 앞서 인용한 그들의 공동 저서 *Out of Darkness into Light* 를 통해 공통점을 초점으로 한 통합적 경전읽기의 실례(實例)를 보여 준다. 그들은 수세기 동안에 걸친 다양한 전설과 토라에 대한 주석을 모아 기록한 초기 미드라쉬(Midrash)의 내용들을 꾸란과 구약성서가 공유하는 사실을 지적하면서, '만일 자신들이 이러한 주제로 하나의 미드라쉬를 기록한다면' 이라는 창의적 전제 하에 다음과 같은 '미드라쉬'를 제시했다.[537]

> 아브라함이 마므레에 있는 그의 장막에서 방문자들을 맞이하고 있었다. 사막의 태양은 강하게 내려 쪼였지만, 그들은 염소가죽으로 만든 장막 안에 서늘한 시간을 보내고 있었다. 사라와 하갈은 그들에게 풍성한 음식을 대접했고, 이어 그들은 벌꿀향이 나는 짙은 빛깔의 차와 함께 여유로운 시간을 보내고 있었다. 아브라함은 카드 상자로 보이는 큰 상자를 꺼내 왔고, 손님들은 아브라함이 그것을 섞는 동안 관심 있게 다가와 바라보았다. 그리고 아브라함은 각 사람에게 카드를 나눠주기 시작했다. 그는 한 장 한 장 카드를 뒤집었다. 그러자 손님들은 그 카드들이 거룩한 책들에서 나온 책장임을 알고 모두 깜짝 놀랐다. 카드 한 장 마다 적힌 다음과 같은 메시지들이 드러났다.

---

537 Jamal Rahman, Kathleen Schmitt Elias, and Ann Holmes Redding, *Out of Darkness into Light*, 26–27.

오, 이스라엘의 자손들과 이스마엘의 자손들이여!
오, 너희 그 책의 백성들이여!
우리는 모두 한 아버지를 모시고 있지 않느냐?
한 하나님이 우리를 창조하지 않았느냐?
그런데 어찌하여 우리가 서로 배신하느냐?(말 2:10)[538]
주 너희의 하나님을 사랑하여라.
그의 말씀을 들으며 그를 따라라.
그러면 너희가 살 것이다(신 30:20).
이제 나는 너희에게 새 계명을 준다.
서로 사랑하여라(요 13:34).
공의를 실천하며 인자를 사랑하며
겸손히 네 하나님과 함께 행하라(미 6:8).
예배를 잘 드리고 희사를 행하고
머리를 숙여 예배하는 자와 함께 머리를 숙여 예배하라(Q2:43).[539]

하나님,
사슴이 타도록 목말라 시냇물을 찾듯,
내 영혼이 주님을 찾아 애태웁니다(시 42:1).
믿음을 가진 자는 하나님을 염원하여 마음의 평안을 찾느니라.

---

538 이하 인용문 내의 성서 본문은 '표준새번역'을 사용했다.
539 김용선, 역, 『코란(꾸란)』, 52; 최영길의 번역본은 '희사(喜捨)' 대신 '이슬람세'로 번역했다.

실로 하나님을 염원할 때 마음이 평안하니라(Q 13:28).

이 창의적인 재진술 속에 인류를 향한 하나님의 보편적 의도와 인간의 보편적 희구가 동시에 그림처럼 반영되어 나타난다. 하나님의 현존과 은총 안에서의 평화와 번영, 흠숭과 안전이 그림 속에 드러난다. 적대적일 수 있는 이웃이 고즈넉한 평화 속에 교제한다. 사라와 하갈이 함께 거하며 그 교제를 섬긴다. 이스라엘의 자손들과 이스마엘의 자손들이 함께 하나님의 말씀을 듣는다. 위로는 한 하나님을 확인하며, 옆으로는 한 형제를 확인한다. 함께 예배하며 함께 듣는 말씀 속에서, 하나님 사랑과 이웃 사랑의 말씀이 확인된다.

이는 통합적이고 거대문맥적인 경전읽기의 새 패러다임의 한 실례를 보여주는 것으로써, 각자 서로 다른 전통에 속해 있으면서도 한 하나님을 향한 동일한 구도적 관심사를 가지고 함께 자신들의 전통이 가진 장점들을 통합하면서 인류를 향한 하나님의 목적에 충실한 그림을 그려보는 것이다.

여기에는 여전히 많은 시도가 절실하다. 많은 시행착오와 이에 따른 수정과 발전방향이 모색되어야 하겠지만, 중요한 것은 이러한 실험적 시도가 자유롭게 이어져야 한다는 것이다. 서로 '다름'을 가지고 대화의 자리에 나아오지만, 서로 만나고 대화하고 토론하면서 서로 '같음'을 인식해 가는, 보다 창의적인 통합적 경전읽기의 방식이 널리 확산되어야 할 것이다.

5부

모험 이어가기

13장

요약

이 책은 '구약성서와 꾸란의 대화'라는 큰 주제 아래 기독교와 이슬람 양대 종교의 경전인 구약성서와 꾸란이 공유하는 공통 인물 내러티브를 노아 이야기를 중심으로 집중 비교 탐구해 봄으로써 양 경전의 연속성을 증명하고, 그 토대 위에서 양 경전 간의 대화를 위한 새로운 경전읽기 방안을 도출해 보고자 하는 목적으로 기술되었다.

먼저 1부에서는 이 책의 목적과 논지를 밝히고, 그 주제에 대한 선행연구가 어떻게 진행되었는지를 살펴보았다. 그간 기독교와 이슬람을 주제로 문학과 언어, 역사와 문화는 물론 국제간 정치와 경제 분야 등에서 많은 연구들이 진행되었고, 종교 영역에 있어서도 비교종교학적인 연구들이 줄을 이었다. 하지만 신학적이고 교리적인 주제와 더불어 경전 간의 비교 연구를 포함하여, 양 종교의 비교 연구들은 주로 그 차이를 규명하는 입장에서 진행되었고, 그 결론은 양 종교가 서로 가까이 하기 어려운 대상임을 확인하는 것으로 귀결되었다. 나아가 이러한 결론은 각 종교전통의 변증가들을 통해 호교론적 주장을 강화하게 만들었고, 이들은 상호 비방을 넘어 상대 신앙에 대한 폄훼와 상대 종교인들에 대한 물리적 행동의 단초를 제공하기까지 했다. 이에 이 책은 양 종교의 상호 차이보다는 공통점으로 접근하여 공유 내러티브를 중심으로 한 경전 간의 대화를 목적하면서 연구를 시작해 보았다.

2부에서는 이 책의 주제인 구약성서와 꾸란 간의 대화를 시작하기 위한 토대를 마련하기 위해, 우선 구약성서와 꾸란에 대한 개관을 살펴보았다. 경전 간 내러티브의 비교를 위해서는 먼저 각 경전의 역사적인 질문들을 다루는 것이 필수적이기 때문에, 기독교와 이슬람이 각각 두 경전에 대하여 어떻게 이해하고 있으며, 그 이해는 두 경전이 형성되어 온 과정과 어떤 연관이 있는지를 살펴보며, 두 경전 간의 연속성과 불연속성의 문제를 추적해 보았다.

두 종교는 모두 구약성서라는 공통 기반을 공유하고 있으며, 공히 그것이 하나님의 계시된 말씀이라는 사실을 인정한다. 구약성서가 1,000년이 넘는 오랜 전승과 수집 기간을 거쳐 경전으로 형성되어 온 것과는 달리, 꾸란은 23년이라는 계시 기간과 단기간에 걸친 수집 및 편집 기간을 통해 형성되었다. 하지만 전통주의자들은 각 경전의 '존재이전성'을 신앙하면서 각 경전을 절대화해 왔다.

특히 꾸란은 구약성서로부터의 연속성을 주장하는데, 두 경전 사이에는 많은 공유 기사들이 존재한다. 실제로 구약성서는 꾸란 내러티브의 공백을 메워주는 점에서 꾸란 해석학의 기반이 되어 왔다. 한편, 구약성서는 꾸란과 아무런 상관이 없을 것 같지만, 친연종교로서 이슬람은 오래 전 '이스마엘 언약'을 통해 구약성서에도 깊이 자리하고 있다. 하지만 두 경전은 이런 연속성의 여지에도 불구하고 많은 부분에서 경전적, 신학적 불일치를 보이고 있다. 이에 이슬람에서는 이 불일치에 대한 해답으로 '성경변질론'과 '취소교리'를 제기하여 종교 간 갈등의 단초를 제공했지만, 실제로는 역사적 사실과 무관하며, 다만 이슬람 전통 내부의 교리적인 선언이라 이해할 수 있다.

3부에서는 본격적으로 대화의 가교를 마련해 보기 위해 두 경전이 공유하고 있는 공통 내러티브를 탐구해 보았다. 구약성서와 꾸란에 나타난 인물 내러티브를 상호 비교해 보는 경전 간 대화의 첫 시도로서 '노아 내러티브'를 선택하여 그 내용상의 특징들을 살펴보았다. 노아 내러티브에 대한 구약성서와 꾸란의 유사점과 차이점들을 분석해 본 후에, 구약 내러티브의 특성들이 꾸란에서는 어떻게 반영되거나 재구성되고 있으며, 또 어떻게 활용되고 있는지 등을 살펴보았다. 그 후 두 경전의 공통된 내러티브가 가지고 있는 불일치 문제를 검토해 보면서, 연속성을 가지면서도 동시에 불연속성이 드러나는 근본적 원인이 무엇인지 분석해 보고, 그 불일치가 실제로 수용 가능한 것인지를 검토한 후 결론에 도달했다.

두 경전은 노아를 매우 중시하여 다루지만 그 비중으로 볼 때 꾸란이 훨씬 폭넓게 이 내러티브를 활용하고 있다. 이야기의 세부 묘사는 조금씩 차이를 보이지만 전체적인 이야기의 흐름과 메시지의 주제는 동일하다. 구약성서가 보다 직선적이고 체계적이며 상세하게 이야기를 다루는 반면, 꾸란은 메시지 중심적이며 탈 역사적이고, 세부 묘사에는 관심이 덜하다. 두 내러티브 사이에 보이는 불일치는 다양한 원인을 그 이유로 제시할 수 있겠지만, 크게 보아, 첫째, 그 메시지가 선포된 삶의 자리가 판이하게 달랐으며, 둘째, 오랜 전승과정과 원천자료들의 차이에서 그 원인을 찾을 수 있다. 셋째, 무엇보다 무함마드의 설교를 위한 활용과정에서의 독자적인 변용을 꼽을 수 있다. 따라서 두 경전이 공통적으로 가지고 있는 내러티브는 외견상 세부적인 부분의 불일치에도 불구하고 동일 인물에 대한 동일 내러티브로서, 동일한 목적을 가지고 각기 다른 삶의 자리에서 선포된 메시지였다고 볼 수 있다.

4부에서는 앞장의 연구 결론을 가지고 두 경전이 가지고 있는 공통점과 연속성을 중심으로 양대 경전의 대화를 위한 경전읽기의 새 패러다임을 모색해 보았다. 과거의 관행이나 해석적 관성을 탈피하고 새로운 대화의 지평을 열기 위해 근본적인 맥락에서의 경전 간 대화 방안을 모색해 보고자 했다. 경전의 텍스트가 지닌 역사적인 함의들을 이해하고, 동시에 양대 경전이 기술된 근본적인 목적에 초점을 두고 경전적이고 신학적인 상호 대화의 길을 모색해 보고자 했다.

무엇보다 꾸란 독자들에게 익숙지 않은 비평적 경전읽기를 제안했다. 경전은 각 신앙전통 내에서 고백하는 '영원한 하나님의 말씀'이지만, 근본적으로 역사적 문헌이라는 사실을 이해하고, 그것은 지금 오늘을 사는 독자들에게 새롭게 해석되고 적용되는 하나님의 말씀이어야 한다. 나아가 그것은 양 경전의 전통에 있는 이들이 서로 공통점을 찾아가는 해석지점을 추구하고, 그것을 건설적으로 수용하는 해석을 도모해야 한다. 그러하기 위해 그것을 각자 별개로 읽을 것이 아니라, 하나님이 본래 의도하신 신적 관점을 가지고 거대 문맥에 입각하여 통합적으로 읽어 가야 할 것이다. 동시에 서로 조화와 상생을 위한 청사진을 모색하는 해석을 시도해야 한다. 그리고는 실제로 이를 도모할 수 있는 작은 사례를 들면서 실천 지향의 해석과 적용을 주장했다.

14장

결론 및 제언

필자는 특별히 친연종교 관계를 인정하는 기독교와 이슬람 사이의 역사적 관계를 성찰하면서, 양대 종교는 평화로운 지구촌을 함께 만들어 나가는데 핵심적인 역할을 감당해야만 하는 두 당사자들임을 재삼 상기시켜야할 필요를 느껴왔다. 현존하는 지구의 당면 문제뿐 아니라 앞으로 직면하게 될 세계의 문명사적 위기에 어떻게 함께 대처하고 또 기여할 것인지에 대한 막대한 책임이 양 종교인들에게 주어져 있다. 적어도 양 종교 신도수는 세계 인구의 절반을 넘을 뿐 아니라,[540] 전 세계에 걸쳐 가장 널리 퍼져있어 세계의 변화 상황에 가장 중대한 영향력을 발휘 할 종교들이기 때문이다.

이를 위해, 원론적인 이야기이지만, 양 종교는 화해와 일치를 위한 대화의 장을 보다 폭넓게 열어가야 한다는 점을 각 종교인들에게 재삼 강조하고

---

540 "The Global Religious Landscape," http://www.pewforum.org/2012/ 12/18/global-religious-landscape-exec (2014년 10월 28일 검색); 미국의 여론 조사기관인 Pew Research Center는 2010년 기준 전 세계 인구 약 70억 명 중에서 기독교와 이슬람이 차지하는 비율을 55%로 추산했다. 기독교인이 22억 명(세계 인구의 32%), 무슬림이 16억 명(23%), 힌두교도가 10억 명(15%), 불교도가 약 5억 명(7%), 유대인이 1,400만 명(0.2%) 등이다.

싶다. '기독교와 이슬람은 서로 배타적인 유일신 신앙을 가지고 있기 때문에 타협과 양보가 불가능하다'라는 주장들을 배격해야 한다. 오히려 기독교와 이슬람은 동일 조상, 동일 기원, 동일 전통, 동일 하나님을 섬기는 친척 종교요 형제종교임을 강조해야 한다. 결코 문명과 종교의 충돌론에 길을 내어주어서는 안 된다. 그것은 사랑과 자비와 평화의 하나님의 의도를 역행한다. 그것은 한갓 자신들의 이해관계를 극대화하고자 하는 정치인들의 해법이요 그 이론적 정당화 수단일 뿐이다. 종교의 이데올로기화를 통한 정치적 이용국면을 마치 종교 자체의 속성인 것 마냥 일반화하는 오류에 양자는 휩쓸리지 말아야 한다. 또한 교조주의적 입장을 고수하는 근본주의(원리주의) 신학자와 설교자들의 주장을 거부해야 한다. 역사적 예수와 무함마드는 모두 당대 현실 사회의 근본적 세계관을 혁파했던 개혁자들이었다. 대중을 우민화하고 교조적 율법으로 민초들을 억압하던 기득권 세력에 박해를 받으면서도 하나님의 뜻을 선포하던 이들이었다.

특히 오늘날 한국 기독교 내부에서도 이슬람에 대한 성토 및 경계의식과 더불어 이슬람 공포증이 확산되고 있다. 기독교 일방주의 관점에서의 이슬람에 대한 비방과 배격은 오히려 양 종교 간의 갈등양상을 강화할 뿐이다. 이슬람에 대한 치우친 정보와 기독교 입장에서의 교리적 정죄를 곁들인 이슬람 인식은 대중들로 하여금 그릇된 편견에 빠지게 하고, 진정한 타자 이해에 아무런 도움이 되지 않는다.

종교 간의 대화와 평화적 공존을 위해 많은 노력을 기울이고 있는 가톨릭 신학자 큉은 그동안 그리스도인들이 가지고 있는 무슬림들에 대한 오해에 대해 공평할 것을 요구한다. 이슬람에 속한 일부 사람들에게서 보이는 폭력적 성향 때문에 이슬람은 폭력의 종교요, 무슬림은 잠재적 폭도가 될 가능성이 있는 것처럼 생각하는 경향이 있는데, 과연 "그리스도인은 모두 그리스도교의 가르침 덕분에 비폭력적이고 평화와 사랑을 추구"하는 자들로 단정하는 것이 옳은가를 그는 반문한다.[541] 지금까지 양 종교가 착념해왔던 타자에 대한 부정과 비방, 진리 독점에 대한 배타적 주장과 배제, 폭력을 사용해서라도 상대를 교화하겠다는 과거의 공격적인 입장들에서 탈피하여, 오히려 양자 간에 존재하는 차이들을 창조주 하나님의 섭리와 허락하신 다양성 안에서 해석할 수 있는 근원적인 신학적 접근과 노력이 요청된다.

지금도 세계 곳곳에서 이슬람이 연관되어 있는 비보들이 계속해서 들려온다. 중동에서는 IS(Islamic State)[542]가 테러와 학살을 일삼고, 유럽 곳곳에서는 IS를 추종하는 이들의 테러가 연이어 보도된다. 아프리카에서는 나이지리아의 보코 하람(Boko Haram)이[543] 기독교 소녀들을 납치하여 강제 개종과 인신매매를 일삼고, 파키스탄을 비롯한 이슬람권 곳곳에서는 예배드리던 교회당에 폭탄이 투척되는가 하면, 꾸란과 무함마드를 모욕했다는 죄목으로 처형되었다는 소식 등이다. 이러한 사건들로 인해 이슬람에 대한 오해로

---

541 Hans Küng, "이슬람교, 역사상의 근본적인 변화와 현대의 도전," 최문희 역, 『사목』(2006. 6), 156.

542 이라크와 시리아 일대에서 활동하는 이슬람 수니파 극단주의 무장단체이다.

543 "보코 하람," http://ko.wikipedia.org/wiki/%EB%B3%B4%EC%BD%94_ %ED%95%98%EB%9E%8C (2014년 11월 8일 검색). 이 글에 따르면, "보코 하람은 2001년 결성된 나이지리아의 이슬람 극단주의 테러단체이다. 보코는 하우사어로 서양식 비이슬람 교육을 의미하고 하람은 아랍어로 죄라는 의미로, 보코 하람은 서양 교육은 죄악이라는 뜻이 된다. 서구 문명뿐만 아니라, 생물학, 물리학, 우주학 등을 포함한 모든 과학을 부정하고 있다."

점철된 이슬람의 이미지들이 확산됨으로써, 이슬람과의 긍정적 관계개선의 노력이 대중의 지지를 받지 못하고 있다.

하지만 이는 근본주의로 무장한 극단적 무장단체들의 행태로, 이슬람 본연의 모습은 아니다. 이런 현실이 있기까지, 국제질서와 그 사회의 역사적 동인들은 물론 종교를 이데올로기화해 온 정치인들과 그에 동조해 온 종교인들의 책임이 크다. 이처럼 일각에서 종교를 빙자한 폭력행위를 정당화하고, 종교 간 차이를 빙자하여 상대의 종교를 부정하고 탄압할수록, 오히려 양 종교 간의 연속성과 공통점에 입각한 이해와 상보적 대화의 가치는 중요해진다고 하겠다.

각 종교는 종교 본연의 가치와 신앙을 고수하면서, 진리 추구를 근본으로 하는 종교인들답게 이제는 양 종교가 공유하는 덕목들을 강조해 가야 한다. 하나님 경외, 이웃 사랑, 그리고 평화와 용서, 화해, 자유, 신뢰, 정의 구현 등 신앙의 보편적인 가치 구현을 위해 함께 협력해야 한다. 과거에 치열했던 갈등상황들에 대한 인식을 공유하고, 용서와 화해, 신뢰와 평화, 공존과 공영을 선택해야 한다. 이를 위해서는 서로가 자주 만나고 서로를 다양하게 경험해야 한다. 사실 사람들은 스포츠의 이름으로, 문화와 예술과 경제협력 등의 기회를 통해 지금도 친근하게 만나고 있다. 이미 많은 국가들이 다민족국가로서 많은 차이와 다름에도 불구하고 '함께' 살아왔고, 또 더 나은 공존의 방법을 터득해 가고 있다.

하물며 '함께 살아가는 길'에 대해 신적 대안을 가졌다는 종교가 오히려 갈등의 단초를 제공해서는 안 된다. 이슬람이 구약성서를 아무리 부정하려

해도 그것은 지금까지 유대인과 그리스도인의 삶 속에 하나님의 말씀으로 존재하며 영감을 주어왔다. 마찬가지로, 기독교가 아무리 꾸란을 부정하려 해도 꾸란 역시 14세기가 넘도록 지금까지 무슬림들의 삶 속에 하나님의 말씀으로 존재하며 영향을 끼쳐왔다. 이제는 상호 부정이 아닌 상호 이해와 수용, 나아가 동반자적인 관계를 구체화해 갈 것이 요청된다. 오랜 세월에 걸쳐 시행해 온 기독교 개종주의 선교가 얻은 열매는 미미할 뿐 아니라, 많은 오해와 충돌을 빚어왔다. 그것은 개종주의 선교만으로 이슬람에 접근하는 데는 한계가 있다는 의미일 것이다. 이제 양자 간 새로운 이해를 위한 적극적 행보가 요청된다. 특히 기독교 학문 영역에 있어서도, 혼합주의와 종교다원주의 논란에 민감하게 반응하는 나머지 변증적이고 방어적인 태도만을 당연시하는 것은 이 부분에서의 어떠한 진전도 기대하기 어렵게 한다. 오히려 자기 전통에 대한 신학적 성찰을 강화하고, 상대에 대한 지식을 확장하며, 지구촌 현실에 대한 공감을 강화해 가면서 새로운 제안을 하는 노력이 지속적으로 이어져야 할 것이다. 이러한 제안들이 즉각 수용되거나 커다란 변화를 불러오기는 어렵겠지만, 더 나은 대안을 모색하기 위한 토론과 방향성 제시를 위해서 매우 중요하다 하겠다. 물론, 양 경전의 "유사점들만을 강조하는 것은 두 종교들의 피상적인 이해만을 반영"한다고 본 쉬르마허의 지적은 여전히 귀담아 들을 필요가 있음은 두말할 필요가 없다.[544]

---

544 Christine Schirmacher, 『이슬람과 기독교 교의』, 49.

15장

한계와 추후 과제

이 책은 단순한 종교 간 대화의 당위와 방법론 주장이 아니다. 진정한 종교 간 대화와 평화적 공존을 위해 경전 간 대화의 가능성을 살피고, 그 가능성으로 경전 간 공통 내러티브를 비교 분석해 봄으로써, 대화를 위한 구체적인 도구 하나를 마련하고자 했다. 나아가 이를 어떻게 실행할 수 있는지에 대한 패러다임을 제시했다. 하지만 이 기회를 통해 양 경전의 모든 인물 내러티브에 대해 일반화된 해석이나 적용까지를 기대하기에는 무리가 있다. 각 내러티브마다에는 다양한 삶의 자리와 고유한 메시지가 있기에, 이 하나의 작업으로 각 내러티브의 특징들을 모두 포괄할 수는 없다. 다만 이번 기회로는 양 경전 내러티브의 공유 현실을 이해하고, 상호 수용 및 가능한 경전 간 대화 패러다임을 제시하는 것으로 만족하려 한다.

추후의 후속 작업들을 통해 공유 기사들의 확대된 연구는 물론, 그러한 접근에 대한 사례들과 그 결과들이 제시될 수도 있을 것이다. 특히 양 종교 간에 예수에 대한 이해가 서로 극명히 갈리는 현실에서, 이 분야 학자들의 공동 및 통합적 연구가 시도되어야 한다고 본다. 그에 따라 각 전통에 속한 일반 신도들이 함께 경전을 읽으며 경전 간 대화를 시도한 사례들이 많이 수집되고, 그에 대한 평가와 추가적인 연구가 이어질 수 있기를 기대한다.

한편, 이 책은 기독교와 이슬람 경전의 연속성에 기초한 경전읽기의 패러다임에 주목해 보았는데, 그 패러다임은 아무래도 구약성서의 인물 내러티브를 공유하는 세 종교, 즉 유대교와 기독교, 이슬람교 사이의 대화에 국한된 특수한 예라 할 것이다. 하지만, 거대 문맥적 읽기나 상보적 읽기와 같은 원리들은 다른 어떤 종교와의 대화 과정에서도 필수적으로 견지해야 할 원리라고 할 것이다.

닫는 글

1.

주지하다시피 최근 한국 사회에서는 '이슬람'에 관한 논의가 확산되고 있다. IS(Islamic State) 등이 저지르는 끔찍한 테러가 주는 충격과 더불어, 기독교계가 유독 주목하고 있는 '할랄 식품'(Halal Food) 등 이슬람의 확장에 대한 논란이 대표적이다. 또한, 얼마 전 정치권에서도 이슬람 금융인 수쿠크(Sukuk)를 도입하는 법안이 쟁점이 되는 등 이슬람권에 대한 관심은 우리 사회에서 전 방위적으로 확장되고 있다.

하지만 그러한 논의들에서 보이는 맹점은 바로 이슬람에 대한 객관적 이해가 전체적으로 결여되어 있는 듯하다는 사실이다. 즉 미디어나 종교계의 특정 의견만을 반영한 표면적 이미지에 의해 형성된 대중적 '이슬람 포비아(Islam Phobia)'는 그 실체와 상당한 이격을 불가피하게 만든다. 특히 보수적 기독교계 일각에서는 이슬람 확산에 대한 이 포비아를 과장하면서, 편향과 적대감에 입각한 목소리를 높이고 있다. 얼마 전 볼프의 책『알라』(IVP)[545]의 출간 이후 진행된 여러 이슬람 논쟁에서도 보듯, 대부분의 목소리는 '대중적 이해'에 기초한 배타적 접근 일변도로 내달았다. 이슬람을 근본에서부터 이해하려는 기본적인 접근은 극소수의 의견이거나 아예 배제되기도 했다.

그런데 사실 한 걸음만 물러서 보면, 놀랍게도 세계의 여러 종교들 중에서 이슬람만큼 기독교와 공통기반을 공유하는 종교도 없다. 즉 조금만 다가가 본다면 '반목과 갈등' 대신 오히려 양자는 공통기반 위에서 '협력'을 모색할 여지가 많다는 얘기이다. 특히 양 종교에 속한 이들은 이미 지구 인류의 절반을 넘어섰다. 다시 말해 양자 간 관계의 질(質)이 곧 전 세계인의 삶의 질을 좌우할 수도 있다는 의미이다. 만일 그들이 서로 '진리논쟁'을 앞세우며 상대를 배격한다면 앞으로도 양자 간의 갈등과 충돌에서 비롯한 세계적 곤경은 지속될 것이다. 하지만 서로 '공통기반'을 이해하고, 대화하고, 협력해 간다면, 함께 상생하는 것은 물론, 나아가 인류가 직면하고 있는 거대 담론에 우호적으로 협력할 수 있는 여지를 만들어갈 수 있을 것이라 조심스레 낙관해 볼 수 있는 것이다.

2.

그럼에도 필자는 양 종교 간의 호혜적 대화와 공존이 그리 쉽게 가능할

545 Miroslav Volf,『알라 : 기독교와 이슬람의 신은 같은가』, 백지윤 역 (서울: IVP, 2016).

것이라고는 보지 않는다. 동일한 근원을 가진 유대교와 기독교 간의 차이는 물론, '기독교'라는 한 지붕 아래에 있는 가톨릭과 정교회와 개신교 간에도 서로를 타종교와 같이 대해 왔고, 심지어 서로 이단으로 정죄하기도 했다. 더구나 개신교 내부만 보더라도 그동안 다른 교단끼리 일치를 이루기보다는 서로 반목하는 모습을 보여 왔다. 그런데, 하물며 14세기에 걸친 이슬람과 기독교 간의 반목이 하루아침에 교정될 것을 기대하는 것은 현실을 도외시한 주장이라고 밖에 할 수 없을 것이다. 따라서 필자는 양 종교 간에는 서로 차이가 없다거나, 이 둘을 하나로 만들어야 한다거나, 당장 화해가 가능하다는 식의 순진한 생각을 주장하는 것이 아니다. 다만 상호 갈등이 아닌 협력과 이해를 기대하며 미래의 더 나은 공존방향을 희망할 뿐이다.

이러한 난관이 바로 이 책을 '모험'이란 개념으로 시작하고 그 모험을 '이어가는 것'으로 결론을 유도한 이유다. 때문에 여전히 누군가는 새 길을 모색하고 희망을 말하며 대안을 제시해야 한다 할 것이다. '다름'만 말하고, 그래서 진리논쟁에만 함몰되는 것은 피해야 한다. 오히려 기독교와 이슬람은 더 자주 만나고 대화하고 교류함으로써 상대에 대한 이해와 소통의 노력을 지속해야 함을 격려해야 한다. 양자는 함께 가까이 눈을 마주하고 살아보아야 한다. 서로의 삶터로 초대를 하고, 여행을 하고, 각기 살아가는 모습을 보고 반기며, 상대가 마련해 준 음식을 함께 나누어 먹고, 대화와 토론을 통해 서로의 생각을 배우고, 때론 논쟁을 하기도 하며, 서로를 알아가야 한다.

또한 상대의 음악을 듣고 함께 춤을 추며, 상대의 언어로 말하고, 서로의 예술 세계를 들여다보고, 서로의 경건의 시간에 참여도 해 보아야 한다. 서로에 대한 편견을 내려놓고 한 하나님의 한 백성인 형제로서 만남을 시도해 보아야 한다. '그 책의 사람들'과 '하나님의 신민'들이 서로 등질 이유란 없다. 오히려 함께 기도하고, 서로의 경전을 함께 읽어도 보고, 경청해 보아야 할 것이다.

그러면 마침내 깨달음을 얻을 수 있을 것이다. 서로 얼마나 닮아 있는지, 각자의 종교 안에서 '다름'만을 배워 온 자신이 이러한 같음을 발견하기까지 얼마나 먼 길을 돌아 왔는지를 말이다. 그리고 서로의 다름을 통해 배우고, 서로의 갈등상황에 대해 입장을 들이보고, 그것을 웃음으로 승화하고, 과거의 역사적 맥락들을 살피고 미래의 발전방향을 함께 고민하는 것이 얼마나 복된 일인지 등을 말이다.

3.

기독교나 이슬람을 막론하고 자기 경전에 대한 문자주의를 일방적으로 채택하는 근본주의는 항상 위험을 초래해 왔다. 그리고 그 위험은 작게는 자신과 이웃에게, 크게는 인류에게도 해악이 되었다. 종교를 빌미로 불필요한 정죄와 심판 행위들이 하나님의 이름으로 난무하고, 타자를 배제하는 태도들이 정당화 되고, 심지어 상대를 적대시하며 제거대상화 하고, 급기야 무력을 사용하여 실제 제거과정을 수행하기까지 했다. 그때는 언제나 '신'의 폭력이 '인간'의 존엄과 생명마저 훼손시켰다. 기독교와 이슬람을 막론하고 근본주의(원리주의)자들의 종교는 언제나 피로 얼룩진 역사를 반복했음을 뼈저리게 성찰해야 한다.

양 종교의 신자들은 모두 하나님이 지으신 한 조상의 뿌리에서 나서 함께 이웃으로 살다 결국 그분께 돌아가야 하는 사람들이다. 그러므로 하나님의 뜻에 따라 각자의 제한된 시공간을 살면서, 동시에 서로의 행복과 번영을 위해 협력하고 살아가야 한다. 그것이야말로 한 하나님을 섬기는 양 종교인들의 마땅한 책무이다. 필자는 양 종교가 타협이 불가능해 보이는 많은 차이에도 불구하고, 또한 서로 공유해 온 역사나 정치, 교리와 신념, 경제적 이해관계 등이 초래한 갈등과 반목에도 불구하고, 오히려 평화로운 공존과 공영을 모색해 가며 함께 조화롭게 살아가는 것이 하나님의 뜻이라 감히 주장한다. 따라서, 양자는 상호간 공동기반을 찾고 대화하고 교류하며, 서로 협력하며 살아갈 수 있는 방안을 찾아가는 공동노력을 기울여가야 할 것이다.

예수는 자기 이전의 유대교에 대적하는 새로운 종교를 만들어 그것을 대체하고자 하지 않았다. 무함마드 또한 기존의 유대교 및 기독교와 대적하는 새로운 종교를 세워 그 추종자들로 하여금 그들과 갈등상황에 빠지는 미래를 꿈꾸지 않았다. 오히려 후대의 추종자들 중에 어떤 이들이 그 뜻을 오해하고, 잘못 해석하고, 다르게 실천해 왔던 것이다.

종교는 본래 그 취지와는 달리 그것이 형성되고 배양된 토양과 문화적 특성에 따라 서로 다르며, 따라서 서로 다른 역사와 전통과 신학과 실천을 가지고 있다. 때문에 서로의 '다름'은 그릇됨이나 과오가 아니라, 필연적이고 당연한 것이다. 도그마(Dogma)를 위한 종교운동은 늘 비극을 만들어 낸다. 자기만 진리를 독점했다는 배타적 주장을 하나님의 이름으로 정당화하고, 그 진리를 위한다는 명목으로 상대를 적대시하거나 힘으로 제압하려 드는 것은 그 자체로 비종교적이다. 이것이 바로 상호 인정과 수용, 관용과 용납을 목표로 하는 건강한 경전 읽기와 해석이 요구되는 이유이다. 자신의 종교로 진리를 억압하는 대신, 진리가 종교를 자유하게 하도록 개방해야 한다.

이러한 통찰을 담은 김용옥의 조언을 끝으로 이 글을 마무리 하고자 한다.

> "종교는 궁극적으로 문명통합의 기초가 되어야 한다고 나는 생각한다. 종교적 아이디어들은 서로 배우고 서로 빌려야 하며, 서로 이해하고 서로 사랑해야 한다. 종교는 증오로 남아서는 안 된다."[546]

독자 모두가 기독교와 이슬람 양자 사이의 가교를 잇는 화해의 일꾼들로 기여하게 되기를 기원 드린다.

---

546 김용옥, 『기독교성서의 이해』(서울: 통나무, 2007), 330.

참고문헌

강사문, 강성열, 최인기, 허성군. 『구약성서개론』. 서울: 한국장로교출판사, 2003.

강성열. 『고대 근동 세계와 이스라엘 종교』. 서울: 한들출판사, 2003.

공일주. 『무슬림과 의사소통을 위한 새 패러다임』. 서울: CLC, 2009.

_________. 『이슬람 문명의 이해: 고전 이슬람과 현대 이슬람의 만남』. 서울: 예영커뮤니케이션, 2006.

_________. 『중동의 기독교와 이슬람』. 서울: 예영커뮤니케이션, 2003.

_________. 『코란의 의미를 찾아』. 서울: 예영커뮤니케이션, 2009.

_________. 『코란의 이해: 공식 이슬람과 민속 이슬람』. 서울: 한국외국어대학교출판부, 2008.

김동문. 『이슬람 신화깨기, 무슬림 바로보기』. 서울: 홍성사, 2007.

김대옥. "성경과 꾸란의 공통 내러티브를 통한 무슬림과의 선교적 대화 가능성 연구: 노아 내러티브를 중심으로." 『신학사상』 161집 (2013 여름), 227-267.

_________. "'이스마엘 언약'과 그 성취 연구." 『복음과 선교』 15-2집 (2011), 193-226.

_________. 『이슬람의 성경변질론』. 서울: CLC, 2013.

_________. "이슬람의 '성경변질론' 비판: 꾸란의 성경에 대한 긍정표현을 중심으로." 『신앙과 학문』 14-2집 (2009), 9-47.

김성현. "성서와 꾸란의 공통 인물 비교 연구." 박사학위논문, 호서대학교, 2007.

김승호. "'순진한 무슬림(Innocence of Muslims)'에 대한 무슬림들의 폭력적 저항에 대한 고찰: 이슬람신학에서의 무함마드, 성경신학적 평가 그리고 선교적 제언." 『성경과 신학』 66집 (2013), 325-346.

김영경. "교회의 이슬람관에 대한 역사적 고찰." 『종교연구』 28집 (2002 가을), 221-

246.
김영한. “기독교와 이슬람 : 문명의 공존.” 『선교와 신학』 16집 (2005), 125-154.
_________. “이슬람과 기독교, 교리적 차이.” 『대학과 선교』 5집 (2003), 55-81.
김용선, 역. 『코란(꾸란)』. 서울: 명문당, 2008.
_________. 『코란의 이해』. 대우학술총서. 인문사회과학 42. 서울: 민음사, 1991.
_________, 편. 『코란의 지혜와 신비』. 서울: 명문당, 2002.
김용옥. 『기독교 성서의 이해』. 서울: 통나무, 2007.
김정위, 편. 『이슬람 사전』. 서울: 학문사, 2002.
_________, 편. 『이슬람 입문』. 서울: 한국외국어대학교출판부, 2001.
김진. “종교 간 대화와 상호 닮아감을 위해: 기독교 역사에 대한 카이로스적 분석을 중심으로.” 『한국문화신학회논문집』 6집 (2003), 65-88.
김회권. 『하나님 나라 신학의 관점에서 읽는 모세오경 1』. 서울: 대한기독교서회, 2009.
나종근, 편. 『꾸란』. 「샴발라총서」 11. 서울: 시공사, 2003.
목회와신학 편집부. 『창세기 어떻게 설교할 것인가』. 두란노 HOW 주석 01. 서울: 두란노아카데미, 2010.
민영진. “한 하나님, 세 종교-같음과 다름.” 『한국문화신학회논문집』 6집 (2003), 9-31.
박요한. 『꾸란 쏙 성경, 성경 쏙 이슬람』. 서울: 코람데오, 2011.
박현도. “대화와 소통의 관점에서 본 이슬람교: 전통 샤리아의 소통구조.” 『종교교육학연구』 33집 (2010. 6), 1-22.
배철현. “이슬람 다시 읽기: 그리스도교-이슬람교는 같은 뿌리였다.” 『역사비평』 57집 (2001), 198-225
서원모. “역사적 관점에서 본 기독교와 이슬람: 초기 압바스 시대 기독교인의 대응을 중심으로.” *MCE* vol. 6-1집 (2014), 7-47.
소윤정. 『꾸란과 성령』. 서울: CLC, 2009.
_________. “한국의 이슬람화에 대응하는 기독교 선교변증 설교의 필요성: 성경의 아브라함과 꾸란의 이브라힘을 중심으로.” 『복음과 선교』 24집 (2013), 81-114.
손주영. 『이슬람: 교리, 사상, 역사』. 서울: 일조각, 2007.

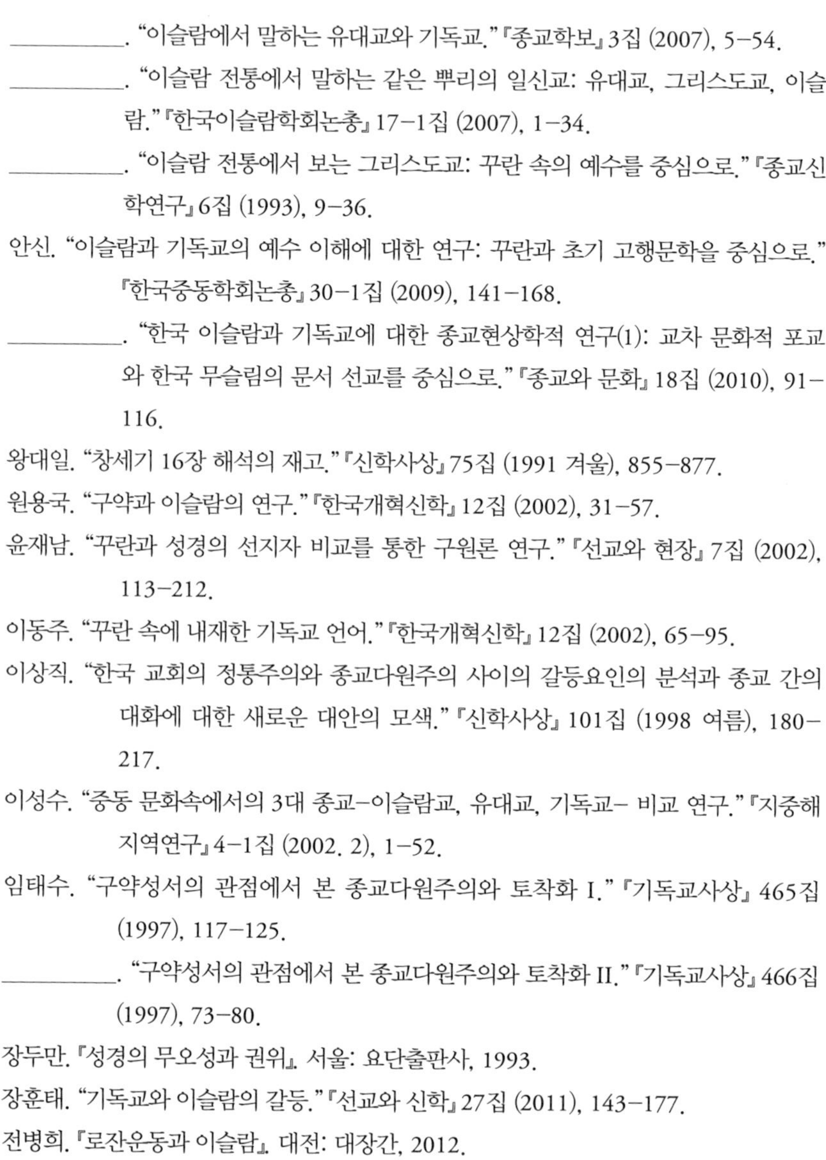

__________. "이슬람에서 말하는 유대교와 기독교." 『종교학보』 3집 (2007), 5-54.
__________. "이슬람 전통에서 말하는 같은 뿌리의 일신교: 유대교, 그리스도교, 이슬람." 『한국이슬람학회논총』 17-1집 (2007), 1-34.
__________. "이슬람 전통에서 보는 그리스도교: 꾸란 속의 예수를 중심으로." 『종교신학연구』 6집 (1993), 9-36.
안신. "이슬람과 기독교의 예수 이해에 대한 연구: 꾸란과 초기 고행문학을 중심으로." 『한국중동학회논총』 30-1집 (2009), 141-168.
__________. "한국 이슬람과 기독교에 대한 종교현상학적 연구(1): 교차 문화적 포교와 한국 무슬림의 문서 선교를 중심으로." 『종교와 문화』 18집 (2010), 91-116.
왕대일. "창세기 16장 해석의 재고." 『신학사상』 75집 (1991 겨울), 855-877.
원용국. "구약과 이슬람의 연구." 『한국개혁신학』 12집 (2002), 31-57.
윤재남. "꾸란과 성경의 선지자 비교를 통한 구원론 연구." 『선교와 현장』 7집 (2002), 113-212.
이동주. "꾸란 속에 내재한 기독교 언어." 『한국개혁신학』 12집 (2002), 65-95.
이상직. "한국 교회의 정통주의와 종교다원주의 사이의 갈등요인의 분석과 종교 간의 대화에 대한 새로운 대안의 모색." 『신학사상』 101집 (1998 여름), 180-217.
이성수. "중동 문화속에서의 3대 종교-이슬람교, 유대교, 기독교- 비교 연구." 『지중해지역연구』 4-1집 (2002. 2), 1-52.
임태수. "구약성서의 관점에서 본 종교다원주의와 토착화 I." 『기독교사상』 465집 (1997), 117-125.
__________. "구약성서의 관점에서 본 종교다원주의와 토착화 II." 『기독교사상』 466집 (1997), 73-80.
장두만. 『성경의 무오성과 권위』. 서울: 요단출판사, 1993.
장훈태. "기독교와 이슬람의 갈등." 『선교와 신학』 27집 (2011), 143-177.
전병희. 『로잔운동과 이슬람』. 대전: 대장간, 2012.
전재옥. "그리스도교와 이슬람의 만남." 『신학사상』 115집 (2001 겨울), 46-66.

__________. "회교."『선교와 신학』6집 (2000), 79-112.

전호진.『이슬람 원리주의의 실체』. 서울: 한반도국제대학원대학교, 2007.

__________.『이슬람, 종교인가? 이데올로기인가?』서울: SFC, 2002.

__________.『전환점에 선 중동과 이슬람』. 서울: SFC, 2005.

정수일.『이슬람문명』. 서울: 창작과비평사, 2003.

__________. "이슬람 바로 알기에서 제기되는 몇 가지 문제."『인문언어』10집 (2008), 11-29.

정중호. "국제상황 변화와 관련된 예언자의 활동에 관한 연구."『동서문화』29집 (1997), 173-186.

__________. "사이버 시대의 새로운 성시해석에 관한 연구."『구약논단』9집 (2000), 337-357.

__________.『이스라엘 역사』. 서울: 대한기독교서회, 2001.

__________. "한국적 성서해석에 관한 연구."『구약논단』11집 (2001), 119-129.

최영길. "기독교와 이슬람 교리의 비교 연구."『한국이슬람학회논총』1집 (1990), 51-68.

__________.『꾸란과 성서의 예언자들』. 서울: 살림, 2009.

__________, "꾸란에 등장한 인물 연구: 노아를 중심으로,"『한국중동학회논총』28-1집 (2007). 1-15.

__________, "꾸란에 등장한 인물 연구: 예수를 중심으로."『한국이슬람학회논총』16-2집 (2006). 1-15.

__________, 역주.『꾸란 주해』. 서울: 세창출판사, 2010.

__________, 역.『성 꾸란: 의미의 한국어 번역』. 사우디아라비아: 파하드 국왕 꾸란 출판청, 1996.

__________.『16억 이슬람인의 역사와 문화』. 서울: 송산출판사, 1996.

최인식. "예수 그리스도는 종교다원주의 시대의 걸림돌인가, 화목제물인가: 기독교, 유대교, 이슬람교를 넘어서."『구약논단』20-1집 (2014. 3), 31-56.

한국이슬람교중앙회 선교위원회.『초보자를 위한 이슬람 바로알기』. 서울: 한국이슬람교중앙회, 2004.

황병하. “코란 속의 예수와 성서 속의 무함마드에 대한 비교 연구: 이슬람적 시각에 의한 분석,” 『한국이슬람학회논총』 1집 (1990), 69-98.

Abd Al-Masih. 『무슬림과의 대화』이동주 역. 서울: CLC, 2004.

Ali, Abdullah Yusuf. *The Holy Qur'an with Arabic Text*. New Delhi: Farid Book Depot Ltd., 2001.

Anderson, Norman. 『세계의 종교들』. 민태운 역. 서울: 생명의말씀사, 1994.

Ankerberg, John and John Weldon. *The Facts On Islam*. Eugene, Oregon: Harvest House Publishers, 1991.

Armstrong, Karen. 『신의 역사 I, II』. 배국원, 유지황 역. 서울: 동연, 2000.

__________. 『이슬람』. 장병옥 역. 서울: 을유문화사, 2006.

Aslan, Reza. 『알라 외에 다른 신은 없도다』. 정규영 역. 서울: 이론과 실천, 2006.

Beyerhaus, Peter. 『현대선교와 변증』. 이선민 역. 서울: CLC, 2004.

Billal Philips, Abu Ameenah. 『창조의 목적』. 아미나 곽은미 역. 서울: 아담출판사, 2007.

Bromiley, Geoffery W. *The International Standard Bible Encyclopedia* vol. 2. Grand Rapids, Michigan: William B. Eerdmans Publishing Company, 1990.

Bruce, F. F. 『예수님과 기독교의 기원』. 한균 역. 서울: 생명의 말씀사, 1984.

Calvin, John. 『칼빈의 예정론 핵심 설교』. 임원주 역. 서울: 예루살렘, 2000.

Cooper, Anne. 『우리 형제 이스마엘』. 편집부 역. 서울: 두란노, 1985.

__________. *Ishmael My Brother*. Tunbridge Wells, Kent: MARC, 1993.

Corbin, Henry. 『이슬람 철학사: 태동기부터 아베로에스(1198년 死)까지』. 김정위 역. 서울: 서광사, 1997.

Coward, Harold G. 『종교다원주의와 세계종교』. 한국종교연구회 역. 서울: 서광사, 2007.

Dawood, N. J. *The Koran.* London: Penguin Books, 1990.

Deedat, Ahmed. *The choice: Islam and Christianity*. v.2. Durban: EBI Lockhat, 1994.

Du Toit, A. B. 『신약정경론』. 권성수 역. 서울: 엠마오, 2004.

Ellul, Jacques. 『이슬람과 기독교』. 이상민 역. 대전: 대장간, 2009.

Eph'al, Israel. *The Ancient Arabs: Nomads on the Border of the Fertile Crescent 9th-5th Centuries BC.* Jerusalem: Magnes Pr, 1982.

__________. "'Ishmael' and 'Arab(s)' : A Transformation of Ethnological Terms." *JNES* 35 (1976), 225–235.

Erfani, Mohammad Imran. *A-Z Ready Reference of the Quran Based on the Translation By Abdullah Yusuf Ali.* New Delhi: Goodword Books Pvt. Ltd., 2007.

Esposito, John L. T*he Oxford Dictionary of Islam*. New York: Oxford University Press, 2003.

Freedman, David Noel, ed. *ABD* vol. 3 and vol. 4. New York: Doubleday Dell Publishing Group Inc., 1992.

Gabriel, Mark A. 『끝나지 않은 2000년의 전쟁: 기독교 vs 이슬람』. 김명신 역. 서울: 도서출판 퉁크, 2006.

Geisler, Norman and Abdul Saleeb. *Answering Islam: The Crescent in Light of the Cross*. Grand Rapids: Baker Books, 2007.

Gibb, H. A. R. 『이슬람』. 이희수, 최준식 역. 서울: 도서출판 주류성, 1997.

Gilchrist, John. *A Comparative Study of the Quran and the Bible*. Benoni, Rep. of South Africa: Jesus to the Muslims, 1979.

__________. 『꾸란과 성경의 비교 연구』. 전병희 역. 서울: 서로사랑, 2010.

__________. 『무슬림에게 복음 전하기: 성경을 기초로 하는 무슬림 전도 핸드북』. 김대옥, 전병희 역. 대전: 대장간, 2012.

Gnilka, Joachim. 『성경과 코란: 무엇이 같으며 무엇이 다른가』. 오희천 역. 서울: 중심, 2005.

Goldmann, David. *Islam and The Bible: Why Two Faiths Collide*. Chicago: Moody Publishers, 2004.

Gooder, Paula. 『오경』. 강대홍 역. 서울: 미스바, 2002.

Griffith, Sidney H. "The Gospel in Arabic: An Inquiry Into Its Appearance In The First Abbasid Century." *Oriens Christianus.* vol. 69 (1985), 126–167.

Gunneweg, Antonius H. J. *Geschichte Israels*. 문희석 역. 『이스라엘 역사』. 서울: 한국신학연구소, 1989.

Hayes, John H. 『구약학 입문』. 이영근 역. 서울: 크리스챤다이제스트, 2001.

Huntington, Samuel P. 『문명의 충돌』. 이희재 역. 서울: 김영사, 1997.

Ibn Kathir. *Tafsir Ibn Kathir*. Abridged vol. 10. Riyadh, K.S.A.: Maktaba Darussalam, 2003.

Johnson, Elizabeth A. 『신은 낙원에 머물지 않는다』. 박총, 안병률 역. 서울: 북인더갭, 2013.

Kahle, P. ed. *BHS*. Stuttgart: Deutsche Bibelgesellschaft, 1990.

Khatami, Seyyed Mohammad. 『문명의 대화』. 이희수 역. 서울: 지식여행, 2002.

Kimball, Charles. 『종교가 사악해질 때』. 김승욱 역. 서울: 에코리브르, 2009.

Küng, Hans. 『그리스도교: 본질과 역사』. 이종한 역. 왜관: 분도출판사, 2002.

__________. 『세계윤리구상』. 안명옥 역. 왜관: 분도출판사, 1992.

__________. "이슬람교, 역사상의 근본적인 변화와 현대의 도전." 최문희 역. 『사목』 (2006. 6), 156-169.

__________. 『한스 큉의 이슬람: 역사 현재 미래』. 손성현 역. 서울: 시와 진실, 2012.

__________. "A Christian Scholar's Dialogue with Muslims." *The Christian Century*. 102 no 30 (1985), 890-894.

Lawrence, Bruce. 『꾸란 이펙트』. 배철현 역. 서울: 세종서적, 2013.

Lewis, Jack P. "Noah and the flood in Jewish, Christian, and Muslim tradition." *BA* 47 no 4 (1984), 224-239.

Maurer, Andreas. 『무슬림 전도학 개론』. 이승준, 전병희 역. 서울: CLC, 2011.

Mir, Mustansir. "The Qur'anic story of Joseph : plot, themes, and characters." *MW*, 76 no 1 (1986), 1-15.

Moucarry, Chawkat. 『기독교와 이슬람의 대화』. 한국이슬람연구소 역. 서울: 예영커뮤니케이션, 2003.

Noegel, Scott B. and Brannon M. Wheeler. *The A to Z of Prophets in Islam and Judaism*. Plymouth, UK: The Scarecrow Press, Inc., 2010.

Noss, David, S. *A History of the World's Religion*. 11th Edition. Upper Saddle River: Prentice Hall, 2002.

Parshall, Phil. 『무슬림전도의 새로운 방향』. 채슬기 역. 서울: 예루살렘, 2003.

_________. 『십자가와 초승달』. 이숙희 역. 서울: 죠이선교회, 2003.

_________. 『무슬림의 생활 지침서 하디스를 읽다』. 김대옥, 전병희 역. 서울: 죠이선교회, 2014.

Pfander, C. G. *Balance of Truth*. Villach, Austria: Light of Life, n.d.

Rahman, Jamal, Kathleen Schmitt Elias, and Ann Holmes Redding. *Out of Darkness into Light : Spiritual Guidance in the Quran with Reflections from Christian and Jewish Sources*. Harrisburg, Pa.: Morehouse Publishing, 2009.

Rushdie, Salman. 『악마의 시』. 김진준 역. 서울: 문학세계사, 2009.

Saeed, Abdullah. "The charge of distortion of Jewish and Christian scriptures." *MW*, 92 no 3–4 (Fall 2002), 419–436.

Sanders, James A. 『토라와 정경』. 박원일, 유연희 역. 경기: 한국기독교연구소, 2013.

Schimmel, Annemarie. 『이슬람의 이해』. 김영경 역. 왜관: 분도출판사, 2006.

Schirmacher, Christine. 『이슬람과 기독교 교의』. 김대옥, 전병희 역. 인천: 바울, 2010.

_________. 『이슬람과 사회』. 김대옥, 전병희 역. 인천: 바울, 2010.

Schlorff, Samuel P. 『무슬림 사역의 선교학적 모델』. 김대옥, 전병희 역. 인천: 바울, 2012.

Shorrosh, Anis A. *Islam Revealed: A Christian Arab's View of Islam*. Nashville: Thomas Nelson, 1988.

Siddiqui, Ataullah. *Christian-Muslim Dialogue in the Twentieth Century*. Basingstoke, England: Macmillan, 1997.

Smith, Henry P. T*he Bible and Islam, or The Influence of the Old and New Testaments on the Religion of Mohammed*. New York: Charles Scribner's Sons, 1897.

Tisdall, W. St. Clair. *The Original Sources of The Qur'ân*. London: Society for the Promotion of Christian Knowledge, 1905.

Valkenberg, Pim. *Sharing Lights on the Way to God: Muslim-Christian Dialogue and The-*

ology in the Context of Abrahamic Partnership. Amsterdam: Rodopi, 2006.

Volf, Miroslav. 『알라 : 기독교와 이슬람의 신은 같은가』. 백지윤 역. 서울: IVP, 2016.

__________. 『하나님의 말씀에 사로잡혀』. 홍병룡 역. 서울: 국제제자훈련원, 2012.

Wenham, Gordon J. *Genesis* 1－15. WBC vol. 1. Dallas, Texas: Word Books, 1987.

Wolf, Herbert. *An Introduction to the Old Testament Pentateuch*. Chicago: Moody Press, 1991.

인터넷 검색자료

- 노아 http://ko.wikipedia.org/wiki/%EB%85%B8%EC%95%84 (2013년 8월 20일 검색).
- 미국 법원 "구글 유튜브, 反무슬림 영화 삭제하라." http://bizn.khan.co.kr/ khan_art_view.html?artid=201402271802251&code=930100&med=khan (2014년 10월 28일 검색).
- 보코 하람. http://ko.wikipedia.org/wiki/%EB%B3%B4%EC%BD%94_%ED % 95 %98%EB%9E%8C (2014년 11월 8일 검색).
- 전 세계 2,886개 언어 3천만 부 이상 번역 반포. http://baptistnews. mediaon. co.kr/news/article.html?no=6174 (2016년 9월 5일 검색).
- 창세기 위경. http://100.daum.net/encyclopedia/view.do?docid=b20c181 8a (2014년 9월 8일 검색).
- Ahmed, Mansur, M S M Saifullah and Muhammad Ghoniem. "On The Bible Borrowing Theories Of The Qur'ân: An Authoritative Refutation: Methodological Fallacy Of The Theory Of Religious Borrowing." http://www.islamic-awareness.org/Quran/Sources/ Bibindex.html (2014년 5월 13일 검색).
- Al-Khazrajî, Khâlid et al. "Is The Bible Really The Source Of The Qur'ân?" http://www.islamic-awareness.org/Quran/Sources/BBbi ble.html (2014년 5월 13일 검색).
- Billal Philips, Abu Ameenah. Usool At-Tafseer. http://www.islam house. com/264106/en/en/books/Usool_At-Tafseer (2011년 3월 5일 검색).
- Does the Original Quran Survive. http://www.message4muslims.org. uk/the-quran/form-arrangement-of-the-koran/the-original-quran (2014년 5월

10일 검색).

- Gospel of Barnabas. http://en.wikipedia.org/wiki/Gospel_of_Barnabas. (2013년 3월 5일 검색).
- Khan, M. Muhsin. trans. Sahih Bukhari. vol. 9. bk. 89. no. 301. http://d1.islamhouse.com/data/en/ih_books/single/en_Sahih_Al-Bukhari.pdf (2014년 10월 28일 검색).
- Muslim Scholars Release Open Letter To Islamic State Meticulously Blasting Its Ideology. http://www.huffingtonpost.com/2014/09/ 24/muslim-scholars-islamic-state_n_5878038.html (2014년 10월 8일 검색).
- Naik, Zakir. "기독교인들이 이슬람에 대해 가장 흔하게 묻는 10가지 질문." 무함마드 아흐마드 역. http://cafe.daum.net/islamworld/R8ol/ 3?docid=1JhEx-|R8ol|3|20100719142114&q=%B1%E2%B5%B6%B1%B3%C0%CE%B5%E9%C0%CC%20%C0%CC%BD%BD%B6%F7%BF%A1%20%B4%EB%C7%D8%20%B0%A1%C0%E5%20%C8%E7%C7%CF%B0%D4%20%B9%AF%B4%C2%2010%B0%A1%C1%F6%20%C1%FA%B9%AE (2013년 3월 15일 검색).
- Open Letter. http://lettertobaghdadi.com/index.php (2014년 10월 8일 검색).
- Pannenberg, Wolfhart. "세계적 신학 거장 판넨베르크 교수 인터뷰." 「조선일보」 2001년 11월 5일자.
- Prophets in Islam. http://en.wikipedia.org/wiki/Prophets_of_Islam (2013년 8월 10일 검색).
- The Amman Message. http://ammanmessage.com (2014년 11월 20일 검색).
- The Global Religious Landscape. http://www.pewforum.org/2012/12/ 18/global-religious-landscape-exec (2014년 10월 28일 검색).

사진자료

- "같은 태양 아래". http://news.jtbc.joins.com/article/article.aspx?news_id=NB10077051. 중앙일보 2012년 3월 2일자. (2017년 1월 5일 검색).

- "노아와 그 방주". http://www.asia.si.edu/collections/edan/object.php?q=fsg_F1948.8&bcrumb=true (2017년 1월 5일 검색).
- "성경과 꾸란". https://juicyecumenism.com/2013/08/01/a-quran-a-bible-and-a-machete (2017년 1월 5일 검색).
- "Muslims and Christians gather together". http://www.loonwatch.com/2010/12/muslims-and-christians-gather-together-in-iraq. 2010년 12월 2일자. (2017년 1월 5일 검색).
- https://desertpeace.wordpress.com/2013/12/30/forging-a-united-front-between-christianity-and-islam-in-the-arab-world/